마티아스 피녜이로:
방랑하는 영화, 모험하는 영화

강탄우, 시네마토그래프 엮음

강탄우 옮김

차례

3

마티아스 피녜이로는 1982년 5월 11일, 아르헨티나 부에노스아이레스에서 갈리시아 출신 어머니와 아르헨티나 출신 아버지 사이에서 태어났다. 그는 부에노스아이레스에 있는 우니베르시다드 델 시네 (Universidad del Cine)에서 영화 연출을 전공했으며, 같은 대학에서 연출, 시나리오, 영화사를 가르쳤다. 이후 2011년 하버드 대학교 래드클리프 연구소의 펠로우십에 선정되어 미국으로 이주했다. 2014년에는 뉴욕 대학교에서 스페인어 문예 창작 석사 학위를 받았다. 그는 현재 뉴욕 프랫 인스티튜트(Pratt Institute)에서 영화를 가르치고 있으며, 산세바스티안에 위치한 엘리아스 케레헤타 영화학교(Elias Querejeta Zine Eskola)에서 영화 제작 프로그램 총괄을 맡고 있다. 또한 앤솔로지 필름 아카이브(Anthology Film Archives)와 푼토 데 비스타 영화제(Punto de Vista film festival)에서 프로그래머로도 활동한 경력이 있다.

그의 영화들은 윌리엄 셰익스피어, 체사레 파베세, 사포, 그리고 도밍고 F. 사르미엔토 등 다양한 문학적 원천으로부터 영감을 받아 탄생했다. 첫 장편 <도둑맞은 남자El Hombre Robado (2007)>은 제 9회 전주국제영화제 경쟁 부문 대상 우석상을 수상했다. 두 번째 작품 <그들은 모두 거짓말을 하고 있다Todos mienten (2009)>는 마찬가지로 전주국제영화제 공식 초청작이었으며 로카르노 영화제 경쟁 부문 후보에 올랐다. 단편 <로잘린Rosalinda (2011)>을 기점으로 그는 셰익스피어 희극 속 여성 인물을 중심으로 한 영화 연작 '셰익스피어 읽기(Las Shakespeareadas)'를 제작하기 시작했다. 그가 필름에서 디지털 작업으로 넘어간 것도 이때부터다. <비올라Viola (2012)> 는 전주국제영화제 '워크 인 프로세스' 선정작이며 베를린국제영화제 포럼 부문 공식 초청작이다. <프린세스 오브 프랑스La princesa de Francia (2014)>와 <허미아와 헬레나Hermia & Helena (2016)>를 연달아 연출한 그는 <이사벨라Isabella (2020)>로 제 70회 베를린국제영화제 인카운터 부문 특별 언급상을 수상한다. <너는 나를 불태워Tú Me Abrasas (2024)>는 그의 가장 최근작이며 제74회 베를린국제영화제 인카운터 부문 초청작이다.

마티아스 피녜이로의 장-단편 영화들은 베를린, 로카르노, 칸, 토론토, 뉴욕 영화제에서 소개되었으며 국내에서는 전주국제영화제를 통해 많은 관객을 만났다. 현재 그는 헨리 제임스의 『스승의 교훈The Lesson of Master』과 프란체스코 페트라르카의 서사 에세이 『행운과 불행에 대처하는 법Remedies for Fortunes』을 각색하는 프로젝트를 진행 중이다.

매니페스토
또는 새로운 촬영에 대한 노트
Manifesto
or Notes towards a new shooting

마티아스 피녜이로

한 멕시코인 친구가 내게 말했다. "행위는 그 자체로 발전이다." 처음 이 격언을 들었을 때 나는 큰 감흥을 느끼지 못했다. 이 문장을 되뇌이던 나는 문득 촬영에 관한 나의 개인적인 생각과 이 말이 서로 연관이 있다는 사실을 깨달았다. 찍는 것과 찍지 않는 것 중 하나를 선택해야 한다면, 찍는 것이 더 낫다.

나는 한 촬영과 다음 촬영 사이의 지속성, 즉 지체 없이 찍는 것이 중요하다고 생각한다. 나는 한 영화가 다음 영화를 이끈다고 믿는다. 당신이 겪는 변화를 되짚어보면, 테마들과 여러가지 방법의 행위들은 한 영화에서 다른 영화를 향해 옮겨가며 발전한다. 나는 또한 영화 제작은 마치 신체 운동이 그러하듯, 균형을 찾기 위해 꾸준함을 요구하는 활동이라고 믿는다. 그래야 영화들이 형제처럼 유사성과 차이점 사이에서 조화를 이룰 수 있다.

수 년 후, 그 멕시코인 친구는 자기가 쓰지 않은 책에 서명을 해달라는 출판사의 제안을 거절할 것이라고 말했다. 그건 마치 그가 쓴 적 없는 책의 저자가 되는 것과 같다고 생각했기 때문이다. 그는 비록 그 책이 무척 마음에 들더라도 이를 거절할 것이라고 주장했다. 그에게 중요한 것은 과정이었다. 책을 가지는 것이 아니라, 책을 쓰는 작업 자체가 중요하다. 나는 그 말을 듣고 영화를 만드는 것과 영화를 가지는 것 사이에는 작지 않은 차이가 있다고 생각했다. 영화 만들기는 단순히 영화를 갖는 것보다 더 흥미롭고 사적인 일이다.

나는 가끔 내가 영화 감독인 이유는 단지 내가 영화를 만드는 동안 함께하는 사람들 때문이라고 생각한다. 그 사람들이 나를 영화 감독으로 만든다. 나는 그들 없이 영화를 찍는 건 상상할 수 없다. 이 사람들은 내 친구들이다. 나는 그들 대부분과 강한 유대감을 갖고 있다. 우정은 일보다 먼저 존재했지만, 일이 이 우정을 더 강하게 만들어주었다. 어떤 경우에는 이 유대감은 작업하는 과정 중에 형성된다. 처음 만났을 때부터 앞으로 깊은 유대감이 생길 것이라는 직감이 드는 사람들도 있다. 물론 항상 그런 것은 아니지만.

친구들과 함께 작업하는 것에 대한 책임은 훨씬 막중하다. 왜냐하면 일적인 문제뿐만 아니라 사적인 문제까지도 고려해야하기 때문이다. 모든 것이 훨씬 더 복잡하지만, 나는 이 방법을 선호한다. 서로에 대한 헌신은 위대한 것이며, 이것이야말로 영화 작업을 통해 얻을 수 있는 진정한 만족감이기 때문이다.

그 멕시코인 친구는 훗날 내게 말했다. 영화 감독에게 가장 중요한 것은 경청이라고. 나는 그가 옳다고 생각한다. 왜냐하면 '듣기'는 대화를 독려하고, 팀으로 일할 때 독백보다는 의사소통이 더 나은 방법이기 때문이다. '듣기'는 우리가 행동하기 전 한 번 더 생각할 시간을 준다. 경청은 우리가 신속함, 또는 성급함과 멀어지게 만든다.

나는 책에서 읽었던 중요한 원칙을 고수하고 있다. 바로 "단순한 것이 더 아름답다 (Less is more)."

나는 내 안의 이러한 생각들이 언젠가 변화를 일으키길 바란다. 이 아이디어들이 현실이 되기를. 또한 나의 영화들도 더 나은 방향으로 발전하기를 희망한다.

by Matías Piñeiro

방랑하는 영화, 모험하는 영화:

마티아스 피녜이로에 대하여

시네마토그래프 한성민

1.

우선 그동안 마티아스 피녜이로의 영화들이 어떠한 경로로 한국을 편력했는지에 대하여. 이 편력기에서 제일 먼저 눈에 들어오는 것은 역시 오랜 노고의 축적이다. 지난 몇 년 동안 피녜이로와 전주국제영화제는 각별한 관계를 맺어왔다. 〈프린세스 오브 프랑스〉를 제외하면 모든 작품이 전주국제영화제에서 상영된 바 있다. 데뷔작 〈도둑맞은 남자〉는 2008년 전주국제영화제에서 우석상을 수상했고, 그때 받은 상금을 보태어 피녜이로는 두 번째 장편 〈그들은 모두 거짓말하고 있다〉를 만들었다. 세 번째 작품이자 40분 정도 되는 단편 〈로잘린〉은 전주국제영화제의 프로젝트 '디지털 삼인삼색'의 일환으로 제작되었다. 그다음 작품인 〈비올라〉역시 영화제의 지원을 받았다. 물론 전주국제영화제 이외의 자리도 있었다. 2013년 서울아트시네마의 시네바캉스 서울 특별전에서는 초기작 네 편(〈도둑맞은 남자〉, 〈그들은 모두 거짓말하고 있다〉, 〈로잘린〉, 〈비올라〉)의 상영과 피녜이로에 대한 비평 대담이 있었으며, 2020년 영화의전당 시네마테크에서 열린 '아르헨티나 영화의 새로운 시대'라는 기획전에서는 그의 영화 세 편이 소개되었다.

그리고 이제 이 편력기에 새로운 항목이 추가되었다. 바로 시네마토그래프 주최로 열리는 피녜이로 감독전이다. 그 성격에 대해서 말하자면, 피녜이로의 거의 모든 영화(아쉽게도 두 편, 〈로잘린〉과 〈시코락스 Sycorax (2021)〉는 빠지게 되었다)를 소개하는 이번 감독전은 종합적이고 사후적인 관점을 제공하는 결정판이 아닌, 짧다면 짧고 길다면 긴 그의 궤적을 한번 더듬어 보는, 일종의 중간 결산에 더 가깝다. 영화감독으로서 피녜이로는 오늘날에도 자신의 비전을 넓혀가고 있는 중이기 때문이다. 여전히 그는 도상에 있다. 여기에 더해 지금까지 그의 영화 세계가 그 자체로 완결된 자족적인 세계라기보다는, 목적지를 딱히 염두에 두지 않는, 쉼 없는 명랑한 탐험의 과정으로서의 세계라는 것을 상기해 봄 직하다. 비유하자면, 피녜이로의 세계는 현재진행형의 동사다.

어쩌면 혹자는 이러한 방법론이 피녜이로가 비교적 젊은 축에 속하는 감독이라는 사실에서 연유한다고 말할 수도 있다. 하지만 젊은 감독들에 대한 논의에서 자주 등장하기 마련인 이러한 견해는 바람직한 반응이라기보다는, 작가적인 성숙을 이뤄내지 못했다는 관성적인 꾸짖음의 고상한 완곡어법인 경우가 많다. (그리고 아이러니하게도, 이러한 견해는 번쩍하고 등장하고선 번쩍하고 사라지는 무수한 앙팡 테리블의 사례에 의해 꾸준히 힘을 얻는다.) 발전이라는 관점에서, 탐험으로서의 영화를 제작하는 감독은 그 탐험을 언젠가는 꼭 끝내야 할 의무가 있다. 성숙을, 어딘가에 정착할 것을 요구 받는다. 게다가 그가 피녜이로처럼 젊은 경우에는 더더욱 그러하다. 따라서 만약 우리가 이런 고정관념을 고수한다면, 우리는 아직 이 감독에 대해서 아무 것도 말할 수가 없다. 기다려야 한다. 언제까지 기다려야 하는지는 알 수 없지만, 그의 영화 세계가 '완성'될 때까지 일단은 기다려야 한다. 그러나 이런 고정관념을 철폐한다면, 우리는 그의 성숙과 정착을 기약 없이 기다릴 필요가 없을 뿐더러, 전자의 관점에서는 볼 수 없는 것이 보이기 시작한다. 미성숙함의 증거로 보이던 것이 미덕으로 보이기 시작한다. 피녜이로의 방랑은 어쩌다가 길을 잃고 잠시 헤매는 것이 아니라는 게 보이기 시작한다. 여기에서 출발하여 저기에 도착하는 것으로 끝이 나는 영화를 만들고자 하는 게 아닌, 방랑의 감각 그 자체를 영화화하고자 하는 감독의 태도, 적극적으로 헤매고자 하는 감독의 태도가 보이기 시작하는 것이다. 정말로 말해져야 할 것은 이 태도인데, 전자의 관점은 이 태도를 아예 대면하지 않고 거꾸로 그것의 왜곡된 상만을 받아들인다.

피녜이로의 방법론은 방랑을 통해 무언가를 찾는 것이 아니라 방랑 그 자체다. 그렇다고 해서 그가 이것도 가능하고 저것도 가능하다고 말하는 방임주의적 소피스트라는 의미는 아니다. 그의 방랑이 아무렇게나 돌아다니는 일이라는 의미도 역시 아니다. 오히려 그의 방랑은 어느 정도 의도된 것이다. 그는 세심하게 골라낸 특정 주제들의 공존을 모색하면서, 동시에 최종적인 결론을 내리는 것은 피한다. 이는 우리가 그 공존의 양상을 어떻게 보느냐에 따라 의미가 자연스럽게 형성되도록 하는 슬기로운 형식을 띤다. 내게는 이것이 미성숙함이 아닌 활달함의 증거로 보인다.

2.

피녜이로의 방랑에는 종착지가 없다. 중요한 건 '어디를 향하고 있는가'가 아니라, '어떻게 방랑하고 있는가'라는 것, 방랑의 목적이라는 게 있다면 그 목적은 곧 방랑 그 자체라는 것. 잠깐이었든 길었든, 즐거웠든 약간은 씁쓸했든, 조용했든 요란했든 상관없다. 일단 피녜이로의 영화에 한 번이라도 묵어본 적 있는 그 모든 인물들 중에서, 〈이사벨라〉의 주인공 마리엘(마리아 비샤르)만큼 이 핵심을 잘 표현한 이도 없을 것이다. 영화 초반과 후반부에, 마리엘은 12개의 돌을 던지는 행위에 대한 제 나름의 공식에 관해 설명한다. 그의 말을 한글 자막에 따라 옮겨보자면,

> *불확실성을 해소하는 의식. 실행할지 말지를 정하는 일. (중략) 돌마다 의심할 기회를 부여한다. 돌 하나에 의심 한 번. 돌 열두 개에 의심 열두 번. 의심할 기회를 열두 번 부여한 후에 멈추지 않고 돌 열두 개를 던졌다면, 그 행위는 이미 결단이다. 자줏빛으로 물들 동안 돌은 물에 빠진다. 둘 중 한 가지 일이 일어날 때까지. 결국 돌을 다 던지고 하나도 남지 않거나, 어느 순간에 의심을 거두게 된 그 손에 돌이 남는다.*

영화의 결말에 이르면, 화면 바깥에서 안으로 하나둘씩 날아드는 돌이 그 자줏빛 넘실대는 바다의 표면에 균열을 내는 모습이 보인다. 우리는 누가 돌을 던지는지 알지 못한다. 그러나 그렇게 던져진 돌의 개수는 알 수 있다. 열두 개의 돌이 물속으로 던져지고 영화는 끝이 난다. 결단으로서의 돌 던지기. 그러나 무엇을 위한 결단인가? 돌을 던진다는 행위는 딱 들어맞는 의미항을 가지고 있지 않다. 우리는 흘끔흘끔 엿보았던 마리엘이라는 인물의 변화와 관련이 있지 않을까 하는 추측을 할 수 있겠지만, 그것은 어디까지나 추측에 불과하다. 여기서 주목할 만한 것은 목적의 결여다. 목적의 결여는 관객이 행위 자체에 집중하도록 만든다. 왜 돌을 던졌느냐가 아니다. 돌을 던졌다는 것 자체가 중요하다. 그것은 변화를 가져오기 위한 수단이 아니라 그 자체로 이미 변화다.

피녜이로적 방랑은 외부와 내부, 연습과 실전의 관습적인 구분, 그리고 순차성에 대한 통념을 가뿐히 뒤집는다. 가장 좋은 예는 그의 영화에

서 숱하게 등장하는, 인물들에 의한 텍스트의 상연이다. 인물들이 통상적인 연극 무대 바깥에서 셰익스피어의 희곡을 낭송하는 모습을 보고 있자면, 이것이 리허설인지 본격적인 공연인지 헷갈리곤 한다. 이러한 방향감각의 상실이라는 상태는 영화 전체에 걸쳐 유지된다. 아니면 영화의 구성에 대한 자기지시적인 언급이 등장하는 〈프린세스 오브 프랑스〉의 오프닝을 예로 들 수도 있다. 암막 위로 슈만의 교향곡 1번의 1악장에 대한 라디오 방송 진행자의 해설이 들려온다. 진행자는 슈만이 교향곡을 쓰게 된 동기와 사용된 악기, 연주 시간 등의 정보를 우리에게 알려준다. 음악이 시작되고, 이윽고 화면은 주황색 축구 조끼를 입은 채 아파트 발코니에 서 있는 로레나(라우라 파레데즈)를 비춰준다. 화면 바깥에서 누군가 그의 이름을 외친다. 로레나는 곧 내려간다고 대답한다. 그러자 카메라는, 불빛이 점점이 흩뿌려져 있지만, 어딘가 묘하게 적막한 구석이 있는 도시 외곽의 야경을 훑으며, 발코니에서 저 아래를 향해 천천히 이동한다. 카메라가 움직임을 멈추는 곳은 허름해 보이는 건물들 사이에 자리 잡은 작은 콘크리트 축구장이고, 그곳에서는 축구 경기가 한창이다. 화면 위로 출연한 배우들의 이름과 그들의 배역명이 나란히 표기된 일종의 오프닝 크레딧이 등장한다.

자신의 모든 영화는 출연한 배우들에 대한 일종의 다큐멘터리라고 피녜이로는 말한 적 있다. 다큐멘터리는 불가피하게 어느 정도는 허구화된다는 점에서 이미 일종의 픽션이고, 픽션은 그 자신의 허구적 속성에 충실하다는 점에서 일종의 다큐멘터리이다. 이러한 두 가지 측면을 포개어 놓을 때, 피녜이로의 픽션은 다큐멘터리의 픽션성을 유머러스하게 폭로하고, 그의 다큐멘터리스러운 면모는 픽션의 다큐멘터리성을 드러낸다. 이러한 양상을 통해 배우의 존재를 통해 드러내는 피녜이로는, 다큐멘터리와 픽션 사이의 관계에 천착해 온 감독들의 쟁쟁한 리그에 속한다. 그러나 그를 그 리그의 다른 이들과 구분시켜 주는 것은 아무래도 그의 명랑함이다.

3.

다섯 길 물속에 그대 아버지 누워있네

그의 뼈로 산호가 만들어졌고

저 진주들은 한때 그의 두 눈이었지

그의 어떤 것도 사라지지 않네

다만 조류를 겪으며 무언가로 변할 뿐

신기하고 진귀한 무언가로

— 에리얼의 노래, 「폭풍우」 1막 2장에서.

피녜이로의 영화는 언제나 텍스트를 동반해 왔다. 지금까지 그가 만든 아홉 편의 영화 중 여섯 편은 셰익스피어의 희극 또는 로맨스 극이, 최근작 〈너는 나를 불태워〉는 사포의 시와 파베세의 단편이 중심이다. 데뷔작 〈도둑맞은 남자〉와 두 번째 영화 〈그들은 모두 거짓말하고 있다〉에서는 작가이자 아르헨티나의 7대 대통령이기도 했던 도밍고 파우스티노 사르미엔토의 『파쿤도: 문명과 야만』[1]이 지속적으로 언급된다. 텍스트는 때때로 등장인물들이 직접 낭독하는 책의 형태로 등장하기도 한다. 그러나 책이 직접 등장하든 그렇지 않든 인물들의 낭독은 단순한 전달에 그치지 않으며, 여기에는 적극적인 표현과 굉장한 속도감이 있다.

---

1) 국내에는 『파쿤도』(조구호 역)라는 제목으로 2012년 한국연구재단 총서 학술명저번역을 통해 출간되었다. 아르헨티나의 역사와 사회적, 문화적 양상을 총망라하는 소설로 아르헨티나 문학의 시금석으로 여겨진다.

사견을 살짝 곁들여도 좋다면, 가시화의 과정에서 자주 비가시화되는 것을 되려 적극적으로 가시화한다는 점에서는, 흔히 피녜이로에게 영향을 준 감독으로 자주 언급되는 자크 리베트보다는, 오히려 제리 루이스와의 유사성이 더 크다고 나는 생각한다. 물론 뒤집어 말하자면 이 점을 제외하고는 두 사람은 닮은 구석이 하나도 없다는 뜻이다.

피녜이로와 루이스는 기질적인 면에서 상당한 차이를 보인다. 이를테면, 피녜이로는 루이스의 흉포한 유머 감각이나 종종 편집증적으로 보이기까지 하는 그의 어떤 강박관념들을 전혀 공유하지 않는다. 하지만 〈레이디스 맨The Ladies Man (1961)〉의 '인형의 집'과 그곳에서 펼쳐지는 텔레비전 방송을 위한 촬영 시퀀스나, 세트장 내부에서 외부로 천연덕스럽게 이행하는 〈팻시The Patsy (1964)〉의 엔딩을 떠올려보자. 루이스의 열렬한 지지자였던 고다르는 1980년 딕 카벳의 토크쇼에서 당시 루이스의 신작이었던 〈하들리 워킹Hardly Working (1980)〉에 대해 굉장히 솔직한 제목이라고 말하며, "좋은 영화(picture)를 만드는 건 힘든 일이고 그는 그걸 안다"고 덧붙인 바 있다. 힘겹게 일하는 것으로의 영화. 루이스도 피녜이로처럼, 또는 피녜이로도 루이스처럼 창작 과정이 곧 창작물 그 자체가 될 수 있다고 생각한다. 루이스 쪽이 이 점을 훨씬 더 예민하게 받아들였던 것 같긴 하지만.

이보다 더 주목할 만한 것은 텍스트가 활자나 책의 형태가 아닌 다른 방식으로 전해질 때이다. 텍스트는 인물들이 쉴 새 없이 주고받는 일상적인 대화 또는 그러한 상황 속에 끼어들곤 한다. 이를테면 이런 식이다. 서로의 안부를 묻다가 예전에 함께 오디션을 보았던 『자에는 자로』의 대사를 맞춰본다던가(〈이사벨라〉), 또는 연극 계획에 대해 논의하던 중 (아마도 그 연극 속에 등장할 것으로 추정되는) 대사를 서로 주고받는다

거나(〈시코락스〉). 이러한 사례들은 피녜이로가 텍스트의 본뜻을 밝혀
내는 작업보다는 텍스트가 전달되는 방식에, 누가/무엇이 텍스트를 전
달하는지에 훨씬 더 관심을 기울이고 있음을 보여준다. 현실에서 텍스트
로의 이행, 또는 텍스트에서 현실로의 이행은 그의 세계에서 너무나도
자연스럽게 이루어진다. 두 가지 세계는 같은 위치에서, 다시 말해, 위계
없이 상호작용을 한다. 말하자면 텍스트의 재현은 그 의미에 연연하지
않는다는 점에서 사실 재현이 아니다. 현실의 재현도 특정 문화-사회에
관한 언급을 자제한다는 점에서 현실의 재현도 아니다. 그러나 피녜이로
의 관점에서 본다면 결국 재현은 단순한 모방이 아닌 그 자체로 독자적
인 현실이다. 따라서 텍스트의 부정확한 재현은 사실 텍스트의 정확한
재현이며 현실의 부정확한 재현 역시 현실의 정확한 재현이다. 텍스트의
세계와 텍스트 바깥의 세계, 둘은 동등한 층위의 현실이다. 그리고 마치
세계의 작동 방식을 구성하는 전제와 같다는 점에서, 이 두 세계 사이의
이행은 어떤 목적을 위해 마련된 계획이나 프로그램 때문이라기보다는
마땅히 그래야만 하기 때문에 일어난다고 할 수 있다.

4.

"당신은 모두에게 말을 걸지."

"당신은 말을 너무 많이 해."

"당신은 말하고 말하고 말하지."

"말하고 말하고 말하고 말하고."

"말하고 말하고 말하고 말하고 말하고 말하고—"

– 필립 로스, 『샤일록 작전Operation Shylock』 [2]

하지만 말을 너무 많이 하지 않고 존재하는 것은 피녜이로 영화 속 인물들에게는 불가능한 일인 듯하다. 그들은 말을 너무 많이 하고, 모두에게 말을 걸고, 말하고, 말하고, 말한다. 특히 초기작 두 편 〈도둑맞은 남자〉와 〈그들은 모두 거짓말을 하고 있다〉의 대사량은 실로 엄청나서, '말의 홍수'라는 상투적인 관용이 실은 더할 나위 없이 적확한 표현이기도 하다는 것을 새삼 재확인할 지경이다.

피녜이로 영화에 등장하는 모든 말은 대화의 일종이다. 심지어 독백마저 그러하다. 인물이 화면 안에서나 화면 바깥에서 독백할 때도, 우리는 그가 완전히 외따로 있는 게 아니라, 직접적으로는 아닐지라도 그 자신을 둘러싸고 있는 세계와 희미하게나마 관계하고 있다는 인상을 받는다. 끊임없이 움직이고 모든 소음에 기민하게 귀를 기울이는, 정적과는 거리가 먼 피녜이로의 세계에서 완전히 홀로 있기란 불가능한 일이다. 최근으로 올수록 멜랑콜리한 고독감이 점점 더 짙어지고 있긴 하지만, 따져보면 그 고독감이라는 것도 결국에는 '함께함'의 감각이 있어야만 비로소 규정될 수 있는 것이다.

인물이 독백을 할 때, 그는 사실 자기 자신과 대화하고 있는 것이다. 피녜이로는 대화에 거창한 주제를 싣지 않는다. 마찬가지로 대화의 말뜻을 다른 무엇보다도 더욱 두드러지게 하기 위해 특별한 장치를 사용하지도 않는다. 〈도둑맞은 남자〉가 사르미엔토의 『파꾼도』를 빌려오지만, 비-라틴아메리카인들이 라틴아메리카 문학하면 떠올리는 고정관념

---

2)   Philip Roth, Operation Shylock, Vintage, 1993, pg. 308

에 부합하는 웅대한 비전을 영화에 이식하기 위해서는 아니다. 오히려 그는 로메르식 소동극의 틀을 빌려와 그 고정관념을 상쾌하게 배신한다. 그의 대화는 스트로브-위예의 〈안티고네Die Antigone des Sophokles nach der Hölderlinschen Übertragung für die Bühne bearbeitet von Brecht (1992)〉에서 그랬던 것처럼 시스템(또는 권력) 대 개인의 대립을 형상화하지도 않는다. 피녜이로에게 대화는 무엇보다도 인물들의 공존을, 그들의 만남을 위한 자리를 마련한다는 점에서 중요하다.

어떤 집합 사이의 여러 상호작용을 대화만큼 잘 드러내는 것도 없다. "모은다는 개념이야말로 나의 영감이다." 피녜이로는 뉴욕영화제에서의 한 인터뷰에서 그렇게 말했다. "마리아 비샤르 없이 영화를 찍을 수 있을 거라고 생각하지 않는다. 그건 이상한 일일 테다. 마리아나 아구스티나 없이 영화를 만드는 일에는 재미(fun)가 없다." 언급된 배우 모두 모두 피녜이로 영화의 중추를 담당한다. 이 말은 『햄릿Hamlet』 2막 2장에서 폴로니어스가 왕자에게 극단을 소개하면서 했던 말을 연상시킨다.

> 세계 최고 배우들로서, 비극, 희극, 사극, 전원극, 전원극적 희극, 사극적 전원극, 비극적 사극, 비극적 희극적 사극적 전원극, 하나의 막으로 된 극, 무궁무진한 극 가리지 않습니다. (중략) 쓰인 것의 규칙에도 그것에 구애받지 않을 자유에도 충실한 이 사람들은 유일무이합니다.

쓰인 것의 규칙에도 그것에 구애받지 않을 자유에도 충실한 사람들. 피녜이로 영화 속 인물들의 생동감에 대해 이보다 더 근사한 표현이 과연 있을까? 조너선 로젠봄은 하워드 혹스의 〈빅 슬립The Big Sleep (1946)〉에 대해 쓰면서 혹스와 듀크 엘링턴을 비교한다. 그에 따르면,

"엘링턴 최고의 음악과 혹스 최고의 영화들은 사람들이 함께 살고 함께 일하는 것에서 오는 즐거움에 대한 궁극적 현시"이다. 같은 글에서 인용된 매니 파버의 표현으로는, 혹스의 "총체적인 영화 제작 시스템은 연결하기, 즉 사람과 플롯, 그리고 8인치짜리 모자 챙들이 서로에 관계하게 하는 일에의 몰두처럼 보인다." 피녜이로를 혹스(또는 엘링턴)의 위치에 두는 것은 분명 아무에게도 도움이 되지 않는 과찬이겠지만, 그러한 현시 또는 몰두, 즉 공동체적 감각은 그의 어떤 영화들을 구성하는 중요한 요소이다.

피녜이로 영화에서 공동체적 감각은 등장인물들 대부분이 다 함께 연극과 같은 예술 작업을 한다는 점과 깊은 관련을 맺고 있다. 특히 〈비올라〉와 〈로잘린〉에서 이 감각은 비교적 상쾌한 것으로 나타난다. 〈비올라〉에서는 작품의 주역 중 한 명인 세실리아(아구스틴 무뇨스)라는 인물의 매력이 영화 전체에 걸쳐 느슨하게 형성되는 관계망에 약간의 명랑함을 실어준다. 〈로잘린〉의 상쾌함은 원전인 『뜻대로 하세요』가 소동극에 가까운 경쾌한 희극이라는 이유도 있겠지만, 연극 연습을 하는 일군의 젊은이들이 머무는 숲속의 분위기에서 기인하는 듯하다. 소박한 별장 같은 집이 자리한, 우거진 황갈빛 수목을 망토처럼 뒤집어 쓴 시냇가에서, 여름날 오후의 햇살을 받으며, 인물들은 놀이를 하기도 하고, 작은 배에 올라타기도 하고, 서로 희곡의 대사를 주고받기도 하고, 키스를 하기도 한다.

그러나 혹스에게도 그렇듯, 피녜이로에게도 공동체적 감각이 언제나 '즐거움'과 결부된 것은 아니다. 오히려 최근으로 올수록 그는 점점 더 즐거움의 이면에 이끌리는 듯하다. 상대적으로 피녜이로의 중기작에 해당하는 〈로잘린〉에서는 그 후반부에서야 잠시 보였던, 공동체로부터의 개인의 소외로부터 비롯되는 일종의 고독감이 그의 몇몇 근작들에서는 더욱 짙어졌다. 이를테면 〈프린세스 오브 프랑스〉와 〈허미아와 헬레나〉, 〈이사벨라〉에서 그러하다. 이 세 편의 영화에서 공동체는 애정 관계나 개인적인 부침 같은 이유로 고요하게 와해된다. 물론 함께한다는 감각과 거기에서 오는 즐거움은 여전히 존재하고, 등장인물들은 여전히 서로와 끊임없이 관계를 맺지만, 그럼에도, 그럼에도 불구하고, 그들이 속한 공동체는 더 이상 〈비올라〉와 〈로잘린〉의 개운함을 마음 편히 공유하지만은 않는다.

이렇게 말하면 어떨까? 시간이 지날수록 피녜이로는 공동체적 감각 그 자체를 다루는 것에서 보다 근본적인 것으로, 공동체적 감각의 가능성을 따져보는 것으로 그의 예술적 관심사를 옮겨가고 있다고. 이런 관점에서 피녜이로가 공동체의 와해를 지나 (〈프린세스 오브 프랑스〉) 새로운 관계망 형성이 이루어지는 미국으로 배경을 옮긴 것도(〈허미아와 헬레나〉), 문학 텍스트를 비롯해 영화를 구성하는 다양한 요소의 공존을 모색하기 시작한 것도 (〈시코락스〉, 〈너는 나를 불태워〉) 자연스러운 일처럼 보인다. 공동체적 감각마저도 탐구의 대상으로 삼는 피녜이로는 방랑하는 이의 미덕이라고 할 수 있을 호기와 명랑한 마음을 여전히 간직하고 있다. 〈너는 나를 불태워〉의 결말을 다시 한번 떠올려보라. 영화 마지막, 우리는 볼렉스 특유의 거친 파스텔톤 컬러 필름에 담긴, 사람들이 여가를 즐기고 있는 한낮의 어느 뜨거운 해변을 본다. 여전히 발견되지 않은 사포의 다른 단편들이 언젠가는 발견되기를 바란다는 내레이션이 화면 바깥에서 들려온다. 이것이야말로 방랑자의 명랑함이다. 기다리는 것, 기다림으로서의 방랑, 영화라는 방랑과, 태양의 뜨거운 햇살을 받으며 바다의 푸르름을 만끽하는 것은 모종의 유희적 감각이다.

I. 도둑맞은 남자 (2007)

Inspired by
- 『파쿤도: 문명과 야만Facundo: Civilización y Barbarie』
- 『대규모 군대에서의 캠페인Campaña en el Ejército grande』
  (도밍고 파우스티노 사르미엔토, 1852)

Synopis

메르세데스(마리아 비샤르)는 박물관에서 일하는 열렬한 독서광이다. 그녀는 레티시아(로미나 파울라), 클라라(훌리아 마르티네스 루비오), 안드레스(프란시스코 가르시아 파우레), 그리고 레안드로(다니엘 힐만 칼데론)가 포함된 감정적 오각형의 정점에 서 있다. 메르세데스의 생생한 시선은 이들의 로맨스와 직업적 삶을 오가는 대화, 몰래 하는 키스, 숨 가쁜 달리기를 통해 박물관, 거리, 공원 등 미로 같은 부에노스아이레스를 배경 속에서 끊임없이 필터링한다.

마티아스 피녜이로의 첫 장편 영화는 우아한 론도(Ronde) 같으며, 셰익스피어, 박물관과 유물, 문학, 영화 기법, 사랑의 작은 속임수 등 그의 주요란 테마를 본질적으로 모두 담고 있다. 이 영화는 에릭 로메르 스타일의 변주이자, 누벨바그의 생동감 있는 방랑을 경유하며, 피녜이로를 새로운 아르헨티나 영화의 유희적이지만 세련된 세계에 소개하는 작품이다.

Winner & Nominated
-   **제 7회 전주국제영화제**
    우석상
-   **제 9회 라스팔마스국제영화제**
    신인감독상

원본과 재연의 경계에 문제를 제기하다:

〈도둑맞은 남자El Hombre Robado〉

줄리언 머피 Julian Murphy

> 경전은 박물관의 유리 안에 보관되어서는 안 된다.
>
> 나는 경전 속 인물들을 풀어주는 아이디어에 관심이 있다.
>
> 우리는 그들을 우리와 동시대인으로서 다뤄야 한다.
>
> – 마티아스 피녜이로

마티아스 피녜이로의 첫 번째 작품인 〈도둑맞은 남자〉는 부에노스아이레스의 두 박물관 직원인 메르세데스 몬트(마리아 비샤르)와 레티시아(로미나 파울라)의 며칠간을 다룬다. 영화는 이름 모를 박물관 직원이 화면 밖의 화자와 대화를 나누는 장면으로 시작하며, 이는 아르헨티나 동시대 감독인 프레데리코 레온의 작품을 연상시킨다. 레온 역시 대중 영화에서 기대되는 문맥적 장면 설정을 피하는 경향이 있다. 영화의 흐름에 던져진 관객은 부에노스아이레스의 두 박물관이 직원들과 관광 안내원들을 대상으로 구술시험을 진행 중이고, 메르세데스는 이미 시험을 통과한 상태임을 알게 된다. 반면, 레티시아는 아직 시험을 준비 중이며, 준비를 위해 아르헨티나의 지식인이자 전직 대통령인 도밍고 파우스티노 사르미엔토의 저서들을 암기한다.

　메르세데스는 순진한 레티시아와 복잡한 대조를 이룬다. 메르세데스는 "그리 대단한 일이 아니야. 조금은 지어내도 돼. 다 암기할 필요는 없어"라는 식으로 조언하며, 이처럼 자기중심적인 발언을 통해 낙천적이고 사교적인 성격으로 영화 속에서 그려진다. 그녀는 박물관에서 전시물을 훔쳐 돈을 받고, 그것들을 싸구려 가짜로 교체하는 방법으로 자신의 위치를 악용한다. 메르세데스의 밝은 성격 덕분에 관객은 그녀의 작은 악행들을 용서할 수도 있지만, 영화의 말미에서 그녀의 진정한 이중성이 점차 드러난다.

　이 영화는 리오플라텐세 스페인어[1]로 된 연기와 대화, 그리고 텍스트 낭독이 많이 등장한다. 이는 비(非)스페인어를 사용하는 관객들에게 자막을 읽는 것과 동시에 영화의 시청각적 리듬에 집중하는 섬세한 균형을 요구한다. 피녜이로가 '자막의 영화'라고 칭했던 문자 텍스트의 유혹에 저항하는 것은 영화가 비언어적 요소로 표현하는 리듬을 경험하기 위해서 중요하다. 조약돌과 대리석 바닥 위로 달그락거리는 여성들의 신발, 트래킹 쇼트의 속도감, 감탄사 같은 자동차 경적 등이 바로 그 리듬이다. 피녜이로에게 영화에서 가장 중요한 요소는 리듬이며, 그는 이를 위해 내러티브의 투명성과 응집성을 기꺼이 희생한다. 그는 '혼란은 전략의 일부'라며 "중요한 것은 리듬을 유지하는 것이고, 모든 것을 이해해야 한다는 강박으로 방해받아서는 안 된다"고 말했다. 영화에서 약간의 방향 감각 상실은 바람직하며, 이는 관객이 영화의 흐름에 몸을 맡기도록 유도한다. 피녜이로는 '작은 일에 집착하지 말고 그냥 따라오라'라

---

1) 아르헨티나, 우루과이에서 주로 쓰이는 스페인어 방언. (역주)

는 메시지를 전하려는 것처럼 보인다.

이 영화는 그 자체로 풍성하고 즐거울 뿐만 아니라, 피네이로의 후속 작업을 탐구하는 데 유용한 출발점이 된다. 가장 중요한 점은 이 영화가 원본과 재연, 현실과 모방, 진품과 가품 사이의 경계를 다루는 그의 10년간의 영화 작업의 서막을 여는 작품이라는 것이다. 텍스트와 텍스트를 재현하는 것 사이의 불일치에 집착하는 피네이로는 이 영화에서 처음으로 배우들이 배우를 연기하고, 대사를 외워 읽는 장면을 삽입하는데, 이는 그가 후속 작품들에서 반복적으로 다룰 주제이다.

메르세데스와 레티시아는 사르미엔토가 1845년과 1852년에 쓴 역사적으로 중요한 저서인 『파쿤도Pacundo』와 『대규모 군대에서의 캠페인 Campaña en el ejército grande』의 일부를 읽는다. 텍스트의 정치적 함의는 영화에서 중요한 역할을 하지 않는다. 중요한 것은 그 텍스트를 재연하는 방식이다. 두 여성의 낭독으로 역사는 다시 살아나고 재맥락화되며, 사르미엔토의 동료들이 150년이 지난 후에도 여전히 이 이야기를 나누는 형태로 제시된다. 이 연설에서 두 여성은 사르미엔토라는 중요한 아르헨티나 역사적 인물을 박물관의 먼지 속에 방치하지 않고 다시 조명하려 한다. 비슷한 맥락에서 영화는 메르세데스의 도난 행위 역시 정당화한다. 영화는 '만약 박물관에 있는 중요한 역사적 유물을 아무도 보지 않는다면, 그 유물은 밖으로 나가 다시 사용되어야 한다'고 주장한다.

미학적 측면에서 영화는 자연광과 야외 장면을 선호한다. 드물게 등장하는 실내 장면들도 햇볕이 비추는 창문을 배치해 네 벽 안에 갇힌 느낌을 피하고 실외의 아름다움을 상기시킨다. 특히, 메르세데스가 부에노스아이레스를 걷는 장면은 영화에서 가장 매혹적이다. 페르난도 로케트의 거친 16mm 흑백 촬영은 도시 정원 식물들의 질감을 잘 포착하고, 식민지 시대 건축물의 명암 대비를 강조한다. 메르세데스가 박물관 입구의 어둠을 뚫고 밝은 햇빛 속으로 나오는 장면은 관객의 뇌리에 박힌다. 그녀의 얼굴은 순식간에 순수한 검은 배경에 비추어지며, 피네이로는 17세기 네덜란드 초상화를 재현한 방식으로 카메라를 다룬다. 이 장면은 영화가 말하고자 하는 메시지를 잘 전달한다. 역사, 예술, 건축은 박물관에 갇혀서는 안 되며, 도시 주민들의 일상에 의미 있게 엮여야 한다는 것이다. 이 영화는 부에노스아이레스를 찬미하는 노래처럼 느껴진다. 피네이로는 북미로 이주한 이후에도 여전히 이곳에서 영화를 만들기 위해 돌아오고 있다.

피네이로의 작품 세계를 하나의 프로젝트로 본다면, 〈도둑맞은 남자〉는 그의 경력에서 앞으로 올 작품들을 위한 장을 여는 작품이다. 도전적이고 즐거운 이 영화는 새로운 아르헨티나 영화를 대표하는 중요한 감독의 경로를 탐구하는 논리적 출발점이다.

Troubling the Boundary Between Original and Re-enactment
by Julian Murphy / Senses of Cinema (2015)

Dirección y guión
Matías Piñeiro
Producción
Pablo Chernov
Co-Productor
Fundació n Universidad del Cine
El Pampero Cine
Revó lver Films
Fotografía y Cámara
Fernando Lockett
Montaje
Alejo Moguillansky
Arte
Marina Califano
Sonido
Hernán Hevia y Daniela Ale
Asistente de Dirección
Malena Solarz

María Villar.......... Mercedes Montt
Romina Paula.......... Leticia Lamadrid
Julia Martínez Rubio.......... Clara Virasoro
Francisco García Fauré.......... Andrés Rademil
Daniel Gilman Calderón.......... Leandro López Jordán

y con
Alejandro Sirkin .... Piano
Nicolás Malusardi..Trombón
Cynthia Edul .... Eugenia Tejedor
Alberto Ajaka .... Otelo
Luciana Rodríguez .... Delia Saravia
Guillermo Massé .... Joven de la esquina blanca
Micaela Saconi .... la rosa blanca
Nicolas Miloc .... Cassio
Enrique Romano .... Sr. Romano
Ana Cambre ....Flauta traversa
Sabrina Korn .... Violonchelo
Rafael Filippelli .... La voz del control
Juan Ronco .... Ciego Relojero

2007년 제 7회 전주국제영화제 우석상 수상 후 시상대에 선 마티아스 피녜이로

II. 그들은 모두 거짓말하고 있다 (2009)

Inspired by

- 『유럽, 아프리카, 아메리카 여행Viajes por Europa, Africa y América』
  (도밍고 파우스티노 사르미엔토, 1849)

Synopis

헬레나(로미나 파울라)는 갓 스물 된 친구 몇 명을 자신의 집으로 초대하고, 관객은 그 목적을 알 수 없다. 모두가 거짓말을 한다. 세 명의 남자, 네 명의 여자, 심지어 그들을 호스팅하는 시골 집조차도. 모든 줄거리 전개와 대화 속 대사는 거짓말일 수 있으며, 가짜 그림과 가짜 감정, 혹은 허구 텍스트의 독해와 실제 사건에 대한 참조 사이의 구분이 사라진다.

마티아스 피녜이로는 야외 장면을 연극 코미디나 작은 실내 콘서트로 변환하는 탁월한 능력을 가진 감독이다. 그의 캐릭터들은 예측할 수 없는 궤적으로 움직이며, 그의 시선은 자크 리베트가 자랑스러워할 만한 명확함으로 그들을 관통한다. 마치 인물들 모두가 항상 성취해야 할 목표를 가지고 있는 것처럼 보이지만, 감정의 지적 게임 속에서 현실감을 잃고 만다.

Winner & Nominated

- 제 11회 BAFACI
  특별언급상 / 아르헨티나 영화 최고상
  작품상 후보
- 제 11회 전주국제영화제
  삼인삼색 감독들의 영화 부문
- 제 61회 로카르노영화제
  경쟁부문 황금표범상 후보
- 제 31회 낭트삼대륙영화제
  경쟁부문 황금몽골피에상 후보

게임의 속도와 리듬, 그리고 규칙:

〈그들은 모두 거짓말하고 있다Todos mienten〉

이오아나-루시아 뎀추크

어느 시골 여름 별장, 연극 연습에 몰두하는 친구들, 그리고 거미줄처럼 얽힌 거짓말과 속임수 - 이것이 마티아스 피녜이로의 두 번째 장편 영화 〈그들은 모두 거짓말하고 있다〉의 기본적인 설정이다. 이 친구들은 이야기를 지어내고, 노래를 부르고, 연극을 연습하며, 강도 범행 계획을 세우고, 관객과 등장인물 모두에게 미스터리를 남기는 몸짓을 하기도 한다. 영화는 한 젊은 여성이 아르헨티나의 저명한 지식인이자 7대 대통령인 도밍고 파우스티노 사르미엔토의 글을 낭송하는 장면으로 시작한다. 한편, 다른 인물들이 문자 그대로 불장난을 하는 모습이 배경에 깔리며, 이를 통해 우리는 이 영화가 보이는 것이 다가 아님을 알 수 있다. 젊은 남녀들은 술을 마시고, 키스하고, 게임을 하고, 그림을 그리며, 동시에 서로에 대해 험담하고 또 거짓말을 한다.

배우들끼리 빈번하게 주고받는 대화들로 이루어진 이 영화는 젊은 여성들을 위주로 전개되는, 감독 특유의 대화 중심적인 작품 중 하나이다. 피녜이로의 영화에서 남성들은 항상 부차적인 존재처럼 보이며, 그들의 동기와 감정은 여성 캐릭터들의 이야기 뒤에 자리한다.

〈그들은 모두 거짓말하고 있다〉에서 여성 캐릭터와 남성 캐릭터 간의 권력 관계에 대한 질문 받은 감독은 이렇게 답했다.

> "나는 〈그들은 모두 거짓말하고 있다〉를 쓰는 동안 권력의 피라미드와 성(性)의 피라미드를 그려보았다. 두 피라미드의 꼭대기에는 세 명의 여성이 있었고, 그들은 다른 모든 사람보다 더 많이 알고 있었으면 했다."

피녜이로의 캐릭터들은 모두 사회의 나머지로부터 분리된 것처럼 보인다. 심지어 단역들조차도 모두 비슷한 연령대에 속해 있다. 그들에겐 항상 보헤미안적인 삶의 방식이 깃들어 있으며, 마치 비밀 결사나 종교 집단의 구성원들처럼 서로에게 강한 결속력을 느낀다.

〈그들은 모두 거짓말하고 있다〉에서 헬레나는 그룹의 리더로 자리매김하며, 가장 신비로운 캐릭터로서 다른 모든 이들을 자신에게 끌어당긴다. 그녀가 비밀을 나누는 가장 가까운 동료인 모니카는 헬레나와 함께 그룹의 다른 구성원들을 조종하고 통제하는 것처럼 보인다. 영화 속 남성들은 각 여성을 카드 덱의 여왕에 비유하며 그들에게서 벗어나거나 그 동기를 이해해 보려 하지만, 이러한 노력은 모두 헛수고에 그친다. 아무도 여성들이 스스로 만들어낸 얽히고 설킨 감정의 세계에 발을 들여놓을 수 없다. 심지어 이는 관객에게조차 허락되지 않는다.

피녜이로가 사르미엔토에게 사로잡혔음은 〈도둑맞은 남자〉에서 두드러졌던 바 있으며, 이 아르헨티나 옛 대통령은 〈그들은 모두 거짓말하고 있다〉에서도 또 한 번 중요한 요소로 등장한다. 영화 전반에 걸쳐 사르미엔토의 텍스트는 읽히고, 낭송되며, 녹음되는 방식을 통해 단편적으로 나타난다. 이 19세기 인물에 대한 그의 관심에 대해 질문 받을 때마다 피녜이로는 이렇게 말한다.

> "사르미엔토는 아르헨티나에서 매우 중요한 인물입니다. 그는 국가의 건국 아버지 중 한 명이자 주요 지식인이죠. 그는 에세이와 혼합된 형식의 글을 썼는데, 그 글들은 당대의 문학 수준을 상회합니다. 그는 아르헨티나의 교육 시스템을 발전시켰으며, 그의 초상화는 모든 교실에 걸려 있을 정도입니다. 그래서 처음에는 그가 매우 엄숙하고 지루한 인물처럼 보일 수 있지만, 그의 글을 학문적인 방식이 아닌 방법으로 읽기 시작하면 그는 거의 천재에 가까웠다는 것을 발견하게 됩니다. 그러나 그는 여러 가지로, 특히 국가 정체성을 정의하는 방식에 있어서 논란의 여지가 있는 인물이었습니다. 하지만 저는 정치인으로서 사르미엔토가 아닌 작가로서 사르미엔토에 더 관심이 있습니다. 그는 매우 복잡한 인물이었죠."

〈그들은 모두 거짓말하고 있다〉는 사르미엔토의 글을 낭송하며 시작하지만, 정치적 모의를 다루는 영화는 아니다. 대신 정서적인 혼란, 비밀스러운 규약, 그리고 모호하고 감정적인 암시들을 다룬다. 피녜이로의 영화에서 사르미엔토의 작품은 등장인물들이 복잡한 계략을 구상하게 하는 하이퍼텍스트의 형태로 재창조된다.

피녜이로는 종종 초창기 장 뤽 고다르, 자크 리베트와 비교되는데, 특히 그의 많은 대사량과 젊고 장난기 많은 캐릭터들 때문일 것이다. 그의 대화 중심 영화는 매우 예술적이고 교양 넘치는 환경을 배경으로 펼쳐지며, 겉으로는 큰 사건이 일어나지 않는 듯 보인다. 리베트처럼 피녜이로도 게임에 관심이 있지만, 그는 게임 참여자들을 통제하는 규칙보다 게임이 참여자들에게 강요하는 속도와 리듬에 더 많은 흥미를 보인다. 그의 영화 스타일은 프랑스 누벨바그의 영향을 받았지만 특정한 규칙에 얽매이지 않는다. 피녜이로의 영화는 유동적이고 변덕스러운 방식으로 전개되며, 문제에 대한 해답이나 결론을 제시하지 않는다. 뚜렷한 줄거리가 없는 대신, 감독은 앙상블 연기, 영화적인 공간 구성, 지형적 서사에 여지를 남긴다. 〈그들은 모두 거짓말하고 있다〉는 이러한 줄거리 없는 사색적인 영화의 완벽한 예로, 완전히 이해하지 않아도 즐길 수 있는 작품이다.

The Pace, Rhythm and Rules of the Game
by Ioana-Lucia Demczuk / senses of cinema (2015)

Dirección y guión
Matías Piñeiro
Producción
Lionel Braverman
Pablo Chernov
María del Carmen Fernández Montes
Iván Granovsky
Fotografía y Cámara
Fernando Lockett
Montaje
Delfina Castagnino
Santiago Esteves
Arte
Ana Cambre
Sonido
Daniela Ale
Emilio Martin Iglesias
Miguel Tennina
Asistente de Dirección
Alejo Franzetti

Romina Paula .... Helena
María Villar .... Mónica
Julia Martínez Rubio .... Isabel

y con
Pilar Gamboa .... Emilia
Julián Tello .... Camilo
Julián Larquier Tellarini .... Chas
Esteban Bigliardi .... Iván
Esteban Lamothe .... J.M.R.Chas
Esteban Bigliardi..Iván
Esteban Lamothe .... J.M.R.

"처음 전주를 방문했을 때, 나는 작가 겸 감독인 에드가르도 코자린스키를 만나 어느 바에 갔었다. 우리는 마티니를 주문했는데, 바텐더는 믿을 수 없을 만큼 많은 양의 마티니를 잔에 따라주었다. 그 일은 우리에게 특별한 추억으로 남았고, 코자린스키는 꼭 다음에 다시 전주를 방문해 그 바를 찾아가자고 말했다.

 하지만 나는 여러번 전주를 방문하면서도 그 바를 다시 찾지 않았다. 추억의 달콤함을 단순한 재연으로 납작하게 만들고 싶지 않았기 때문이다. 코자린스키는 지난 6월 세상을 떠났다."

2024.12.07 마티아스 피녜이로

38

III. 로잘린 (2011)

Inspired by
- 『뜻대로 하세요As You Like It』(윌리엄 셰익스피어, 1623)

Synopis
한 무리의 배우들이 자연 경관으로 둘러싸인 섬으로 이동해 윌리엄 셰익스피어의 『뜻대로 하세요』를 리허설하고, 시간이 흐를 수록 연극 속 등장인물들 간의 대사와 관계가 점점 배우들의 수난, 살기, 기만과 매우 유사해 보이기 시작한다. 로잘린드를 연기하는 루이사(마리아 비샤르)는 이 아르카디아의 꿈 속에서 길을 잃기 시작한다.

사람들, 대화들, 암시들의 연속: 피녜이로의 인간들은 열정적으로 자신이 되기 위해 고립되는 것이 아니라, 자신과 다른 누군가를 연기하기 위해 고립된다. 어쩌면 자신으로부터 도피하기 위해서일지도 모른다. 이는 셰익스피어 작품의 마법 같은 언어 흐름을 이미지와 움직임으로 번역한, 프랑스 영화의 거장들을 떠올리게 하는 작은 속임수와 큰 속임수의 안무이다.

Winner & Nominated
- 제 11회 전주국제영화제
  디지털 삼인삼색 2010

로잘린, 뜻대로 하세요:

〈로잘린Rosalinda〉

시네마토그래프 노성욱

1. 서신하는 영화

로잘린은 서신하는 영화다. 16세기의 단조로운 셰익스피어의 질서와 21세기의 혼란스럽고 파편화된 도시의 욕망이 하나의 스크린 위에서 충돌하고 어긋나며, 인물들은 이 두 시대의 경계에 서서 불안정한 균형을 시도한다. 끝없이 이동하며 균형의 순간을 모색한다. 그 과정에서 희곡의 대사는 회화적 인식을 넘어 일상에 스며들고, 변화 없는 해피엔딩이라는 이상은 현대의 불확실한 관계 속에서 은밀한 안식을 제안한다. 그리고 편지는 돌아오지 않고, 기차는 다음 역으로 향한다.

영화는 희곡 『뜻대로 하세요』를 각색한 작품이라는 외적인 맥락과 젊은 연기자들이 어느 작은 섬에서 『뜻대로 하세요』 연극 준비를 한다는 내적인 맥락을 동시에 담고 있다. 16세기와 21세기의 인물, 언어, 세계가 등장하고 퇴장하며 또 동시에 충돌한다. 〈로잘린〉은 이 과정을 매우 연극적이고 활발하게 묘사한다. 영화가 진행될수록 현실 속 대화에 비해 희곡 텍스트는 딱딱하고, 부자연스럽다. 마치 희곡 『뜻대로 하세요』에서 모든 갈등이 쉽게 풀리고, 인물들의 결혼으로 갑작스러운 해피엔딩을 맞는 것처럼 말이다. 영화 속 인물들은 책을 들고 등장하며, 본모습 대신 희곡 캐릭터로 분장하고, 서로를 다른 이름으로 부른다. 그들은 직접 경험하지 않은 세계의 텍스트를 읊조리는 행위와 빠른 호흡의 대사로 범속한 세계에서 퇴장한다. 여자는 남자가 되고, 루이사는 로잘린드가 되는 식이다. 〈로잘린〉은 인물들이 해피엔딩으로 향하는 여정이고, 그 여정에 일상적인 욕망과 이로 인한 사건이 틈입하고 충돌한다. 연기자를 향한 힐난에 극의 맥이 끊기는 순간들, 희곡의 스토리와 달리 서로 사랑하지 않는 인물들, 루이사에게 연신 걸려 오는 전화, 그리고 이를 뒷받침하는 야생적인 카메라 워크 등이 바로 그 충돌이다. 이러한 21세기 영화는 16세기 희곡과 달리 단순하고 명확하게 나아가는 서사가 아닌 충돌과 혼란을 통해 작동한다.

마티아스 피녜이로는 두 시대를 하나로 융합하려 하지 않는다. 대신 그 간극과 분열을 날카롭게 응시하고 여유롭게 탐구한다. 피녜이로의 인물들은 16세기 셰익스피어의 텍스트 속으로 숨어들었다가, 헤엄을 마치고 다시 21세기 현실로 걸어 나오는 움직임을 반복한다. 이러한 두 세계의 동선은 마치 과거와 현재가 서로에게 보내는 응답 없는 편지처럼 보인다. 또한 기존 희곡의 단순하고 견고한 서사 구조는 현대적 혼돈 속에서 언제 파괴될지 모르는 묘한 긴장 속에 놓여있다. 희곡과 영화 속 픽션은 현실로부터 도망치는 탈출구일까, 아니면 또 다른 미로의 입구일까. 서신과 서신, 단조로운 결말, 루이사를 부르는 전화, 알 수 없는 각본들, 카드의 뒷면이 작은 섬을 부유한다.

2. 쌓여가는 비밀, 알 수 없는 각본: 카드의 뒷면

희곡 『뜻대로 하세요』는 누구나 그 줄거리를 알 만큼 널리 알려진 작품이다. 그리고 이를 연기하는 배우들은 희곡의 전체적인 동선을 포함해 세밀한 부분까지 숙지하고 있다. 때에 따라 간단한 미사여구를 생동감 있게 표현해야 할 때도 있기 때문이다. 과거의 텍스트를 연기하는 21세기 배우들은 잠깐 누군가에게 '살아가는' 법을 제시하는 셈이다. 즉, 인생을 행위와 결과로 명확히 보여주는 하나의 각본을 제공한다. 영화의 초입, 짧은 통화 장면이 암시하듯, 루이사는 연극을 준비하기 전 실연을 겪는다. 사랑의 상실과 함께 루이사는 가니메데스로 변장해 올란도의 진정한 사랑을 시험하는 로잘린드가 된다. 그녀는 현실에서 도달할 수 없었던 순수한 사랑의 이상을 탐구한다. 연극 속에서 그녀는 올란도로부터 영원하고 완전한 사랑을 약속받으며, 결혼식이라는 명확한 결말에 도달한다. 그녀가 얻은 사랑은 온전하다. 이는 〈녹색 광선〉 속 델핀이 '우연히' 이상형의 남성을 만나고, 해가 저무는 순간 기적처럼 녹색 광선을 목격하는 장면을 연상케 한다. 그리고 〈녹색광선〉에서 남성과 델핀의 해를 바라보는 역 쇼트가 등장할 때 우리는 발견한다. 둘이 바라보고 있는 하늘은 해가 저물 기미조차 없이 여전히 밝다는 사실을 말이다. 이상형의 남성과 녹색 광선을 바라봤던 순수한 사랑의 세계는 델핀의 시선으로 구성된 환상에 가깝다.

하지만 16세기가 어느새 먼 과거가 되어버린 것처럼, 영원한 것은 없다. 셰익스피어의 명확한 각본 속 영원한 사랑의 유토피아는 마치 뒤집힌 카드처럼 불투명하다. 숲속의 통화 신호는 오락가락하고, 영원의 사랑을 약속하던 올란도는 로잘린드가 보이지 않는 곳에서 희곡의 내용과는 다르게 다른 이와 사랑을 나눈다.

인물들이 하는 카드 게임은 영화의 중요한 알레고리다. 그들의 놀이가 앞선 장면들 속 16세기와 21세기가 충돌하고 교차하는 지점을 환기하는 방식으로 작동하기 때문이다. "하트랑 클로버, 에이스는 암살자. 스페이드 에이스는 의사. 다이아몬드는 경찰." 16세기 유럽풍 디자인의 카드는 하나씩 역할을 부여받는다. 연극에서 본인이 발화하고, 역을 정했던 것과는 다르게 출처가 보이지 않는 호명으로 역할이 정해진다. 그 순간 각본이 없는 새로운 형식의 연극이 펼쳐진다. 모두가 서로를 의심하고, 다른 이들이 눈을 감고 있을 때 서로 신호를 보내며 암살을 계획한다. 그들이 어떤 카드를 가졌는지 루이사는 볼 수 없다. 연극 장면에서 발화하는 이를 비추던 카메라는 루이사를 두고 오가는 말의 주인을 보여주지 않는다. 카메라의 침묵은 모두를 한데 모아 카드 패처럼 뒤섞는다.

3. 그렇다면, 뜻대로 하세요.

> *"인생은 연극이요. 우리는 배우일 뿐이다.*
> *그들은 등장했다가 퇴장할 뿐이다."* – 『뜻대로 하세요』

작품에서 연신 울리는 전화벨은 연극과 현실의 경계를 흐리게 만들고, 두 세계를 끊임없이 충돌시켜 연쇄반응을 일으킨다. 전화벨은 비밀이 탄생하는 순간 루이사의 시선이 흔들리는 지점에 틈입하며, 고전적 질서 속 완전한 몰입을 허락하지 않는다. 이러한 맥락에서 루이사가 전화벨 소리를 바꾸는 행동은 운명을 피하려는 루이사의 일관된 태도를 드러낸다. 전화는 명확한 서신을 야기하는 매체이지만 전화를 내가 아닌 누군가가 받거나, 통신 신호가 잡히지 않는다면 그 명확함은 흐트러진다. 16세기와 21세기의 은밀한 교류는 희곡의 인물들이 각본에 따라 영원한 사랑을 하지 않아 부서지고 만다.

루이사의 이름이 불리는 순간, 로잘린드의 영화는 끝난다. 가니메데스를 통한 결혼식, 올란도와의 사랑, 루이사의 녹색광선 같은 사랑의 유토피아를 향한 여정은 모두 끝날 수밖에 없는 운명이다. 결국, 〈로잘린〉은 하나의 유예된 서사다. 그리고 그 서사는 응답을 기다리는 서신이 아니다. 서신과 서신이, 바뀐 전자음이, 연인의 상실이, 전복된 각본이 그녀의 귀를 그저 맴돈다. 영화의 대화와 서사는 어딘가로 귀결되지 못하고 모든 가능성은 끝임없이 지연된다.

공적 지원으로 성장하기

마티아스 피녜이로에 대한 두 프로그래머의 대화

마르셀로 알데레테, 문성경

이 대화는 마티아스 피녜이로의 작품이 국제 영화제와 맺어온 각별한 관계를 탐구한다. 국제 영화제의 출현과 발전이 그의 필모그래피를 형성하는 데 끼친 영향을 아르헨티나와 한국의 두 프로그래머의 대화로 알아본다.

마르셀로 알데레테 | 마티아스 피녜이로를 어떻게 알게 되었나요?
(이하 알데레테)

문성경 | 2008년이었어요. 저는 당시 전주국제영화제에서 심사
위원 코디네이터로 일하고 있었고, 피녜이로는 첫 장
편 〈도둑맞은 남자〉로 국제경쟁 부문에 초청됐었어
요. 기억하기로는 그 영화가 대상에 해당하는 '우석상'
을 받아서 시상식에 참석했어야만 했는데, 그를 찾을
수 없어서 영화제 스태프들이 거의 패닉 상태였죠. 결
국 시상식에 나타났는데, 어느 산에 산책을 다녀왔다
고 전해 들었어요. 마티아스가 영화로 만들법한 일화
죠.

알데레테 | 제 첫 기억도 영화제와 관련이 있어요. 이번 대화의 아
이디어가 바로 이 공통된 기억에서 나오게 됐잖아요.
피녜이로의 작품이 영화제의 황금기라 불리던 그 전
성기와 어떻게 연결되었는지, 또 영화제들이 어떻게
작가 영화의 공간으로 바뀌게 됐는지 이야기해 보려
합니다. 이제는 영화제가 작가 영화가 존재하는 이유
가 되었다고 해도 과언이 아닐 정도로 배급의 한 형태
로 자리 잡았고, 어떤 경우에는 제작까지도 영화제가
관여하고 있는데 이런 영화제라는 공간에 대해 마티
아스의 사례를 통해 자세히 논의해 보아요.

다시 마티아스와의 첫 만남으로 돌아가자면, 저는 그

때 부에노스아이레스국제독립영화제(Buenos Aires Festival Internacional de Cine Independiente, 이하 BAFICI) 에서 일하고 있었어요. 2006년 BAFICI에서 〈부에 노스아이레스에 관하여A propósito de Buenos Aires (2006)〉가 공개됐는데, 이 영화는 에피소드 형식으로 여러 감독들이 부에노스아이레스를 배경으로 한 단편 들을 모은 옴니버스였죠. 감독들 중 한 명이 마티아스 피녜이로였고, 다른 감독들은 말레나 솔라르스[1], 니 콜라스 수커펠드[2] 등이 있었습니다. 하지만 이 영화 는 영화학교에서 제작된 특이한 작품이었기 때문에 조금 잊혀졌죠. 그러나 그로부터 1년 후, 피녜이로는 BAFICI에서 첫 장편 영화를 발표했고, 그때부터 이름 이 알려지기 시작했어요.

문성경 | 한국 독자들을 위해 당시 아르헨티나 영화계 상황을 설명해 주면 좋겠어요.

알데레테 | 물론이죠. 길고 복잡한 이야기지만 간략하게 설명하 자면 아르헨티나는 1983년에 민주주의를 회복했어요.

---

1) 말레나 솔라르스Malena Solarz: 두 번째 장편영화 〈청춘을 위한 앨 범Album for the Youth〉(2021)은 제 23회 전주국제영화제 국제경쟁에 초 청됐다.

2) 니콜라스 수커펠드Nicolás Zukerfeld: 최신작 〈말을 타는 모습을 보 여주는 36가지 방법은 없다No existen treinta y seis maneras de mostrar cómo un hombre se sube a un caballo〉는 제 22회 전주국제영화제 영화보다 낯선 섹션에서 소개됐다.

그 이전에는 매우 폭력적이고 트라우마를 남긴 군사 독재하에 있었죠.

당연히 이로 인해 사회적, 문화적으로 큰 변화가 일어났습니다. 그중 하나가 1991년에 사립학교인 영화대학교(Universidad del Cine, FUC)가 설립된 거예요. 그 이전에는 국가 운영의 국립영화학교(Escuela Nacional de Experimentación y Realización Cinematográfica, ENERC)가 대표적 영화 교육기관이었죠. 이 두 학교에서 '뉴 아르헨티나 시네마'라 불리는 아르헨티나의 새로운 영화감독들이 대부분 배출되었고, 그중에는 마티아스 피녜이로(FUC 출신)도 포함됩니다. 1994년에는 아르헨티나 제작사에 중요한 영향을 끼친 영화법이 제정되었는데, 국가의 영화 및 시청각 예술을 담당하는 국립영화영상위원회(Instituto Nacional de Cine y Artes Audiovisuales, INCAA)를 통해 자금 지원을 시작했고, 이는 아르헨티나 영화 제작을 촉진시켰습니다. 한국의 영화진흥위원회(KOFIC)와 비슷한 역할을 했죠. 물론 차이점도 있지만요.

또한 1996년에는 독재정권의 결정으로 중단됐던 마르델플라타국제영화제가 26년 만에 재개되었고, 몇 년 후인 1999년에는 BAFICI가 창설되었습니다. 이 모든 변화들, 학교, 영화제, 영화 제작을 위한 새로운 법 제정 등이 일어나면서, 90년대 중반에 새로운 아르헨티나 영화의 움직임이 등장했어요. 이 움직임은 이전까지 산업의 중심에서 일하던 감독들과는 다른 새로운 흐름을 만들어냈죠. 그들은 영화학교에서 교육을 받았고, 영화제 덕분에 세계 다른 곳에서 제작된 새로운 영화들을 접할 수 있었습니다.

이 시기의 대표적인 영화들로는 〈피자, 맥주, 담배 Pizza, Birra, Faso〉(아드리안 카에타노Adrian Caetano, 브루노 스타그나로Bruno Stagnaro, 1997), 〈크레인 월드 Mundo Grúa〉(파블로 트라페로Pablo Trapero, 1999), 〈자유La libertad〉(리산드로 알론소Lisandro Alonso, 2001), 〈늪La Ciénaga〉(루크레시아 마르텔Lucrecia Martel, 2001), 〈발네아리오Balnearios〉(마리아노 지나스Mariano Llinñas, 2002) 등이 있습니다. 이들은 아르헨티나에서 이전까지 제작되던 영화와는 전혀 다른, 거의 반대되는 형태의 영화를 만들었어요. 그것은 미학적 형식뿐만 아니라 제작 방식에서도 큰 차이를 보였죠. 이런 감독들로 이루어진 첫 번째 세대가 바로 새로운 아르헨티나 영화의 주축이었고, 마티아스 피녜이로는 그보다 조금 후에 등장합니다. 앞서 언급한 감독들은 1970년대에 태어났고 - 피녜이로는 1982년에 태어났습니다 - 이들 모두 90년대 영화학교와 영화제가 만들어낸 아르헨티나 상황이라는 특별한 교차점에서 나타났습니다. 주로 마르델플라타영화제와 BAFICI로부터 많은 영향을 받았죠. 구체적인 맥락을 말하지만, 직전 세대인 라울 페로네Raúl Perrone, 알레한드로 아그레스티Alejandro Agresti, 마르틴 레흐만

Martín Rejtman 같은 감독들로부터 새로운 움직임에 대한 전조가 일어났다는 점에서 아르헨테나 뉴 웨이브 영화의 역사는 훨씬 길지만, 대체로 이런 흐름 속에서 마티아스 피녜이로는 영화감독으로서 첫 장편을 연출하게 되었습니다.

문성경 | 아르헨티나와 한국은 정치뿐만 아니라 영화도 비슷한 역사를 걸어온 듯 보입니다. 한국은 87년 이후 민주주의가 제도적으로 안착하기 시작했습니다. 한국도 영화진흥위원회 산하에 한국영화아카데미(KAFA)를 1984년 설립해 그간 장준환, 봉준호, 임상수, 장건재, 윤성현 등 여러 감독들을 배출했어요. 1990년대는 소규모 영화클럽뿐만 아니라 예술영화관이 출현했고, 대기업 자본이 비디오 산업에 진출하기도 했습니다. 1995년에 영화 비평의 붐을 이끌었던 「키노」, 「씨네21」 같은 영화 잡지들이 생겨났어요. 무엇보다 부산국제영화제가 1996년에, 그 이듬해인 1997년에는 부천판타스틱영화제, 그리고 2000년에는 전주국제영화제가 창설되었죠. 즉, 80년대에서 2000년대는 비디오 대여점의 활성화, 영화제와 민간 시네마테크의 출현, 영화 비평의 대중화 등으로 다양한 영화를 보고 토론하는 것이 자연스러웠던, 시네필이 태동하고 길러진 시기였습니다.

알데레테 | 그렇죠. 아르헨티나 감독들 사이에서 이야기한 세대 차이가 한국에서도 비슷하게 나타나는 것 같아요. 당

신은 80년대에 태어났고, 저는 70년대에 태어났죠. 하지만 우리는 상업 영화관에서 상영되는 영화보다는 영화제에서 본 영화들로 더 많은 영향을 받았어요. 영화제는 우리가 몰랐던 세계, 접근 가능성이 전혀 없던 세계를 보여줬고, 그 세계에는 전 세계에서 온 방대한 수의 영화가 있었습니다.

영화 잡지 이야기를 하니 아르헨티나 사례를 언급하자면, 1991년 12월에 '엘 아만테 시네El Amante Cine'라는 영화잡지가 창간됐었어요. 후에 2001년부터 4년간 BAFICI의 위원장이었던 퀸틴Quintín 이 창간자 중 한 명이었죠. 또 중요한 잡지로는 '필름Film'도 빼놓을 수 없는데요, 영화 잡지가 뉴 아르헨티나 시네마의 변화에서 핵심 요소 중 하나였다고 할 수 있어요.

저는 항상 궁금했어요, 아르헨티나에서 처음 상업적으로 개봉한 한국 영화는 무엇일까? 아마도 그 영화는 두 영화제 중 하나를 거친 뒤 개봉했을 거예요. 그전에는 영화클럽에서 한국 영화를 상영한 적은 있었겠지만, 그 이상은 아니었죠. 하지만 2000년대 들어서는 누구나 한국 영화를 알고, 여러 감독의 이름도 알게 되었죠. 오늘날 상황은 많이 달라졌지만, 여전히 영화제는 상업영화 시장과 스트리밍 서비스에서 찾기 어려운 대안적인 영화를 제공하고 있어요.

문성경 | 맞아요, 그 이야기는 정말 흥미로운 이야기입니다만

이제 다시, 마티아스로 돌아가죠.

알데레테 | 2007년에 〈도둑맞은 남자〉가 공개되었고, 흔히들 말하듯이, 이 영화는 진정한 영화감독의 탄생을 보여줬었어요. 어떤 사람들은 좋은 감독은 첫 장편에서 이미 완성된다고 말하는데, 피녜이로의 첫 영화에서 그 느낌을 확실히 받을 수 있었죠. 그 영화에는 이미 그의 문학적 성향, 도시적 배경, 배우들, 연기 스타일 등 모든 것이 담겨 있었어요.

사실 〈도둑맞은 남자〉는 BAFICI에서 국제 경쟁 부문에 선정되지 못했고, 아르헨티나 경쟁 부문에 속했어요. 그 당시 저는 프로그래머는 아니었지만, 그 영화를 어느 섹션에 배치할지에 대해 논의가 있었던 기억이 나요. 이 영화가 결국 BAFICI에서는 아무 상도 받지 못했죠. 하지만 2년 후, 두 번째 영화 〈그들은 모두 거짓말하고 있다〉로는 국제 경쟁 부문에서 상을 받게 됩니다.

문성경 | 당시 전주국제영화제 심사위원들은 〈도둑맞은 남자〉에 대해 "지적인 미장센, 톤, 능숙한 구조, 독특한 편집 리듬, 그리고 자연스러우면서도 세심한 연기"라고 평가했어요. 이건 거의 피녜이로 영화에 대한 완벽한 설명이에요.

알데레테 | 바로 그래서 심사위원들이 영화제에서 매우 중요한

역할을 하는 거죠.

문성경 | 그해 심사위원 중에는 평론가 크리스 후지와라와 봉
준호, 아볼파즐 잘릴리 감독도 있었어요. "우리는 이
신인 감독을 만나게 된 것을 매우 기뻐하며 큰 관심을
갖고 그 앞길을 지켜보겠다"라고 덧붙였고, 봉 감독
과 피녜이로가 함께 무대에 서 있는 사진도 있습니다.

알데레테 | 마티아스가 봉준호 감독의 영화를 BAFICI에서 봤을
가능성이 매우 높아요. 봉 감독은 2001년에 〈플란다
스의 개 (2000)〉를 상영하기 위해 부에노스아이레스
에 왔었어요.

문성경 | 이 대화를 나누기 전에 다시 한번 이 영화를 봤는데,
그해 심사위원, 그리고 당시 전주영화제 프로그래머
들이 피녜이로가 매우 유망한 감독임을 확실히 알아
봤다는 것을 알 수 있어요. 그의 필모그래피만 봐도 그
예측이 정확했다고 보고요. 마티아스는 많은 아르헨티
나 감독들처럼 한국 영화와는 다른 방식으로 영화를
만들어 나갔어요. 예술적으로 가능한 선에서 취한 아
이디어, 그 이후 만들어진 창작물을 봐도 그렇지만, 근
본적으로는 제작의 측면에서 매우 독특한 형태를 취
하고 있거든요. 항상 같은 기술팀과 협력했을 뿐만 아
니라, 배우들도 지속적으로 함께 작업했습니다. 무엇
보다 중요한 건, 늘 일정한 비용과 규모로 영화를 만들
어 작품에 대한 절대적인 통제력을 유지하려고 했다

는 거예요. 많은 동료 감독들이 돈을 구하는 데 걱정하는 것과는 달리, 그는 최소한 외형적으로는 그런 걱정을 하지 않는 듯 보였죠. 이와 관련해 피녜이로 감독은 J Magazine[3]에서 다음과 같은 말을 했습니다.

피녜이로의 인터뷰 발췌:

"영화를 시작했던 초기부터 그렇게 해왔다. 영화학교에서 공부를 마치던 때 첫 번째 영화를 단편으로 시작했다. 알레호 모기잔스키(Alejo Moguillansky)와 편집을 하면서 우리는 이 프로젝트가 단편에 맞지 않는다는 사실을 깨닫고 좀 더 촬영을 해야 했다. 여러 사람과 함께 작업하는 과정에서 자연스럽게 아이디어가 생겼고, 또 대학의 지원 덕분에 제안을 받기도 전에 장편을 찍을 수 있었다. 현재 산업 구조에서는 더욱 어려운 일이지만 '친밀감'이라는 개념에서 시작하는 영화를 만들고 싶었다. 서류로 나타내기 어렵고 대규모 자금을 설득할 수 없는 이야기, 재료, 배경에 관심이 있다. 다행히 나는 프로젝트를 진행하는 시간 동안 해야만 해서 일하는 사람들이 아닌, 자신의 본모습을 간직한 사람들과 효율적으로 일하는 것을 좋아한다. 제작자 멜라니 샤피로(Melanie Schapiro), 촬영감독 페르난도 로케트(Fernando Lockett), 예술감독 아나 캄브레(Ana Cambre), 배우 마리아 비샤르(María Villar), 아구스티나 무뇨스(Agustina Muñoz), 가비 사이돈(Gabi Saidón), 편집자 세바스티안 슈하에르(Sebastián Schjaer) 등 동료들의 의지와 협력 덕분에 지난 몇 년 동안 영화를 한 편 완성하면

---

3) J Magaziine Issue 4, 2024년 5월 전주국제영화제 발행, '우리 시대의 영화인 〈너는 나를 불태워〉', 마티아스 피녜이로 감독 (일부 내용 감수)

그다음 영화에 도움이 되는 생태계를 구축할 수 있었다. 이전의 작업을 통해 다음 영화는 더욱 효율적이고 창의적으로 만들 수 있다. 각각의 영화는 이전의 영화와는 다른 무언가를 보여주어야 한다. 그렇게 조금씩 성장하고 확장하되 영화를 만드는 사람들의 마음이 훼손되는 방식으로 확장되어서는 안 된다. 요즘 감독 친구들과 좀 더 큰 규모의 영화를 만드는 일에 대해서 이야기를 나눈 적이 있다. 하지만 지금까지 일했던 방식으로부터 얻었던 자유가 무너질까 두렵기도 하다. 아주 적은 예산으로 작업하기 때문에 한계가 있다는 것도 알고 있지만, 이러한 한계 때문에 한 번 더 생각하고, 천천히 가며, 스크린에 어떤 화면을 보여주고 싶은지 고민할 수 있다. 규모 때문에 혼란을 겪고 싶지 않고, 또 무엇보다 좋아하지 않는 영화를 만들고 싶지 않다. '해야 하는' 영화를 만들고 싶지 않다. 어쨌든 비판적인 사고를 유지하면서 형식을 확장해야 한다고 생각한다. 어떻게 영화를 계속해 나갈지 고민 중이다. 이것이 요즘의 고민이다."

알데레테 ㅣ　당신이 한국 영화에 대해 언급한 부분이 흥미롭습니다. 제가 마르델플라타국제영화제에서 일하며 초청했던 한국 감독들 중 일부는 데뷔작 이후 경력을 이어가기가 매우 어려워지고, 결국 첫 번째 혹은 두 번째 영화에 갇히게 되더라고요. 그들은 계속해서 새로운 작품을 만들지 못하고, 그 전의 성공에 머물러버리는 경우가 많죠.

문성경 ㅣ　그건 정말 방대한 주제로, 여러 가지 측면에서 이야기할 수 있어요. 두 사회는 비슷한 부분도 있지만 많은 면에서 완전히 다른 구조를 가지고 있어요. 무엇보다도 한국 영화산업은 팬데믹 이전까지 성장 가도를 꾸준히 이어올 정도로 성공적이었고, 현지에서 상업적으로 큰 성과를 거두고 천만 명 이상의 관객을 모으는 경우도 종종 나타났습니다. 이런 환경에서는 편당 제작 비용이 점점 올라가고 저예산 영화도 꽤나 높게 책정됩니다. 이제 친구들과 모여서 영화 한 편을 만드는 그런 개념은 한국에 거의 존재하지 않아요. 그래서 많은 감독들이 차라리 영화 연출보다는 교육 분야로 가는 현상도 보여요. 한국에서 교수직은 매우 안정적이고 잘 보상받는 직업이기도 하거든요. 게다가 아르헨티나처럼 영화에 대한 예산 지원을 대부분 해주는 영화 기관도 없어요.

알데레테 │ 최근 아르헨티나 정부의 변화로 영화 지원이 크게 달라졌어요. 이전에는 다양한 예산의 영화들이 많이 제작되었지만, 지금 집권한 정부는 상업적으로 큰 성공을 거둘 수 있는 영화를 만들겠다는 방향으로 바뀌었죠.

문성경 │ 네, 아르헨티나의 몇몇 영화감독들이 저에게 소식을 전해줬어요. 참 안타까운 일이죠. 외국 영화 프로그래머들이 아르헨티나 영화를 주목한 이유 중 하나는 바로 형식적 다양성이었거든요. 또한 경제적으로 어려운 상황에서도 많은 영화가 만들어졌다는 점도 중요한 요소였고요. 그럼에도 불구하고, 대부분이 감독들이 상업적 노선이 아닌 전적으로 독립적이고 개인적인 작품을 만들어왔어요, 그들의 영화에 대한 호불호를 떠나서 아르헨티나 감독들은 영화의 현대성을 추구하는 경향을 보여요. 마티아스의 영화가 완벽한 예시고요. 그는 내러티브 영화를 만들지만, 그 영화들 속에는 감독의 세계와 삶이 묻어 있어요. 부에노스아이레스의 거리처럼 실제 공간이 영화 속에 녹아들고, 그의 배우들이 한 작품에서 다음 작품으로 성장하는 모습을 볼 수 있죠. 마티아스의 초기 작품에서부터, 셰익스피어 텍스트를 자유롭게 각색한 작품들, 그리고 최근 작품인 〈너는 나를 불태워〉까지, 그의 영화들은 그가 어떤 새로운 방향으로 나아가고 있는지 보여줘요. 그는 문학을 출발점으로 삼되, 문학 영화를 하지는 않아요. 문학을 각색하는 게 아닌 거죠. 한국의 많은 감독들이 단순히 시나리오를 기술적으로 흠잡을 데 없이 구현한 영화를 만들어요. 마티아스의 영화는 오직 그만이 할 수 있는 영화를 만들고, 이 지점이 그가 진정한 영화감독, 작가라는 증거지요. 앞에서 말한 다른 종류의 영화는 직업적인 실행이라고 생각해요.

알데레테 │ 마티아스 피녜이로는 여러 번 전주국제영화제가 그의 커리어에서 중요한 역할을 했다고 언급했어요.

문성경 │ 2024년에 오랜만에 전주에 왔고, 심사위원으로 참석했어요. 이번 방문을 통해 마티아스와 전주 사이에 어떤 사이클이 완성된 느낌이에요. 그가 첫 장편으로 전

주에서 상을 받은 후, 당시 전주영화제에서 디지털 삼
인삼색이라는 프로젝트에 마티아스를 초청했어요. 그
프로젝트는 유명하거나, 영화적 성취를 이룬 감독들이
단편 영화를 만들어 영화제에서 상영하는 프로젝트였
는데, 이 프로젝트는 나중에 전주시네마프로젝트로 발
전합니다. 그에 대한 이야기는 전주영화제에서 발간한
책 『Jeonju Cinema Project - 프로듀서로서의 영화제
를 꿈꾼 10년』에 자세히 담겨 있어요. 전주영화제의
이 제안을 통해 마티아스는 셰익스피어의 텍스트를
기반으로 한 첫 번째 작품인 〈로잘린Rosalinda[4]〉을 만
들게 되었어요. 그해 프로젝트에 참여한 또 다른 감독
은 제임스 베닝과 드니 코테였죠. 시간이 흐른 후, 마
티아스가 제게 말해준 건, 그가 원래 전주영화제 프로
그래머들의 첫 번째 선택은 아니었다는 거예요. 당시
에는 아직 그가 많이 알려지지 않았던 시기였으니까
요. 하지만 원래 선택된 감독이 참여할 수 없게 되면서
마티아스에게 기회가 주어진 거죠. 아주 믿지 못할 이
야기는 아니지만, 당시 프로그래머들만이 진실을 알겠
지요.

알데레테 | 하지만 마티아스와 전주영화제의 관계는 여기서 끝나
지 않아요.

---

4) 스페인어 표기와 캐릭터 이름에 따르면 '로살린다'가 맞으나, 한국
에서 당시 프로그래머들에 의해 결정된 제목 '로잘린'으로 이미 알려졌
기에 그대로 옮긴다.

문성경 | 맞아요, 2012년 마티아스는 전주영화제에서 워크 인 프로그레스 상도 받았죠. 제작 지원금이 나가는 이 상은 그의 다음 장편 영화인 〈비올라〉 완성에 도움이 되었어요. 돌이켜보면 첫 장편 〈도둑맞은 남자〉로 전주에서 받은 상금을 두 번째 장편영화 〈그들은 모두 거짓말하고 있다〉의 제작 자금으로 썼고, 그 뒤 바로 삼인삼색 단편을 만들었고, 〈비올라〉로 후반작업 지원까지 받았으니, 전주국제영화제와 마티아스의 4편의 영화가 서로의 성장에 영향을 주고받은 셈입니다.

알데레테 | 감독과 영화제 간의 정말 독특한 이야기이자 관계죠. 그리고 이 관계는 영화제가 일부 감독들의 필모그래피에 얼마나 중요한 역할을 하는지 잘 보여줘요.

문성경 | 전주영화제에서 가장 중요한 역할 중 하나는 바로 새로운 감독들에게, 특히 영화에 대한 독창적인 아이디어를 가진 감독들에게 도움을 주는 거예요. 최근 몇 년간, 전주시네마프로젝트는 〈삼사라Samsara〉(로이스 파티뇨Lois Patino, 2023)와 〈다이렉트 액션Direct Action〉(기욤 카이요, 벤 러셀 Guillaume Cailleau, Ben Russell, 2024) 같은 두 장편 영화를 제작 투자를 했는데, 이 영화들은 베를린국제영화제에서 상을 받았고 전 세계 주요 영화제를 순회했죠. 이는 영화제와 그와 함께 일하는 사람들에게 큰 성취이자 인정이에요. 솔직히 말하자면, 이 프로그램에 참여한 모든 감독들이 영화제에게 감사하는 것은 아니에요. 제가 방금 언급

한 감독들은 예외지만, 우리는 지금까지 선택한 감독들과 영화들에 대해 항상 운이 좋았어요. 이 두 영화는 영화제가 지향하는 영화의 완벽한 예시죠.

그런데 이런 일이 항상 지속될 수 있을지는 모르겠어요. 저는 항상 걱정이 돼요. 전주영화제가 형편없는 영화를 제작하는 경우가 올지도 모른다는 생각에 불안감을 느껴요. 영화제가 지켜온 예술적 방향성과 전통을 존중하지 않는 영화가 나올 수도 있죠. 그 말은 바로 우리가 이야기해 온 영화에 대한 관점과 관련이 있어요. 사실 한국의 일부 영화 제작자들은 독립 영화가 감독이나 기술자들이 상업 영화를 만들기 위한 연습의 장이라고 생각하죠. 즉, 결국엔 상업적이거나 흥행을 노리는 영화를 만들기 위해 독립 영화를 거쳐야 한다는 거예요. 이런 생각은 정말 웃기지만, 실제로 그런 말을 한 제작자도 있었어요.

저는 프로그래머로서 마티아스 피녜이로의 영화를 한국에서 소개할 수 있었다는 사실에 큰 자부심을 느껴요. 한국의 젊은 영화를 꿈꾸는 학생들이 그와 그의 영화에서 많은 것을 배워야 한다고 생각해요. 영화는 여전히 현대적인 예술이자, 형식적인 면에서나 제작 방식에서 다양한 가능성을 지닌 예술임을 이해해야 하죠. 그리고 항상 더 좋은 방법은, 돈을 벌기 위해 영화를 만들려는 제작자에게 의존하는 것보다, 친구들과 함께 영화를 만드는 것이라고 생각해요. 마티아스의

61

영화는 시간이 지나도 여전히 젊은 영화예요. 과거의 문학 작품에서 영감을 얻으면서도, 우리의 시대에 대해 이야기하고 있죠. 영화가 살아 있는 예술로 계속 발전할 수 있는 이유는 바로 마티아스 피녜이로 같은 감독들이 있기 때문이에요.

마르셀로 알데레테 |
마르델플라타국제영화제 프로그래머(2011~2024), 영화평론가

문성경 |
전주국제영화제 프로그래머(2019~),
스위스 빌드라우쉬-바젤영화제 큐레이터(2020~)

Dirección y guión
Matías Piñeiro
Producción
Iván Granovsky
Ezequiel Pierri
Fotografía y Cámara
Fernando Lockett
Montaje
Alejo Moguillansky
Arte
Ada Frontini
Sonido
Daniela Ale
Emilio Martin Iglesias
Lucas Meyer
Asistente de Dirección
Lionel Braverman

María Villar.......... Rosalind / Luisa
Julián Tello.......... Gáston
Agustina Muñoz .... Celia / Fernanda

y con
Julián Larquier Tellarini .... Germán
Julia Martínez Rubio .... The girl from the boat
Denise Groesman .... Laura
Ana Cambre .... Latoya
Alberto Ajaka .... Orlando / Gabo
Luciana Acuña .... Karin

by Matías Piñeiro

IV. 비올라 (2012)

Inspired by
- 『십이야Twelfth Night』 (윌리엄 셰익스피어, 1623)

Synopis
〈비올라〉는 여배우들과 남자들의 이야기이고, 감정적 음모의 미로다. 그들이 준비하는 윌리엄 셰익스피어의 『십이야』 는 그들의 일상과 그리 다르지 않다.

미스터리가 좀처럼 해결되지 않는, 하지만 사랑이 억제할 수 없이 흐르는 셰익스피어 여인들의 세계가 꿈, 시, 허구를 통해 욕망에 대한 다양한 이론을 편견 없이 시도한다.

Winner & Nominated
- **제 15회 BAFICI**
  여주 주연상
  (마리야 비샤르, 아구스티나 무뇨스, 엘리사 카리카호, 로미나 파울라)
  FIPRESCI 상
  작품상 후보
- **제 14회 전주국제영화제**
  월드 시네마스케이프 부문
- **제 19회 발비디아국제영화제**
  특별심사위원상
- **제 6회 리스본&에스토릴영화제**
  예거-르쿨트르 상 후보

형태로 가득 찬 환상:
〈비올라Viola〉

크리스 루스크리

마티아스 피녜이로의 영화들은 분류와 분석 작업에 열의를 가진 작가들을 위한 우로보로스[1]를 자처한다. 이는 그의 영화적 형식이 '고정 불가'라는 지속적인 주제를 근본으로 삼기 때문이다. 2000년대부터 2010년대 사이 국제 무대에 등장한 새로운 세대의 라틴아메리카 영화감독들(루크레시아 마르텔, 리산드로 알론소, 클레베르 멘돈사 필류)은 계급 정체성과 국가 형성 사이 중첩 효과를 탐구했다. 반면 피녜이로는 이 동료 감독들과 몇가지 중요한 측면에서 차별화된다.

---

1) 그리스 신화에 나오는 꼬리를 먹는 뱀 또는 용 형상의 괴수. 무한한 순환과 영원성, 윤회의 상징으로 사용되곤 한다. (역주)

이 감독들은 각자 나름의 방법으로 영화적 모더니즘의 여러 관행들(내러티브의 파편화, 비선형화, 또는 분산화를 통해 심리 분석으로부터 멀어지려는 시도)을 탐구한다. 이는 구체적이고 개별화된 노력과 활동이 우리가 역사라고 주장하는 추상적이고 집단적인 무의식 체계로 합쳐지는 과정을 낯설게 하기 위함이다. 피녜이로 또한 이런 충동을 공유한다. 하지만 그는 기존의 반항적인 전근대 문학 텍스트 꾸러미에 대한 특질적인 매혹을 통해 그의 동료들과는 꽤 다른 방식으로 이 매개변수의 범위를 확장한다. 이 텍스트들은 본래의 맥락에서 벗어나 피녜이로가 영화적, 문학적, 역사적 선례들로부터 수확한 복잡다단한 모더니즘 기법들을 걸러내는 재료로 작용한다. 이러한 중재 과정은 종종 〈비올라〉의 아마추어 연극이나 <프린세스 오브 프랑스>의 라디오 드라마와 같은 제3의 형식적 체계를 통해 이루어진다.

세계 영화사에 대한 폭넓은 지식을 가진 자타공인 시네필 피녜이로의 텍스트 외적 형성 전략은 처음에는 다소 복잡하고 직관에 반하는 것처럼 보일 수 있다. 특히 영화의 원재료를 한 문화권에서 다른 문화권으로 전환하는 과정에 내재한 도전 과제들은 이상하게 느껴진다. 하지만 바로 이러한 접근 방식의 충돌, 서로 이질적인 출처와 스타일이 층위를 이루는 과정은 피녜이로의 영화 세계를 매혹적으로 만드는 독특하고 유연하며 변화무쌍한 밀도를 형성한다. 그의 작품들에는 최상의 형식적인 자신감이 집약되어 있으며, 이 자신감은 무수한 비(非)영화적 원천에 새로운 힘과 목적을 부여하는 방식으로 숭고함을 발견하는 재능(의미가 도금된 길잃은 제스처, 동시성을 띄는 형용할 수 없는 대사)에서 기인한다. 이 재능은 영화에 대한 사랑이 그에게 부여한 것이다.

이런 맥락 속에서, 19세기 아르헨티나 대통령 도밍고 F. 사르미엔토의 텍스트와 복합적인 대화들로 이뤄진 피녜이로의 두 편의 초기작, 〈도둑맞은 남자〉와 〈그들은 모두 거짓말하고 있다〉는 모두 나중을 위한 예행연습이다. 피녜이로는 이후 〈비올라〉를 비롯해 셰익스피어의 희곡을 원작으로 삼으며 더 복잡하게 압축된 여러 편의 영화들을 만들었다.

〈로잘린〉을 효시로 피녜이로의 영화들은 단순히 현대적 각색을 위해서가 아닌, 생생하고 부드러운 감정을 해방하는 열쇠로서 셰익스피어의 비주류 희곡들을 극 안으로 끌고 온다. 셰익스피어가 탐구해온 정체성, 그리고 관계의 본질로부터 얻은 표현과 아이디어들은 장면과 장면을 거듭할 때마다 더 깊고 풍부해진다. 결과적으로, 피녜이로의 셰익스피어 연작들은 서로 분리된 작품이지만 서로를 확장하는 하나의 거대한 프로젝트이며, 개별 작품들이 서로 퍼즐처럼 맞아 떨어지며 군체를 이루는 과정을 보는 것은 관객에게 독특한 만족을 준다. 〈비올라〉는 그런 작품들 중 두 번째 작품이며, 영어권 비평계에서 지속적인 국제적 찬사를 받은 첫 번째 작품이다.[2]

광대한 서사의 변동 속에서 〈비올라〉는 일련의 중첩된 서사들을 진행한다. 이런 구조는 눈에 띄지 않을 만큼 손쉬운 방법으로 오늘날 아르헨티나 극단 내부의 인간관계를 둘러싼 낭만적인 음모들을 펼쳐낸다. 이 모든 일은 인물들이 제작하는 아마추어 연극 『십이야』를 리허설하는 과정에서 일어난다. 이런 설정 속에서 인물들은 종종 같은 장면 안에서, 그리고 아주 매서운 속도로 일상 대화를 묵직한 셰익스피어의 문장으로 전환한다. 페르난도 로케트의 카메라라는 일련의 우아한 투 쇼트를 통해

---

2) 〈비올라〉는 시네마 스코프 선정 2012년 올 해의 영화 6위, 필름 코멘트 선정 2013년 올 해의 영화 29위에 올랐다.

이 모든 뉘앙스들을 잡아낸다. 이 '오픈 워크샵'이라는 발상은 표면적으로는 텍스트 리허설이 현실의 삶으로 번지는 걸 정당화할 뿐만 아니라, 셰익스피어의 오래된 테마인 사랑과 정체성, 운명을 21세기 관계 문화 속 더 넓은 대화 안으로 전환한다는 점에서 탁월하다.

그러나 피녜이로는 자신의 원천 소재에 걸맞게 더 많은 게임을 숨겨두고 있다. 영화 중반부에 접어들면, 『십이야』는 완전히 배제되고, 새로운 등장인물들이 소개된다(그중 일부는 동일한 배우들이 연기한다). 이들은 이전 등장인물이나 배우들의 상황, 혹은 리허설에서 묘사된 사건, 아니면 그 둘 모두에 대해 이야기하는 것처럼 보인다. 우리의 시선은 이제 비슷하지만 완전히 동일하지는 않은 또 다른 닫힌 공간에서 벌어지는, 시적이고 감정적인 새로운 평행세계로 옮겨간다. 마치 피녜이로가 관객을 장난스럽게 어떤 거대한 설계로 이끌고 있는 듯한 느낌을 준다.

영화를 수집하듯 감상하는 시네필답게, 피녜이로의 작업은 문학 뿐만 아니라 영화의 영역에도 놓여있다. 피녜이로의 작품들 속에는 자크 리베트와 리베트 특유의 '일상의 음모들 (프레임 속의 프레임, 발자크 소설처럼 재등장한 인물들의 관계성 등)의 그림자가 드리워져 있다. 그럼에도 불구하고, 이 '음모'라는 게 의미하는 것이 무엇이던지, 적어도 우리가 원하는 방식으로는 이야기가 끝나지 않는다. 반복되는 후렴구의 달인 같은 피녜이로는 언제나 그의 관객들보다 두 발 앞서 있으며 극의 초반 우리를 이끌던 캐릭터 '비올라'보다 더 영리하고 교묘하게 영화를 풀어나간다. 이 지점에서 반복되는 변덕스러운 서사의 중단과 시작 때문에 우리의 몰입은 고갈된다. 이제 영화의 구조는 자기 안으로 수렴하고, (관점에 따라서는 하나의 선으로 모여 가늘어지고) 피녜이로는 영화 속 가장 재미있고, 달콤한 장면 중 하나로 막을 내린다.

이 모든 것이 지나치게 복잡하거나 고상하게 들린다면, 그것은 분명 감독의 작업과정에 대한 사랑, 사람들에 대한 애정, 그리고 그의 텍스트에 대한 애착 때문이다. 피녜이로의 작품이 주는 많은 즐거움은 우리가 그의 퍼즐을 풀려고 애쓰는 동안, 현실의 무언가가 우리 손이 닿지 않는 곳에 거리를 두고 잔존한다는 사실이 주는 놀라움에서 기인한다. 우리는 이를 현대라고 부른다. 또는 역사라고 부른다. 아니면 단순하게, 삶이라고 부른다. 이것이 바로 그가 자크 리베트와 공유하는 혈통이다. 또는 리베트를 통해 엘리자베스 시대 연극들 (그리고 발자크, 피란델로, 루이스 캐럴까지)과 공유하는 혈통이기도 하다. 어느 숭고한 지혜에 따르면, "모든 세계는 무대다". 아이패드와 미디어로 가득한 이 세상에서 '오래된' 텍스트들을 빌려가며 이 금언을 따라가는 사람은 아마도 현대 영화감독들 가운데 피녜이로가 유일할 것이다.

셰익스피어를 다룬 대부분의 영화 제작자들이 그의 비극에서 영감을 찾는 반면(그것이 옳든 그르든), 이 소박하고 영리한 아르헨티나 출신 감독은 셰익스피어의 희극에서 영화적 가능성을 발견했다. 피녜이로의 영화들은 희극의 인공성을 통해 우리를 기쁘게 하고, 우리를 다른 세계로 이동시키며, 어쩌면 사랑에 빠진 채 살아가는 것에 대하여 시대를 아우르는 가르침을 전해줄지도 모른다.

So Full Of Shapes Is Fancy
by Chris Luscri / Sense of Cinema (2015)

Dirección y guión
Matías Piñeiro
Producción
Melanie Schapiro
Fotografía y Cámara
Fernando Lockett
Asistente de Dirección
Lionel Braverman
Montaje
Alejo Moguillansky
Arte
Agustina Costa
Victoria Marotta
música
John Aylward
Julián Tello
Sonido
Daniela Ale
Emilio Martin Iglesias
Lucas Meyer
Francisco Pedemonte
Mercedes Tennina
electricidad
Jerónimo Torres

María Villar .... Viola
Agustina Muñoz .... Cecilia
Elisa Carricajo .... Sabrina
Romina Paula .... Ruth
Gabriela Saidon .... Gabi
y con
Laura Paredes .... Laura
Esteban Bigliardi .... Javier
Julián Tello .... Gastón
Julia Martínez Rubio .... Juliana
Alessio Rigo de Righi .... Agustín
Alberto Ajaka ....Rest of cast
Pablo Sigal .... Rest of cast

72

V. 프린세스 오브 프랑스 (2015)

Inspired by
– 『사랑의 헛수고Love's Labor's Lost』 (윌리엄 셰익스피어, 1598)

Synopis
아버지가 돌아가신 지 1년 후, 빅토르(훌리안 라르키에르 테샤리니)는 부에노스아이레스로 돌아와 갑작스럽게 떠난 사랑하는 이의 삶을 다시 복구해보려 한다. 동시에, 그는 셰익스피어의 『사랑의 헛수고』를 라디오 드라마로 만들 계획을 세운다.

감성과 지성 사이의 미묘하고 아이러니한 균형 속에서, 〈프린세스 오브 프랑스〉는 장엄함과 농담을 결합하며, 운명의 수많은 지류를 떠받친다. 이는 피녜이로의 영화 속에서 삶을 함정과 같은 놀이로 변모시키며, 시각적 발명과 성스러운 장소와 시간(박물관이나 멘델스존의 음악)에 대한 호기심 어린 개입으로 가득 차 있다. 이러한 요소들은 프랑스 누벨바그에서 직접적으로 비롯된 능숙함으로 재구성된다.

Winner & Nominated
– 제 17회 BAFICI
  아르헨티나 최고 영화상
  SIGNIS상
– 제 51회 시카고국제영화제
  관객상 후보
– 제 67회 로카르노영화제
  황금표범상 후보

한 번 더:
〈프린세스 오브 프랑스La princesa de Francia〉

하이메 그리할바

  반복은 마티아스 피녜이로와 그의 영화들에게 있어 하나의 중요한 특징이다. 하지만 그의 최신작 〈프린세스 오브 프랑스〉는 전례가 없는 길이로 반복을 보여주며, 심지어 반복이라는 사건 그 자체가 여러 번 반복된다. 극단의 배우에서 감독이 된 빅토르의 이야기는 연설, 패턴, 환상, 꿈, 집착의 반복을 위한 장이 된다. 피녜이로의 전작 〈비올라〉에 꿈과 현실의 경계를 흐리게 만드는 장면이 등장한다면, 〈프린세스 오브 프랑스〉에는 우리가 보고 있는 것이 무엇인지에 대한 의심이 항상 존재한다. 장면은 두 번 반복되며, 같은 인물의 완전히 다른 두 가지 태도를 보여주고, 두 가지 버전 중 어느 것이 현실에 부합하는지 알 수 없다는 느낌을 준다. 이 영화에 현실이란 게 있다면 말이다.

〈프린세스 오브 프랑스〉는 표현주의적인 꿈 시퀀스로 시작하며, 그 긴 쇼트는 현대 영화의 거장들과 견줄 만한 수준으로, 차이밍량 감독의 〈떠돌이 개郊遊 (2013)〉의 마지막 시퀀스와 조응한다. 그러나 〈떠돌이 개〉는 신체와 얼굴의 정적, 그리고 고정된 카메라가 감정적 힘을 정의했다면, 이 영화에서는 카메라의 움직임과 프레임 내에서의 신체들의 움직임이 감정과 아이디어를 끌어내며 영화의 주제를 암시한다.

영화는 아르헨티나의 수도 부에노스아이레스의 분주한 밤, 한 발코니에서 시작된다. 우리는 발코니에서 건물과 어둠을 따라, 희미하게 불이 켜진 작은 골목들을 지나 축구 경기장이 있는 곳까지 이동한다. 두 팀이 경기를 시작하는 곳이다. 경기장은 곧 영화가 펼쳐지는 각축장이라는 알레고리다.

우리는 다른 건물에 가려져 있기 때문에 이 작은 경기장의 절반만 볼 수 있다. 경기 시작과 함께 등장한 선수들은 보이지 않는 구역, 즉 모조된 '프레임 바깥'으로 들어가며 모습을 감춘다. 천천히, 그리고 분명하게 한 팀의 선수들은 시야에서 사라지기 시작하고, 사라지자마자 반대팀의 유니폼을 입고 돌아온다. 이는 마치 춤을 추는 장면처럼 느껴지며, 곧 우리는 이 변화가 경기 점수와 어느 정도 일치한다는 것을 깨닫는다.

이 시퀀스는 밝은 주황색 유니폼을 입은 팀이 혼자 남은 상대팀 선수를 마주하는 장면으로 끝난다. 마치 위협적으로 보이는 이러한 구도 때문에 이 장면에는 공포의 감각이 존재한다. 우리는 혼자 남은 사람의 얼굴에서 공포를 읽을 수 있다. 선수들이 그에게 다가올 때, 처음에는 한두 걸음, 그 다음에는 걸어서, 결국에는 뛰어가며 다가오고, 혼자 남은 인물은 덜덜 떨며 빠르게 도망치다 뒤를 돌아본다. 그를 쫓는 선수들의 숫자는 점점 늘어난다.

이 영화는 사람과 사람 사이, 특히 오랜 친구들 사이의 관계에 관하여 이야기한다. 처음에는 그들이 함께 일하고, 함께 놀며, 서로 다양한 관계를 형성하는 하나의 그룹처럼 보인다. 멀리서 보면 희극이다. 그러나 내부에서 현실과 마주할 때, 우리는 토론 중에 '진영'이 형성되고, 그로 인해 토론이 일종의 시합처럼 변하는 것을 깨닫는다. 이 영화는 빅토르와 그의 친구들 사이 관계의 와해를 보여준다. 빅토르(그리고 그룹의 다른 구성원들)는 체계적으로 나머지 사람들과 분리되며, 쫓기고 자신의 실수와 마주한다. 이 영화는 친구들의 외면과 이로 인한 고립을 보여준다.

캐릭터를 다루는 체계적인 방식 속에서 반복은 피녜이로의 다른 어느 영화보다도 인물들에게 생기를 부여한다. 변주가 진행될수록 영화는 점점 더 혼란스러워지지만, 그 혼란이 다가오는 방식은 매력적이다. 우리는 대사, 장면, 시퀀스, 꿈의 반복을 통해 캐릭터들을 알아간다. 한 장면이나 대사가 반복되면, 우리는 그 장면이 특정 캐릭터의 마음 속에 있다는 것을 알 수 있다. 그 캐릭터는 자신이 의심하는 무언가를 확인하려 하거나, 여러 가지 결과를 동시에 상상하며 같은 상황을 여러 번 겪고 있는 것이다. 하지만 여기서 개인의 환상은 현실에서도 질량을 갖는 것처럼 보인다. 사람들은 일어나지 않은 대화를 기억하거나, 실제로는 느끼지 않았던 사랑을 고백했다고 생각하는 등, 환상이 현실에 영향을 미치기 때문이다.

더 많은 사람들로 이루어진 그룹에서 발생하는 사건들은 일종의 혼란을 야기한다. 이 상황에서 빅토르는 셰익스피어의 『사랑의 헛수고』라디오 연극 각색을 위해 사람들을 부른다 연극 속의 로맨스가 실제 삶에

침투할 때, 또는 빅토르가 준비하고 있는 정신 나간 각색이 그가 여자친구라고 생각하는 사람과 충돌할 때처럼, 영화 속 상호텍스트적인 장면들은 이 영화의 가장 흥미로운 부분이다.

영화의 말미에 빅토르는 주황색 유니폼을 입은 선수들과 마주하는 고립된 남자가 된다. 그것은 게임, 바로 우정과 사랑이라는 게임이다. 비록 영화는 마치 빅토르의 행복한 순간을 보여주며 끝나는 듯 하지만, 내레이터는 빠르게 '이것은 실제로 일어난 일이 아니며, 그가 뭔가를 제대로 했더라면 일어났을 상황'이라고 말해준다. 빅토르는 실패자다. 다만 더 쩨쩨하지만 도덕적으로는 덜 비난 받는 다른 실패자들로 둘러쌓인 실패자다. 동시에 그는 창의적인 분야에 있는 이런 부류의 인간들이 작동하는 방식을 보여주는 본보기의 역할을 다 한다.

One More Time
by Jaime Grijalba / Sense of Cinema (2015)

박물관에서 가져온 기념품

Souvenirs from a visit of museum

마티아스 피녜이로

〈프린세스 오브 프랑스〉 촬영이 끝나고 6개월 후, 저는 어머니께서 촬영 소품으로 빌려주신 디지털 카메라를 실수로 뉴욕에 가져왔다는 사실을 깨달았습니다. 이 카메라는 부에노스아이레스의 국립미술관에서 촬영했던 장면에서 사용되었는데, 바로 가브리엘라 사이돈이 맡았던 캐릭터인 '히메나'가 전시된 그림들을 사진으로 찍는 장면이었습니다. 저는 배우에게 촬영 중인 내용과 상관없는 부수적인 활동을 주는 것을 좋아합니다. 이 경우, 히메나는 아나와 빅토르가 있는 장면에서 미술관 전시품을 촬영합니다. 아래는 대본의 한 페이지입니다.

#11 실내 – Museo Nacional de Bellas Artes – 낮

  빅토르, 아나, 히메나가 미술관의 빈 홀을 거닐고 있다. 그들은 각자 자신의 속도로 전시된 그림들 앞을 지나가며 이야기를 나눈다. 히메나는 작은 디지털 카메라로 그림들을 촬영하지만. 그녀는 작품에 그다지 관심은 없는 듯 하다. 전시실 내부는 어둡지만 조명이 그림을 잘 비추고 있다. 아나는 아직 설명되지 않은 상황 때문에 다소 산만해 보인다. 그녀는 대화를 편안한 분위기로 이어가려 노력한다.

빅토르 아나.

아나 아, 응, 미안, 여기 열쇠. 네 집처럼 편하게 있어.

빅토르 고마워.

아나 집에 가서 낮잠 자고 싶으면 자도 돼.

빅토르 괜찮아.

히메나 난 니가 다음 주에 올 줄 알았어.

빅토르 응, 그러려고 했지.

아나 미리 말해줬으면 러그 밑에 열쇠를 두고 오는 건데.

빅토르 걱정하지 마. 근처에 있었어.

히메나 어떻게 지내?

> 히메나는 또 다른 사진을 찍는다. 대화에 크게 신경을 쓰지 않는 듯하다.

빅토르 잘 지내. 음, 사실, 그럭저럭. 최근에 나탈리아 본 적 있어?

아나 아니.

빅토르 누구 만나는 사람 있대?

히메나 모르겠어.

아나 나탈리아 집에 갔었어?

빅토르 응, 근데 나를 받아주지 않더라.

빨간 불빛이 켜져 있는 위의 스틸에서 알 수 있듯, 가브리엘라는 실제로 사진을 찍고 있었고, 그녀의 캐릭터인 히메나는 개인적인 카탈로그를 만들기 위해 사진을 찍는다고 말합니다. 촬영 몇 달 후, 저는 뉴욕으로 돌아와 어머니의 카메라 메모리 카드에 남아있는 사진들을 발견했습니다.

아래는 촬영 중 가비가 히메나 역할을 하며 실제로 찍은 사진들입니다. 이 사진들은 일반적인 비하인드 사진이 아닌, 배우가 맡은 배역을 연기하며 찍은 실제 사진들입니다.

1.

2.

3.

Take 1

비스듬한 각도에서 찍은 걸로 보아 가비는 사진을 찍기 좋은 위치에 있었던 건 아닌 것 같습니다. 아마도 그녀가 서 있었던 위치는 영화를 찍고 있는 카메라를 고려한 자리였을 것입니다. 그녀는 사진 촬영에 큰 신경을 쓴 것처럼 보이지 않습니다. 이 장면은 촬영 둘째 날 첫 번째 신이었습니다. 그리고 박물관에서의 첫날이기도 했지요. 아주 이른 아침이었어요. 저는 테이크를 많이 가는 걸 좋아합니다. 때때로 가장 첫 번째 테이크가 가장 좋을 때도 있지만, 이 경우는 아니었어요.

Take 2

같은 구도에 더 흐릿한 사진. 마치 전에 했던 일을 반복하는 것처럼 보이고, 아마도 무엇이 잘못됐는지 더 명확하게 이해한 것 같습니다. 기계적인 촬영이라 잘 찍은 건 아니지만, 무엇을 수정해야하는지 알려준다는 점에선 좋은 사진입니다. 촬영에 들어가기 앞서, 우리는 "촬영하면서 리허설 해보자"고 말하곤 합니다. 저는 아마 가비보다 다른 배우들의 움직임에 더 집중하고 있었던 듯 합니다. 그녀의 캐릭터는 뭐랄까 마리아 비샤르와 훌리안 라르키에르 테샤리니 주변을 도는 위성 같아요. 저는 그녀의 위치를 가장 마지막에 조정했고, 그녀는 인내심 있게 저를 기다려 주었죠.

Take 3

초점도 맞고 구도도 더 나아졌네요. 이 때부터 가비는 자기가 찍고 있는 사진에 대해 생각하기 시작한 거 같습니다. 아마 그녀는 제가 다른 배우들에게 더 많은 신경을 쓰는 동안 사진 찍기를 즐기고 있었거나, 그녀의 역할과 연기에 더 많은 통제감을 느끼기 시작한 거 같아요. 이 사진은 그녀의 캐릭터가 카탈로그에 넣기에 적절할 거 같네요.

4.

5.

6.

Take 4

흔들림. 가비는 사진을 찍자마자 움직이라는 주문을 받았습니다. 그녀의 사진은 촬영 감독인 페르난도 로케트와 제가 만드는 쇼트를 위해 양보되어야만 했죠. 하지만 세 인물들 간의 합을 맞춘 동선은 잘 이뤄지지 않았어요. 현실감을 위한 싸움을 위해 더 많은 테이크가 이어졌죠. 아마 저는 속도와 리듬을 혼동하고 있었던 것 같아요.

Take 5

그녀는 먼저 사진을 찍고 다음 위치로 이동했어요. 그렇지 않으면 이상해보이기 때문이죠. 그녀의 사진 속 앵글은 항상 깔끔하진 않지만, 그녀를 촬영하는 영화 카메라에는 그런 것들이 보이지 않아요.

Take 6

변화가 생겼네요. 저는 우리가 처한 문제를 다른 접근으로 해결할 수 있는지 확인해보기 위해 그녀의 위치를 바꿨습니다. 이제 그녀는 사진을 찍고 자리를 이동할 필요가 없었죠. 만약 그녀가 그렇게 한다면 가짜처럼 보일 거에요. 새 위치에서 그녀의 구도와 초점은 훨씬 좋아졌고, 가장 좋은 사진을 찍었습니다. 그러나 여전히 그 테이크는 만족스럽지 못했습니다.

7.

8.

9.

Take 7

이전 위치로 되돌아왔습니다. 위치를 바꿨지만 뭔가가 일어나지 않았어요. 그녀는 다른 두 배우들과 너무 멀리 떨어졌고, 사운드 어시스턴트는 그녀가 프레임 안으로 들어오지 않으면 그녀의 대사를 녹음하는데 문제가 생긴다고 말했었죠. 그래서 가비는 이전 테이크의 사진 구도를 자신의 기존 위치로 가져와 적용했습니다. 그녀의 사진 실력은 점점 나아졌고, 이는 그녀의 연기와 장면의 발전에도 영향을 미쳤습니다. 가비는 시늉이 아니라 실제로 사진을 찍으며 그 자체에 몰두하기 시작했고, 이는 장면에 신선함과 진정성을 더했다고 생각합니다.

Take 8

맨 처음 '시늉'으로 돌아갔네요. 지금 이 사진을 보고, 제가 이 장면을 찍을 때 좀 헤맸다는 걸 깨닫습니다.

Take 9

마지막 테이크. 그녀의 사진에 새로운 점이 없고, 아마 우리가 찍은 장면에도 새로움은 없었을 것입니다. 우리는 아이디어가 고갈되었거나, 제가 너무 혼란스러웠거나, 아니면 그냥 다들 피곤했을 거에요. 가비의 사진은 맨 첫 번째 사진에 비해 훨씬 덜 정확합니다. 줄리안과 마리아 사이의 침묵과 줄리안의 마지막 움직임의 정확한 위치를 결정하지 못한 것에 대해 걱정했던 기억이 납니다. 뭔가 잘 안풀리고 있었죠. 이것은 촬영 둘째 날 첫 장면이었고, 박물관에서의 첫날이었습니다. 우리는 아직 워밍업 중이었어요. 아홉 번째 테이크에서 충분하다고 생각했고, 다음 장면으로 넘어가고 싶었던 것 같습니다. 제한된 시간 안에 작업해야 했으니까요.

몇 달 후, 편집 단계에서 저는 이 장면을 영화에서 삭제하기로 결정했습니다. 뭔가 잘못된 점이 있었어요. 대사 전달과 연기의 일관성에 있어서 배우들의 위치가 문제가 될 수도 있다고 생각했기 때문입니다. 잘 모르겠어요. 다음 영화에선 이 문제를 해결할 수도 있겠죠. 하지만 이 장면은 적절한 리듬을 잃었습니다.

빌린 카메라 속에 담긴 가비/히메나가 찍은 사진들은 우리의 작업 과정에서 겪은 내적 의문, 망설임, 그리고 결정들을 기록하고 있습니다.

토론토 영화제에서 〈프린세스 오브 프랑스〉를 상영한 후 영화 제작자이자 친구인 장-클로드 루소는 내 영화의 한 장면에 등장하는 그림에 대해서 이야기해주었습니다. 그는 첫 번째 장편 극영화를 그 그림을 소재로 만들고 싶었다고 했죠. 그리고 그는 그 그림이 지금 부에노스 아이레스에 있다는 사실에 놀랐습니다. 장은 파리로 돌아가면 그 미완성 프로젝트의 사진을 보내겠다고 약속했죠. 8년 전, 저는 멕시코의 어느 영화제를 방문했을 때 제 아날로그 카메라로 찍었던 사진들을 장에게 보내주겠다고 약속한 적이 있었어요. 하지만 저는 그 때 찍은 필름들을 찾지 못했습니다. 언젠가 부에노스아이레스로 돌아가면, 그 사진들을 찾아서 장에게 보내주고 싶습니다.

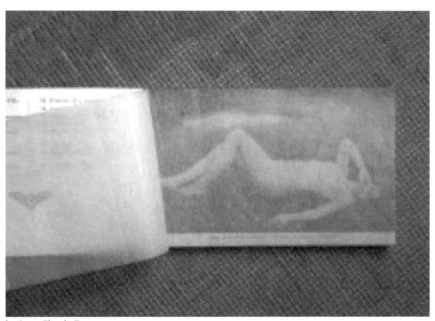

by Jean-Claude Rousseau

Dirección y guión
Matías Piñeiro
Producción
Melanie Schapiro
Fotografía y Cámara
Fernando Lockett
Sebastián Cardona
Inés Duacastella
Fidel González Armatta
Jhonathan Rubiano
Sofía Sarasola
Asistente de Dirección
Lionel Braverman
Montaje
Sebastián Schjaer
Arte
Agustina Costa
Victoria Marotta
música
Julián Larquier Tellarini
Julián Tello
Sonido
Emilio Martin Iglesias
Lucas Larriera
Mercedes Tennina
Visual Effects
Maxi Gomez
Leonardo Quartieri

Julián Larquier Tellarini .... Víctor
Agustina Muñoz .... Paula
Alessio Rigo de Righi .... Locutor
María Villar .... Ana
Romina Paula .... Natalia
y con
Elisa Carricajo .... Carla
Laura Paredes .... Lorena

very special thanks
Juan Pedriel

92

VI. 허미아와 헬레나 (2016)

Inspired by
- 『한여름 밤의 꿈A Midsummer Night's Dream』
  (윌리엄 셰익스피어, 1600)

Synopis
　카밀라(아구스티나 무뇨스)는 아르헨티나의 젊은 연극 감독으로, 윌리엄 셰익스피어의 『한여름 밤의 꿈』을 스페인어로 번역하는 새로운 프로젝트를 개발하기 위해 부에노스아이레스에서 뉴욕으로 떠난다.

　뉴욕에 도착한 카밀라는 펠로우십의 전 동료 다니엘(마티 디옵)로부터 그녀의 친구 카르멘(마리아 비샤르)과의 미스터리한 관계를 암시하는 엽서를 받기 시작하면서 새로운 일상이 시작된다. 다른 사람들의 비밀 이야기가 하나씩 드러날 때마다 카밀라가 뉴욕 여행을 떠난 숨겨진 진정한 이유도 함께 드러낸다. 셰익스피어의 글을 통해 카밀라는 단순한 학문적 경로를 넘어 가까운 친구들의 과거 삶을 발견하고, 오랫동안 잃어버린 연인과 예상치 못한 자신의 기원, 바로 그녀의 어머니와 생면부지 아버지의 하룻밤 사랑에 대해서도 알게 된다.

　〈허미아와 헬레나〉는 부에노스아이레스를 뉴욕과 연결하고, 겨울을 보내고 여름을 맞으며, 스페인어를 영어로 번역하고, 글로 표현된 텍스트가 일련의 감정적 듀엣과 결투로 부딪히는 과정을 보여준다.

Winner & Nominated
- 　제 18회 전주국제영화제
  익스팬디드 시네마 부문
- 　2016년 마르델플라타국제영화제
  국제경쟁부문 후보
- 　2016년 헨트국제영화제

그랑프리 후보

- **2016년 로카르노영화제**
  황금표범상 후보
- 2017 FICUNAM
  국제경쟁부문 후보
- **인디와이어 평론가 선정: 미개봉작 BEST 50**
  공동 4위[1]

---

1) 〈당신과 당신 자신의 것 (홍상수, 2016)〉 과 동률

온 세상이 무대다:
〈허미아와 헬레나Hermia & Helena〉

크리스토퍼 스몰

2016년 8월 로카르노 영화제에서 아르헨티나 영화감독 마티아스 피네이로와 인터뷰를 진행했다. 피네이로의 이전 다섯 작품에 대한 모든 필요한 이야기들은 제이슨 디 로소가 쓴 장문의 논평 [The Chamber Films of Matías Piñeiro]에서 읽을 수 있다. 그러므로 이 인터뷰는 그 아티클의 부록이자 〈허미아와 헬레나〉 월드 프리미어를 기해 피네이로의 세계로 접속해 보려는 시도다.

피녜이로의 영화는 젊은 연극 연출가의 이야기로, 펠로우십에 참여하기 위해 아르헨티나를 떠나 뉴욕에 온 카밀라는 셰익스피어의 『한여름밤의 꿈』을 스페인어로 번역하고 있다(이 작품은 피녜이로가 이어오고 있는 셰익스피어 연작의 연장선에 있지만, 연극과 특별히 관련이 있진 않다). 그녀는 친구 카르멘이 자신의 임기를 마치고 아르헨티나로 돌아온 후 펠로우십을 시작한다. 그녀의 친구가 살고 있는 기관 소유 아파트로 이사 온 카밀라는 그곳에서 카르멘이 출국하며 남겨두고 간 수많은 사회적 역할을 발견한다. 그리고 카밀라는 그 역할들을 의무적으로, 또 무감각하게 수행한다. 이 새로운 나라에서 지내는 동안 그녀는 타인과 연결되기 위해 분투한다. 그녀가 맺는 관계들은 모두 강제적이거나 부자연스러워 보인다. 그리고 장면이 전환될 때마다 그녀의 성격도 바뀌는 모습을 보인다.

〈허미아와 헬레나〉는 막간과 막간이 교차하는 지점의 연속체다. 에피소드마다 카밀라는 어떤 실마리도 없이 그녀의 전체적인 인격을 바꿔버린다. 그녀는 아르헨티나에 남자 친구가 있으면서도, 즉흥적으로 아방가르드 영화감독인 그레그(더스틴 가이 데파), 빌린 책 뒤에서 이름을 찾아낸 과거의 연인, 그리고 연구소의 펠로우십 코디네이터인 루카스(키스 폴슨)와 로맨스를 시작한다. 피녜이로는 각 장면을 보이지 않는 캐릭터 개요의 변주처럼 연출하며, 카밀라의 자아가 얼마나 유동적인지를 강조한다. 영화는 미묘한 방식으로 각 사회적 상황마다 요구하는 퍼포먼스가 정해져 있으며, 제스처와 말을 재조정해야 한다는 사실을 다시 한번 표현한다. 그리고 이는 번역가라는 카밀라의 역할에서도 반복된다. 피녜이로의 첫 영어 영화에서 등장인물들은 고전적인 미국 코미디에서 따온 경쾌하고 작위적인 형태의 영어 대사를 구사하며, 피녜이로와 셰익스피어 모두에게 있어서 세상은 무대라는 생각을 다시 한번 강화한다.

크리스토퍼 스몰

(이하 스몰) | 댄 셸릿이 카밀라와 관계가 소원해진 아버지로 등장하는 장면은 마치 언어의 잔치처럼 보입니다. 적어도 저의 관점에서는요.

마티아스 피녜이로

(이하 피녜이로) | 그 장면을 찍을 때 우리는 꽤 잘하는 중이라는 느낌을 받았어요. 그와 아구스티나 사이에 좋은 기운이 흐르고 있었고, 나까지 세 사람 사이에도 마찬가지였죠. 그 장면은 제가 다른 장면과는 아주 다른 방법으로 만들었어요. 훨씬 조금씩 조금씩, 이야기를 많이 나누면서, "이건 어떤 거 같아? 저건 어떤 거 같아?" 물어보면서 함께 장면을 빚었어요. 그 장면은 모든 사람의 참여가 담겨 있어요.

댄은 우리가 작업을 마쳤을 때 〈허미아와 헬레나〉 촬영은 뭐랄까 각본을 쓰는 것 같았다고 말했어요. 그날 그 장소에서, 즉석에서 각본을 쓰는 것 같다고요. 하지만 그렇다고 그냥 즉흥으로 한 건 아니었어요. 우리는 대화하고, 꼭 필요한 사항들은 지키면서도 기꺼이 놀랄 만한 일을 했죠. 그 장면은 촬영 전에 미리 썼지만, 한 테이크만에 그 자리에서 수정했죠. 저는 댄을 믿었어요. 저는 그의 영화들을 봐왔기 때문에 그가 좋은 감독이자 배우라는 걸 알고 있었어요. 그는 지적인 사람이죠. 그리고 저는 우리가 어떻게 찍어야 할지 그가 알고 있다고 느꼈어요.

스몰 | 당신과 댄 사이에 어떤 관계성 같은 게 존재하나요?

피녜이로 | 저는 우리가 유사한 방식으로 영화를 찍는다고 생각
해요. 구조, 제작, 경제성의 측면에서 말이죠. 저는 거
기에 어떤 교감이 있었다고 느꼈고, 굳이 많은 것을 설
명할 필요는 없었다고 생각합니다. 이건 대화하고 협
상하는 과정이었어요. "이건 좀 더 넣고, 저건 좀 덜어
내자."고 말하곤 했죠. 하지만 그가 무슨 말을 할지 듣
는 건 저에게도 놀라운 경험이었어요. 한 번 찍고 나
면 무언가를 빼거나 더 추가하고, 그런 다음 "좋아, 한
번 더 해보자"라고 하곤 했죠. 모든 것이 그곳에서 만
들어지는 에너지에 달려 있었어요. 그리고 저는 그가
전문 배우가 아니기 때문에 여러 번 촬영할 수 없다는
걸 알고 있었어요. 그래서 그 에너지를 유지하는 게 중
요했죠. 물론 처음부터 그는 잘할 것 같다는 직감이 들
었지만요. 그리고 제작의 아주 초반부터 그를 캐스팅
할 생각이 있었지만, 꽤 늦게까지 그에게 말을 꺼내지
않았어요. 제가 댄 같은 사람을 한 장면에 이토록 많이
등장시킨 건 처음이었어요. 그래도 괜찮을 거라는 느
낌이 있었어요. 그가 마초적인 인물은 아니지만, 일종
의 아버지 같은 존재를 상징해야 했거든요. 그에게는
이 두 가지 요소가 섞여 있었던 것 같아요. 그는 전형
적인 아버지 캐릭터처럼 보이지 않을 거라는 점에서
요. 그의 성격에는 뭔가 잘 맞는 부분이 있었어요. 어

쩌면 이는 무엇보다도 그가 갖고 있는 포토제닉한 매력과 대본의 아이디어, 그리고 우리가 대사를 함께 만들어가는 협업이 섞인 결과였을지도 몰라요. 그는 거기에서 자신만의 많은 부분을 발전시켰죠.

스몰 | 다른 캐스팅한 배우들도 마찬가지였나요?

피녜이로 | 아니에요. 왜냐하면 다른 사람들은 모두 전문 배우이고…뭔가 달랐었죠. 또한 댄은 아구스티나에 대해 알고 있었어요. 그는 그녀가 나온 많은 영화를, 그리고 제 영화뿐만 아니라 다른 영화들도 많이 봤어요. 그는 정말 놀라운 시네필이에요. 그리고 저는 댄이 감독으로서 영화를 만들 때 어떻게 캐스팅을 진행하는지도 알고 있어요. 그는 일종의 인터뷰를 하거든요. 제 방식도 비슷하죠. 그래서 저는 그가 익숙해하는 방식과 이 장면이 잘 어울리도록 만들려고 했어요. 촬영 중에는 그 흐름을 그대로 내버려두는 게 쉽지 않은데, 그걸 해내야 했죠. 저는 그 장면이 효과적이었던 이유가 바로 이러한 이유 때문이라고 생각해요. 반면 다른 장면들은 구조도, 접근 방식도, 아이디어도 달랐어요. 왜냐하면 공간이 다르고, 사람들이 다르고, 전달해야 하는 리듬도 다르기 때문이죠. 그래서 다른 장면을 찍을 땐 카메라를 고정한 채 앉아서 "이 장면에서는 카메라를 움직이지 않을 거야" 했었는데, 그렇게 결정하길 잘했다고 생각해요.

| 스몰 | 그건 마치 댄 셀릿의 영화 속 장면과도 닮았어요. 편집의 리듬이라든지, 움직이지 않는 카메라라든지. |

| 피녜이로 | 네, 맞아요. 제 생각에 댄이 저보다 화면을 더 넓게 잡지만, 맞는 말이에요. 그리고, 음, 저는 그가 편안함을 느끼도록, 신뢰를 갖도록, 그리고 그룹의 일원이 되도록 만들어줬어요. 그리고 이 방식에서 재미를 느끼도록 만들어야 했는데, 제 생각엔 그가 재밌어했던 거 같아요. 저도 맘에 들고요. 저는 이런 저의 직감을 믿고 프로듀서인 그레이엄 스완과 이야기한 뒤, 결국 "좋아, 댄과 함께 가자"고 결정했어요. 그리고 댄이 우리에게 굉장히 관대하게 대해준 것 같아요. |

| 스몰 | 당신과 주기적으로 작업하는 배우들 외에 캐스팅할 때, 당신은 주로 얼굴이나 외적인 면을 보고 배우를 기용하나요? |

| 피녜이로 | 저는 제가 배우들의 몸짓을 볼 필요가 있다는 생각을 해요. 그들을 만나면 우리는 그들이 몸을 움직이는 방식을 보죠. 그리고 뭔가 제가 항상 판단하는 것은 그들이 아구스티나와 어울리는가 아닌가예요. 전에 링컨 센터에서 마티 디옵이 그녀의 작품에 관해 강연한 적이 있었는데, 거기서 그녀를 만났어요. 그리고 우리는 이야기를 나눴죠. "너 요즘 이런 거 하는구나! 넌 요즘 그런 거 하는구나!" 뭐 이런 얘기들요. 그리고 저는 그녀에게 '당신은 아구스티나와 비슷한 에너지가 느껴 |

진다'고 말했어요. 이건 조금 신비주의적이고 어리석게 들릴 수도 있지만, 그 사람과 이야기하면서 느껴지는 감각이라는 게 있어요. 감독의 입장에서 이 배우가 자신이 맡은 역할을 나쁜 방식으로 드러내거나, 외부 세계에 어떤 느낌을 전달해야 하는지 혼동하지 않을 것이라는 확신을 가지는 거죠. 이 배우가 자신이 맡은 역할을 공정하게 표현할 수 있을 거라는 믿음이 있어야 해요.

그리고 키스 폴슨은, 그가 만들거나 출연했던 수많은 영화를 봤어요. 하지만 그를 뉴욕 거리에서 만나 이야기를 나눴던 순간이 가장 중요했죠. 그리고 처음 제가 그를 기용해야겠다고 생각했던 당시, 한편으론 '잘 모르겠는데' 하면서 의구심을 가졌었죠. 그리고 어느 날 아침 갑자기 그를 만나고는 "좋아, 이 사람이야"하고 말했죠. 마리아 비샤르와 잘 어울리고, 아구스티나와도 잘 어울렸어요. 그에게는 유효한 내적 리듬과 에너지가 있어요. 그건 포토제닉에 대한, 특히 신체가 이미지를 통해 잘 드러나리라는 일종의 믿음이었어요. 제가 틀릴 수도 있죠. 하지만, 이 인물들이 약간 과장되거나 어색해 보였으면 하는 순간에 특히 제 판단이 맞았다는 걸 알 수 있었어요. 완벽하게 어울리지 않는 게 좋을 수도 있거든요. 그레그 같은 경우, 저는 관객들이 그를 보고 '연인인가? 카밀라가 이 남자한테 반했나?'라고 생각하길 바랐어요. 그 인물들을 다 같이 놓고 보는 건 좀 이상해요. 전 그게 마음에 들어요. 그가 따뜻한 사람이거나 그런 필요는 없었어요. 제가 특히 그의 캐릭터에게 요구했던 건 이런 거예요. 이상하고, 그의 캐릭터 안에 또 다른 삶이 있는 것 같은 느낌이요.

스몰 | 영어로 영화를 만드는 건 기존의 작업과 어떤 차이가 있었나요?

피녜이로 | 영화를 만드는 속도가 더 느려지더군요. 텍스트를 전달하는 과정에서, 배우들은 모든 것을 신중하게 생각해야 했으니까요. 그런 점에서 약간의 지연이 있었죠. 아르헨티나에 있는 마리아와 아구스티나가 테라스에서 대화를 나눌 때는, (손가락을 빠르게 튕기며) 마치 이런 느낌이죠. 특별할 게 없어요. 영어로 말할 땐, 그들은 머릿속으로 두 번 이상 생각해야 해요. 마리아의 경우, 그녀는 말을 훨씬 더 조절하며 신중히 생각했어요. 그래서 페이스가 달라집니다. 라-라-라-라-라 이렇게요. 저는 그게 마음에 들었어요. 바로 이 리듬의 변화가 이 영화를 만들고 싶었던 이유입니다. 내가 한 장소에서 다른 장소로 이동하면 어떤 일이 벌어질까? 이런 비교는 여러 번 만들어질 수 있죠. 그런 점에서 저는 아구스티나를 주인공으로 정하기로 했습니다. 그녀는 암스테르담에서 연구 펠로우십을 하고 있었고, 그곳에서 영어를 자주, 아니 항상 사용했으니까요. 그래서 다시 말하지만, 저는 영화를 만들기 위해 과장할 필요가 없었습니다. 인위적인 작업을 할 필요도 없죠. 자연스럽게 흘러가게 두면 됩니다. 그렇게 하면 텍스

트는 스스로를 연장하는 움직임이 되고, 그로부터 당신이 원하는 픽션이 만들어질 수 있습니다.

스몰 | 영화에서 그녀의 캐릭터는 펠로우십에 참여하고 있습니다. 이런 아이디어는 배우의 실제 삶이나 당신의 삶에서 어떤 사건이나 요소를 기반으로 시작한 건가요?

피녜이로 | 그게 도움이 됩니다. 이런 경우에는 그 아이디어를 구체화하거나 선택하는 데 도움이 되죠. 저는 아이디어를 가지고 있었지만, 그런 요소가 나타나면 이렇게 생각하게 됩니다. "아, 이렇게 하면 되겠군!" 뭐가 먼저고 뭐가 나중인지 말하기는 어렵습니다. 저는 제 영화 속 주인공이 셰익스피어 번역가가 되길 원했고, 그 영화에 뉴욕과 아르헨티나가 등장하길 원했어요. 그렇다면, 이 인물은 왜 여행을 떠나야 할까요? 저는 펠로우십을 했었으니, 그건 저와 가까운 일이었죠. 그리고 그녀가 부에노스아이레스를 떠나 뉴욕으로 오는 아이디어와도 잘 맞아떨어졌습니다.

이 영화는 의사소통 오류에 관한 이야기가 아닙니다. 물론 그런 이야기로 이 영화를 만들 수도 있었죠. 만약 홍상수 감독의 〈다른나라에서 (2012)〉를 보셨다면, 거기엔 이런 장면들이 많습니다. 사람들이 그녀의 등 뒤에서 한국어로 이야기한다던지, 이런저런 상황들 말이죠. 하지만, 이 영화는 그런 이야기가 아닙니다. 저는 다른 접근이 필요했어요. 만약 제가 그런 이야기를 하고 싶었다면, 마리아가 주인공이어야 했겠죠. 그녀는 영어를 잘 모르기 때문에, 자연스럽게 그런 실수와 혼란이 등장하고 그것들이 영화의 톤을 형성했을 테니까요.

스몰 | 홍상수 감독은 당신에게 중요한 레퍼런스인가요?

피녜이로 | 홍상수가 좋아하는 감독들과 제가 좋아하는 감독들이 많이 겹칩니다. 루이스 부뉴엘이나 에릭 로메르가 대표적이죠. 이 둘은 영화에서 단어를 사용하는 방식에 대해 생각하기에 정말 좋은 감독들입니다. 매우 언어 중심적이고 구조적이면서도, 매우 유희적인 면이 있죠. 구조와 각본, 그리고 상이한 시퀀스 순서 등 여러 측면에 있어서 그렇습니다. 그리고 장면을 아주 직설적으로 촬영하는 방식에서도, 심지어 부뉴엘조차 그러했죠. 홍상수도 그런 면이 있지만, 아마 더 중요한 점은 그가 영화를 제작하는 시스템일 겁니다.

저는 그 시스템이 제가 사용하는 방식과도 닮아 있다고 생각합니다. 물론 차이점도 있죠. 그는 유명 배우들과 작업하지만 저는 그렇지 않습니다. 하지만 비슷한 점이 있어요. 그가 전주 프로젝트를 했었는데, 저는 그 제작자 중 한 명을 알고 있었습니다. 그 제작자는 저에게 홍상수의 작업이 어떻게 이루어졌는지 설명해 줬는데, 그걸 듣고 부에노스아이레스에서 제 친구들이 작업하는 방식과 비슷하다는 생각이 들었어요. 그래서 이렇게 생각했죠. "아, 접근 방식에 공통점이 있구나."

영화의 경제적 측면이 미학을 만들어내기도 합니다. 그리고 취향도 한몫하죠. 홍상수의 경우, 술을 마시는 행위가 등장인물의 도덕적, 감정적 뿌리로 이어지는 아이디어를 담고 있어요. 하지만 제 영화 속 음식을 먹거나 술을 마시는 장면은 그런 의미를 포함하지 않습니다. 그것은 다릅니다. 하지만 저는 어떤 유대감이 있다고 생각해요. 그리고 이런 유대감은 다른 감독들과도 연결시켜주죠. 심지어 로메르와도요. 영화가 제작되는 시스템이 어느 정도 닫혀 있다는 점에서도 유대감을 느껴요.

스몰 | 당신의 영화들은 구조와 경제성의 면에서 경계가 명확하다는 느낌을 받습니다.

피녜이로 | 네, 가진 것들로 작업하는 거죠. 예를 들어, 나에게 거실이 있는 집이 있다면, 그렇게 작업하는 겁니다. 제 영화는 그런 의미에서 '체임버 필름(chamber film)', 작은 영화입니다. 제 감각으로는, 미친 듯한 쇼트들을 찍거나, 수많은 사람들과 엑스트라를 동원할 필요를 느끼지 못해요. 그런 걸 어떻게 해야 할지도 모르겠고요. 저는 텍스트, 단어, 배우에게 집중하는 접근 방식을 가지고 있습니다.

하지만 제 작업과 홍상수 감독의 작업 사이에 큰 차이

점이 많다고도 느껴요. 그는 정말, 정말 잘하죠. (웃음) 그는 훨씬 더 깔끔합니다. 매우 효과적이고 고전적이에요. 저는 덜 명확하고, 조금 더 어지러운 편입니다. 그는 이미지나 모든 것에 대하여 훨씬 더 통제력을 갖고 있습니다. 로메르도 그렇죠. 그의 영화는 일종의 고전주의로 시작합니다. 물론 그 이후에는 여러 가지를 뒤섞기도 하지만요. 하지만 항상 명확성이 있습니다. 구조적으로 그렇지 않더라도, 항상 이상하게도 통제된 느낌이 있죠. 그것이 매우 만족스럽습니다. 심지어 〈북촌방향 (2011)〉 같은 미친 영화에서도요. 또는 〈다른나라에서〉, 완벽하죠. 모래 위에 세워진 병이라든지, 산책 장면 같은 것들이요. 그의 영화들은 압도적이거나 장식이 과하지도 않습니다. 아마 제가 조금 더 장식이 많은 편에 속할 거예요.

스몰 | 당신 영화 속에도 홍상수와 비슷한 장치가 있어요. 시작한 곳으로 다시 돌아오는 호(arc) 같은 구조요. 특히 로메르 영화에는 이런 루프가 자주 등장하죠. 이야기가 스스로에게 돌아오고, 등장인물들이 어떤 출발점으로 되돌아가게 되는.

피녜이로 | 그건 거의 히치콕적인 요소라고 할 수 있습니다. 시점 쇼트(Point-Of-View)와 관련이 있죠. 허구 속에 등장인물 중 하나가 자신만의 관점으로 모든 것을 물들이고, 다른 등장인물들이 모르는 추가적인 정보를 제공하는 방식입니다. 다시 돌아가면 내러티브에 새로운 층이

생기면서 드라마가 더 강렬해지는 거죠. 이건 어떤 면에서 서스펜스의 개념이기도 합니다. 폭탄 같은 게 없어도 그 도식(schema)을 발전시킬 수 있죠. 감정적으로도 가능해요. 〈비올라〉에서는 그런 점이 분명하게 드러납니다. 어떤 장면에서 그녀를 만나고, 다른 장면에서는 그녀가 다시 돌아오죠. 그녀가 키스를 받을까, 그렇지 않을까?

〈허미아와 헬레나〉에서는 그녀가 그레그를 만나겠다고 말합니다. 그러면 관객은 그녀가 정말로 그를 만나게 될지 궁금해하죠. 저는 관객들이 부에노스아이레스로 돌아가서 그녀가 다시 남자 친구와 키스하는 모습을 보는 게 좋아요. 이런 방식으로 진행하면 뭔가가 축적됩니다. 그래서 저는 〈비올라〉에서 사용했던 '씨앗 심기'라는 아이디어를 과장해 보기로 했습니다. 뭔가를 하겠다고 말하고, 그것이든 아니든 어떤 일이 일어나며, 그 구조를 가지고 놀게 되는 거죠. "아빠를 만나고 싶어." 그녀가 가죠. 그런데 아빠가 없어요. "그는 어디 있지?" 이런 식으로요.

스몰 | 당신은 구조주의자의 면모도 있으면서 촬영할 땐 느슨하고 자유로운 접근을 선호합니다. 이 두 가지 특성을 어떻게 조화시키나요?

피녜이로 | 그건 대본에 있습니다. 저는 구조에 끌리는 사람입니다. 이 영화는 오고 가는 것에 관한 이야기이고, 일종

108

의 세 개의 에피소드로 이루어져 있어요. 하지만 그에 더해 프롤로그와 에필로그도 있죠. 그래서 촬영을 시작하면 점점 복잡해집니다. 관객들이 영화를 보면서 "아, 여기 프롤로그가 있고, 여기엔 이게 있고, 저게 있고"라고 생각하지는 않겠지만, 저에게는 이런 구조적인 아이디어가 필요합니다. 처음에는 명확하게 시작하지만, 이후에는 복잡해지죠. 예를 들어, 우리가 대화를 나누다가 갑자기 카메라가 다른 곳으로 패닝 하면서 새로운 무언가를 보여주는 식으로요.

또 영화의 시작에서 엽서가 불타는 장면처럼, 관객이 알지 못하는 정보들이 있습니다. 하지만 저는 그 감각을 믿습니다. 그것이 제가 좋아하는 감정을 만들어내죠. 어떤 무게감을 느끼게 하는 것입니다. 마티가 등장하자마자, 긴장이 풀리고 신경에 뭔가 느껴지는 그런 변화가 있죠. 그 길이를 얼마나 유지할지가 관건입니다. 여기저기 나타나는 사물들도 마찬가지예요. 책, 장갑 같은 것들이죠. 이런 요소들이 관객에게 회상을 유도하는 역할을 합니다.

스몰 | 그런 것들은 시각적으로 무언가가 일어나도록 촉진하는 역할을 합니다. 마치 셰익스피어 텍스트가 이미지 위로 포개어지는 듯한 느낌이 들도록 하죠.

피녜이로 | 네, 그게 바로 제가 시도했던 일입니다. 가본 적 없는 곳으로 이동해서 새로운 걸 시도해 보고 싶었어요. 저

는 한 번 더 셰익스피어 영화를 만들고 싶었지만, 또 연극을 하고 싶진 않았어요. 왜냐하면 또 똑같은 도식에 빠지고 싶지 않았거든요. 그리고 갑자기 뉴욕에서 영화를 찍겠다는 생각, 이 셰익스피어 연작에는 영어가 반드시 포함되어야 한다는 느낌이 들었죠. 그래서 생각했어요. "번역가를 주인공으로 하면 어떨까?" 또 다른 옵션은 영어를 쓰는 배우들과 작업하는 것이었어요. 그건 멋진 일이겠지만, 저는 지금 방식을 하기로 했습니다.

이 작품은 오고 감에 관한 이야기이고, 번역 자체에 대한 이야기입니다. 번역이 얼마나 불순한지, 그리고 그 불순함이 얼마나 아름다울 수 있는지요. 저에게 이는 영화의 시작을 여는 페이드(fades)라는 아이디어와 연결됩니다. 번역은 두 가지를 동시에 보여주죠. 번역가와 편집자의 손길, 그리고 원문의 흔적을요.

스몰 │ 그 페이드는 선명함에서 모호함으로, 다시 선명함으로 전환되죠.

피녜이로 │ 두 이미지가 겹치는 그 순간의 혼합이 정말 아름다운 것 같아요. 시작과 끝은 감춰져 있고 알 수 없죠. 영화 이미지의 단순함과 공허함은 제 안에 긴장감을 만들어내요. 그래서 이런 장식적인 이미지들, 그러니까 페이드 같은 게 필요해요. 뭔가 새로운 걸 만들어내기 위해서요. 저는 침묵이나 고요함을 잘 견디지 못해요. 뭔

110

가 대화나 물질적인 걸로 채워야만 하죠. 제 성격이 그래요. (웃음) 그냥 받아들이기로 했어요. 텍스트는 다양한 방식으로 등장해요. 때로는 역 쇼트처럼, 때로는 액션의 일부로, 때로는 별다른 설명 없이 그래픽 요소로요.

스몰 | 그것도 영화에 또 다른 질감을 더하는 거네요.

피녜이로 | 아마 저의 약간 고집스러운 면인 거 같아요. 하지만 괜찮다고 생각해요.

스몰 | 이 영화의 아이디어가 처음 나온 순간부터 여기 로카르노에서 프리미어 상영으로 관객들과 만나기까지 얼마나 걸렸나요?

피녜이로 | 홍상수 감독과 비교하면 정말 오래 걸린 거죠![2] 그는 한 해에 세 편씩 만들지만, 저는 2년 동안 이거 하나 만들었어요. 경제적인 면에서는 우리가 비슷할 수 있지만, 그는 훨씬 더 빠르고 효율적이에요. 정말 대단한 사람이죠. 완전히 다른 클래스에 있는 거예요.

이 공허함이라는 감각에 관해 이야기하고 있으니 말

---

2) 〈허미아와 헬레나〉는 2016년 로카르노 경쟁 부문 초청작이며 홍상수의 〈지금은맞고그때는틀리다〉는 전 해 같은 부문 대상 수상작이다. (역주)

인데, 몇 달 전 이 영화의 후반 작업을 하고 있을 때, 아무런 아이디어가 떠오르지 않았어요. 그리고 솔직히 더는 아이디어를 가지고 싶지도 않았고요. 이 모든 게 너무 버겁게 느껴졌어요. 그런데 색 보정 작업을 마친 바로 그날, 갑자기 생각이 떠오르더라고요. "아, 단편 영화를 만들 수 있겠구나!"라는 식으로요. 이상한 일이에요. 항상 프로젝트를 하나 끝낼 때마다, 바로 다음 아이디어가 떠오르니까요.

제가 〈프린세스 오브 프랑스〉를 끝내고 있었을 때였어요. 그레이엄과 이야기 중이었는데, 그는 시네마 길드에서 일하면서 그 영화의 배급을 맡고 있었죠. 그가 말했어요. "우리 같이 영화 한 편 만들어볼까요?" 그게 2014년 6월이었어요. 대화만 나누고 특별히 진행된 건 없었죠. 이후에 부에노스아이레스로 돌아가서 영화를 마무리하고, 로카르노로 와서 시사회를 했어요. 그리고 다시 생각하기 시작했죠. 그렇게 10월에 촬영을 시작했어요. 그러니까 두 달 뒤였네요.

스몰 | 정말요?

피녜이로 | 네, 그럼요! 〈허미아와 헬레나〉는 어떻게 보면 〈프린세스 오브 프랑스〉를 밟고 서있는 셈이에요. 좋은 의미로요. 하지만 다시는 그렇게 하고 싶지 않을 것 같아요. 정말 전작의 머리를 밟고 올라선 느낌이었어요. 그래서 〈프린세스 오브 프랑스〉 때는 여행을 많이 못 했

어요. 그 영화가 2014년에 뉴욕 영화제에서 초연됐지만, 다른 영화를 보러 가거나 행사에 많이 참여하지 못했어요. 이 작품을 촬영 중이었으니까요. 촬영을 하는 게 안 하는 것보다는 낫지만, 당시엔 일종의... 탐욕스러움이 내 안에 있는 걸 느꼈어요. 이렇게 연달아 영화를 만드는 게 재밌긴 한데, 그걸 시스템화할 필요가 있는지는 잘 모르겠어요. 두고 봐야겠죠.

10월에 뉴욕 부분을 촬영했고, 12월에는 부에노스아이레스에서 촬영했어요. 그다음 3월, 5월, 그리고 8월에도 부에노스아이레스에서 촬영했어요. 5월엔 뉴욕에서 꽃이 핀 장면을 찍었고, 8월에는 재촬영을 했어요. 그렇게 1년 동안 촬영이 이어졌죠. 10월에 마리아의 분량을 촬영할 때만 해도 나머지 영화가 어떻게 될지 몰랐어요. 그리고 12월에 부에노스아이레스에서 촬영할 때도, 뉴욕에서 이후에 뭘 찍을지 몰랐죠. 하지만 별로 스트레스를 받지는 않았어요. 어차피 각 섹션으로 나눠서 생각하고 있었으니까요. 영화가 타원형 구조를 가질 거라는 것, 각 섹션이 서로 관련이 없을 거라는 건 알고 있었어요.

이 여자가 겪는 일이 저 여자와 무슨 상관이 있는지 알 필요가 없다는 생각이 마음에 들었어요. 그런 면에서 〈다른나라에서〉와는 아주 다르죠. 거기선 같은 배우더라도 섹션이 바뀌면 같은 캐릭터가 아니라는 게 분명하잖아요. 그런데 〈허미아와 헬레나〉에서는 확실히

113

같은 캐릭터예요. 인생이란 게 모든 게 다 연결되지는 않으니까요. 각 섹션에서 약간씩 다르지만, 여전히 같은 캐릭터라는 게 좋아요. 왜냐하면 우리도 항상 같은 사람은 아니니까요. 작년 7월에 편집을 시작했는데, 정말 긴 과정이었어요.

스몰 |　편집을 꽤 오랫동안 했군요.

피네이로 |　네, 제 삶을 지연시킨 개인적인 일들이 좀 있었어요. 정책적인 이유로 일을 할 수 없는 일종의 공백 상태에 있었죠. 이 영화가 복잡해서 시간이 필요하기도 했고요. 보통 촬영을 끝내고 나면 바로 편집을 시작하는 걸 좋아하지 않아요. 촬영은 3월에 끝났지만, 그해 7월에 런던에 가서야 편집을 시작했어요. 다른 일들도 해야하잖아요. 다시 일상으로 돌아가야 해요. 친구들과 가족들과 시간을 보내고, 다시 일을 해서 생계를 꾸려야 해요. 정말 일상으로 돌아갈 필요가 있었어요. 좀 안정도 찾고, 생각할 시간도 가지려고요.

그리고 그레그의 단편 영화도 생각해야 했어요. 그게 영화나 글 속에 포함되지 않은 상태로 영화를 보여주는 건 어렵더라고요. 그런 요소들 없이 영화를 보여주고 싶지 않았어요. 이 모든 것들이 지연을 초래했죠.

스몰 |　지금 단편 아이디어가 있으신 건가요?

피녜이로 | 네, 지금 단편 아이디어가 있어요. 올해 12월에 찍을 수 있길 바라고요. 『베니스의 상인The Merchant of Venice』에서 영감을 얻었어요. 관을 고르는 장면(casket scene)을 정말 좋아하는데, 딱 그 장면만 가지고 뭔가를 해보고 싶어요. 어떻게 보면 다시 연극으로 돌아가는 셈이죠. 굉장히 단편적이고, 20초 정도의 짧은 쇼트들로 이루어진 영화가 될 것 같아요. 제스처 중심의 영화랄까요. 일종의 큐빅(Cubic) 영화예요. 큐브릭이 아니라 큐빅이에요! 예를 들어, 당신을 찍은 쇼트, 손, 고개를 돌리는 모습, 그리고 관을 찍은 쇼트. 컷. 다음은 관을 찾고 있는 제작 조수를 찍은 쇼트… 『베니스의 상인』 관 고르는 장면을 그대로 영화로 만드는 대신, 포셔 역을 두고 오디션을 보는 세 명의 배우, 세트를 제작하는 스태프들, 제작 과정, 그리고 포셔의 초상화를 그리는 모습을 담고 싶어요. 제가 정말 좋아하는 이미지가 있거든요. 얼굴의 특징이 없는 여성의 초상화요. 최종적으로 포셔 역을 맡을 배우의 얼굴이 초상화의 특징으로 채워지게 되겠죠. 그 얼굴이 어떻게 그려지는지를 보여주는 거예요.

완전히 같진 않지만, 알랭 레네의 〈사랑해, 사랑해 Je t'aime, je t'aime (1968)〉에서 느껴지는 만화경 같은(kaleidoscopic) 감각이 조금 들어갈 것 같아요. 그 영화의 편집 방식에서 영감을 얻고 싶어요. 이전엔 시도해보고 싶지 않았던 방식이지만, 지금은 하고 싶어요. 뭐랄까, 저는 그게 좋아요. 이번 영화는 그 장면을 중심

115

으로 한 모티프들로 이루어질 거예요. 작은 제스처들을 포착하고 싶어요. 그리고 그게 충분했으면 좋겠어요. 보통은 이런 제스처들이 쇼트 안에 있긴 하지만, 거기에 내러티브가 붙어서 이러저러하게 진행되잖아요. 그런데 이번엔 그런 서사 없이 좀 더 느긋하게 만들고 싶어요. 비록 제가 이렇게 명확하게 말하진 못하고 있지만요. 하지만 그게 제 모순이에요. 그래서 저는 더 엉성하고 덜 명확하죠. 하지만 그게 저의 영화 속 장면들이 가진 움직임이고, 제가 가는 방향이에요. 저는 깔끔한 스타일은 아니에요.

All the World's a Stage
by Christopher Small / Sense of Cinema

Dirección y guión
Matías Piñeiro
Producción
Andrew Adair
Jake Perlin
Melanie Schapiro
Graham Swon
Fotografía y Cámara
Fernando Lockett
Asistente de Dirección
Lionel Braverman
Montaje
Sebastián Schjaer
Arte
Agustina Costa
Sonido
Daniela Ale
Pierre-Henri Bazin
José E. Caldararo

Agustina Muñoz .... Camila
María Villar .... Carmen
Mati Diop .... Danièle
Keith Poulson .... Lukas
Julián Larquier Tellarini.......... Leo
Dustin Guy Defa .... Gregg
Laura Paredes .... Valeria
Gabriela Saidon .... Barbara
Pablo Sigal .... Sergio
Romina Paula .... Mariana
Dan Sallitt .... Horace

y con

Ana Cambre .... Lucrecia
Ryan Miyake .... Michael
Kyle Molzan .... Dave

<Isabella (2020)>, <You Burn Me (2024)

VII. 이사벨라 (2020)

Inspired by
- 『자에는 자로Measure for Measure』 (윌리엄 셰익스피어, 1623)

Synopis
마리엘(마리아 비샤르)은 셰익스피어의 『자에는 자로』에서 '이사벨라' 역을 연기하기 위해 오디션을 준비 중이다. 그러나 그녀는 돈이 부족하다. 오랫동안 연락이 끊긴 오빠에게서 금전적인 도움을 요청하려 그녀는 오빠의 애인이자 더 성공한 배우인 루치아나(아구스티나 무뇨스)에게 사정을 털어놓는다. 루치아나는 마리엘이 오디션을 본다면 그녀의 오빠를 설득하겠다고 약속한다.

그러나 행운은 마리엘의 편이 아니다. 그녀는 계속해서 이사벨라 역할을 얻으려 노력하지만, 좀처럼 그녀에게 기회가 오지 않는다. 반면 그녀의 성공한 도플갱어 같은 루치아나를 보며 마리엘은 스스로 연기를 하고 싶은 게 맞는지 자신의 열망에 의문을 품는다. 이 인물의 딜레마를 통해 성공에 대한 그녀의 생각은 우정, 모성, 경력주의, 그리고 좌절을 견디는 경험과 얽히기 시작한다.

〈이사벨라〉는 피녜이로의 셰익스피어 연작 중 가장 최근작이다. 동시에 이 영화는 알랭 레네와 자크 리베트의 발자취를 따라 도덕적인 이야기를 다루며, 비선형 서사를 실험한다. 감독의 수학적 정밀함은 마리엘의 이야기를 시간의 앞뒤로 이어가며 다채로운 모자이크를 구성한다.

Winner & Nominated
- 제 70회 베를린국제영화제
  인카운터 부문 특별언급상
- 제 21회 전주국제영화제

월드시네마 – 극영화 부문

- **제 58회 히혼국제영화제**
  작품상 후보

- **제 22회 마르델플라타국제영화제**
  국제 경쟁 부문 감독상
  최우수 연기상 (마리아 비샤르)
  워크 인 프로그레스 후보

- **2020년 인디리스보사국제영화제**
  작품상 후보

- **제 11회 라 로슈-쉬르-용 국제영화제**
  프리 누벨바그 아퀴티스 후보

UC 버클리 대담

〈이사벨라Isabella〉 상영 후

마티아스 피녜이로, 니콜라스 페레다

니콜라스 페레다 |

(이하 페레다) 제가 몇 개의 질문을 드리며 시작해 볼까 하는데요. 혹시 관객 여러분도 질문이 있으시다면 언제든 손을 들어주시기 바랍니다. 제가 소개에서 언급했듯 영화를 만드는 과정이 아주 특이해요. 각본을 쓰고, 촬영하고, 편집하고, 다시 처음으로 돌아가서 각본 쓰고, 촬영하고, 편집하고. 이 과정을 네 번 하셨다고요?

이건 흔치 않은 방식이에요. 실험 영화나 다큐멘터리에서는 현실에서 전개되는 상황 때문에 이런 방식을 상상할 수 있을지 모르지만, 극영화를 만드는 사람으로서 아주 낯선 방식입니다. 저는 단순히 제작 과정 자체가 흥미로워서 질문하는 것만은 아니에요. 이 과정은 명백하게 한 편의 영화라는 결과물의 관념적인 측면뿐만 아니라 실질적인 측면에도 아주 직접적인 영향을 끼쳤을 것이기 때문인데요. 임신한 사람이 잠시 후엔 임신하지 않은 모습으로 등장하고, 혼란스럽죠. 이 영화가 만들어지는 과정에 대해 말해줄 수 있을까요? 그 과정에 결과물과 어떻게 연결되어 있는지도요.

마티아스 피녜이로 |

(이하 피녜이로) 네, 좋아요. 먼저 영화를 보고 자리를 지켜주셔서 감사합니다. 여러 가지 대답이 떠오르는데요. 첫째로는 자전적인 이유 때문입니다. 제가 부에노스아이레스에 살고 있지 않아요. 그래서 도시와 도시를 왔다 갔다 해야 했어요. 그런 움직임이 영화 담긴 거죠. 말하자면, 영화 제작은 그 자체로 미장센을 구성하는 행위의 일부예요. 저는 이걸 통합하는 거죠. 저는 뉴욕에 살지만 영화를 찍으러 부에노스아이레스에 갑니다. 가서 내가 좋아하는 사람들과 영화를 만들죠. 저는 유연해질 필요가 있어요. 그리고 또 저는 아주 독립적인 방법으로 영화들을 만들어요. 그래도 한 번에 모든 것을 완벽하게 끝내지 않아요. 그래야 영화를 경제적으로 만들 수

있거든요. 저는 촬영과 촬영 사이에 영화 상영 등을 통해 돈을 모읍니다. 돈을 모으고 촬영하고, 이걸 반복하는 거죠. 이런 실무적인 요소들도 창작에 영향을 끼쳐요, 모든 건 다 이어져 있죠.

돈이 있어야만 창의적일 수 있는 건 아니에요. 스케줄이 여유로울 때만 새로운 생각이 떠오르는 것도 아니죠. 저는 영화의 요소들이 어땠으면 좋겠는지 알고 있는 사람이에요. 텍스트를 고르고, 촬영 방식을 고르고, 카메라를 이렇게 움직이는 게 좋을지, 저렇게 움직이는 게 좋을지, 연기는 어떤 식으로 하면 좋을지…. 저는 통제할 것들이 많죠. 저는 이런 식으로 저를 몰아붙이고 시험하는 작업 방식이 좋아요. 뭔가를 통제하려는 의지에 반하는 방식이죠. 이런 식으로 촬영하면 제가 통제 할 수 없는 일이 일어나도록 내버려둘 밖에 없어요. 이런 우연은 영화에 있어서 아주 중요해요. 적어도 저는 영화감독으로서 모든 것을 통제 아래 두어야 한다고 생각하지 않아요. 그래서 이런 제작 방식은 새로운 아이디어가 떠오르고 스스로 현재 시제 속에 있도록 도와줘요. 결국 영화의 시제는 곧 현재 시제입니다.

저는 항상 각본은 영화가 할 수 있는 일에 비해 조금 부족하다고 생각해요. 저는 뭔가를 쓰지만 항상 현실에선 제가 쓴 대로 일이 진행되지 않아요. 뭔가를 통제하기 위해 각본을 쓰고 일에 착수하면 현실은 제가 각본에 쓴 적 없는 독특한 걸 저에게 가져다주죠. 저는 각본에 마리아 비샤르가 임신할 것이라고 쓰지 않았어요. 그건 현실에서 벌어진 일이고, 저는 그걸 거부하지 않기로 했죠. 제 친구이자 배우인 그녀가 원했던 임신이니까요. 저는 그녀가 원해서 한 임신을 거부하지 않고 그것을 작품에 통합시키기로, 이걸 중심으로 작업을 진행하기로 했어요. 그리고 문득 그녀의 임신이 제가 미리 각본에 쓴 것보다 훨씬 흥미로운 또 다른 층위를 제공할 수 있겠구나, 하는 생각이 들었어요. 임신 7개월 차 만삭의 몸으로 수녀 역할 오디션에 참여하는 배우라는 아이디어는 상당히 흥미로울 테니까요. 저는 상상력을 발휘할 필요도 없이 그저 저에게 주어진 상황에 흐름을 맡겼어요. 영화의 가능성을 풍성하게 해주는 그 기류에 올라타는 거죠.

페레다 | 영화 제작 과정뿐만 아니라 각본 작업에 대해서도 잠시 들어봤는데요. 이 작품뿐만 아니라 다른 영화들도 셰익스피어 희곡에서 영감을 받았지만, 그 희곡을 있는 그대로 영상화 한 것은 아니에요. 이 영화가 어떻게 셰익스피어의 영향 아래 있다고 보는지, 어떻게 셰익스피어 희곡을 영화 안으로 끌고 들어오게 되었는지 궁금합니다.

피녜이로 | 일단 먼저 희곡을 고릅니다. 그리고 여성 인물의 이름을 따서 영화 제목을 짓죠. 그래서 저는 영화에 대한 모든 것보다도 먼저 영화 제목을 알고 있어요. 저는 이

희곡의 주요 줄거리에 오랫동안 끌림을 느껴왔어요. 이사벨라와 안젤로의 장면들은 훌륭해요. 아니면 그의 오빠와 함께 나오는 장면도 굉장하죠. 저는 이 장면들엔 끌리지만, 빈센치오 공작이 나오는 장면에는 끌림을 느끼지 않아요. 그 친구가 나오는 장면들은 뭔가 웃기거나 삐딱한 느낌이에요. 저는 희극 장면 속 광대도 별로 좋아하지 않아요. 『뜻대로 하세요』에 나오는 터치스톤 광대도 별로입니다. 저는 로잘린드에게 더 많은 유대감을 느끼죠. 이런 저의 첫 번째 접근은 제가 매력적이라고 느끼는 역할을 찾는 것이고 보통은 여성이죠. 그리고 다른 곳에서는 찾을 수 없는 그 역할의 움직임과 복잡함을 발견합니다. 그리고 제가 함께 작업하는 사람들과 그 인물 사이의 연관성을 찾아내죠. 그리고 이 배우들이 이 역할의 대사를 연기하는 모습에서 포토제닉하고 영화적인 흥미로움을 발견합니다.

〈이사벨라〉의 경우를 이야기하자면, 저의 전작 〈허미아와 헬레나〉는 셰익스피어 작품 중에 가장 유명하고 가벼운 희극 『한여름 밤의 꿈』을 기반으로 한 작업이었어요. 그래서 저는 『자에는 자로』가 불러 올 톤의 변화가 마음에 들었어요. 이 희곡은 문제작입니다. 뭔가 어두움, 기이함, 뒤틀림 같은 걸 느끼게 하죠. 그리고 저는 이 작품에 몰입할 준비가 되었다고 느꼈어요. 한 영화가 이전 영화에 대한 반작용으로 튀어나온 셈이죠. 그래서 저는 이 작품을 만들기로 결정했습니다.

페레다	영화 속 이야기를 쓰는 건 어떤 과정이었나요? 왜냐하면 원작과 영화 속 이야기는 완전히 다르니까요. 이야기를 발전시키는 과정은 어땠나요?
피녜이로	『한여름 밤의 꿈』으로 작업을 할 때도 저는 실제 연극을 하고 싶지 않았어요. 연극은 한쪽으로 치워뒀죠. 그래서 저는 주인공을 번역가로 설정했던 거였어요. 이번엔 반대로 해보고 싶었어요. 텍스트로부터 너무 멀어져 있었거든요. 그래서 다시 연극으로 돌아가 보기로 했어요. 한 번도 해본 적 없는 리허설이나 캐스팅 오디션도 해봤죠. 제가 함께 일하는 배우들과 오랫동안 해왔던 대화 주제가 있어요. 저에겐 무척 흥미로웠기 때문에 그걸 집어넣어 연극을, 캐릭터를, 장면을 만들어보기로 했죠. 왜냐하면 저는 이 장면들이 실로 꿴 것처럼 이어지길 바랐거든요. 저는 이 세 장면을 맥락에서 분리할 수 없고, 함께 배치함으로써 통일성을 만들 수 있을 거로 생각했습니다.

그러고 나서 그녀가 어떤 역할을 하는지를 고민했습니다. 그녀는 감독일까, 배우일까, 번역가일까? 저는 연기로 돌아가는 아이디어를 떠올렸습니다. 마리아는 제가 오랫동안 작업해 온 배우인데, 그녀는 최근작들에선 초기 작품들만큼 비중 있는 역할을 맡지 않았습니다. 가족과 아이들 때문에 시간을 많이 내기 어려웠거든요. 이번 영화 제작 중간에 갑자기 그녀가 셋째 아

이를 갖게 되었어요. 영화로선 패러독스가 발생한 거죠. 하지만 우리는 영화의 남은 여정을 함께 하기로 결정했습니다. 그래서 셰익스피어 작품 속 심문 장면을 활용한 캐스팅 아이디어가 발전했습니다. 배우들과 대화를 나누는 동안 오디션이 일종의 권력 역학을 만들어내는 것을 느꼈습니다. 셰익스피어 작품 속 위정자와 이사벨라 간의 힘겨루기가 감독과 배우 간의 오디션 과정과 공명한다고 생각했습니다. 이 영화는 이렇게 시작했어요.

제가 가장 먼저 보여주고 싶었던 것은 코르도바에 있는 산의 모습입니다. 영화 구조는 초반부터 명확했습니다. 저는 세 가지 주요 순간을 그리고 싶었고, 그중 첫 번째 장면을 만들 때는 나머지는 신경 쓰지 않기로 했죠. 첫 장면을 찍는 동안 그 장면을 이어갈 수 있는 실 끝을 찾을 수 있겠다고 생각했어요. 예를 들면 돌에 대한 대사가 떠올랐죠. 왜냐하면 마리아가 돌을 집어 들었거든요. 의도된 게 아니었어요. 산을 오르는 동안 그녀가 돌을 줍기 시작했고, 그 모습을 본 저는 다음 챕터에서는 이 아이디어를 중심으로 작업을 진행했죠. 장면을 거듭하면서 무언가는 그대로 남고, 무언가는 없어지고, 무언가는 더 강해지고, 마치 음악을 만드는 것 같았어요.

페레다 | 오디션에 대해 더 이야기할 거리가 있을 것 같아요. 그건 이 영화의 중심에 있죠. 영화 감독에게 있어서 오디

128

션에 대한 영화를 만든다는 건 정말 이상한 일이에요. 특히 당신처럼 오디션을 전혀 진행하지 않는 감독이 말이에요. 당신은 많은 영화를 만들었지만, 캐스팅 오디션은 진행하지 않아요. 이 부분에 대해 말해줄 수 있나요?

피녜이로 | 저는 캐스팅 오디션을 하지 않습니다. 아르헨티나에는 매우 큰 연극계가 있습니다. 브로드웨이, 오프 브로드웨이, 그리고 오프-오프 브로드웨이 같은 다양한 레벨로 나뉘어져 있죠. 저에게는 오프-오프 브로드웨이가 훨씬 더 흥미롭습니다. 여러분이 제 영화에서 본 많은 배우가 바로 그 연극계에 속해 있어요. 저는 몇 년 동안 그곳에 가서 사람들을 관찰하고, 그들이 하는 일을 보았습니다.

오디션에 사람들을 부르는 대신, 저는 연극을 보러 가서 그들이 실제로 준비하고 연습한 것을 보는 걸 더 선호합니다. 오디션은 종종 너무 인위적이고 피상적일 수 있죠. 아주 빠르게 반응해야 하는 상황에서 즉각적인 리액션만을 요구하는 것도 그렇고, 오디션 속 권력 역학도 마음에 들지 않습니다. 그래서 연극에서 그들의 연기를 직접 보고, 혹은 다른 사람의 영화나 단편 영화에서 그들을 보며 호기심을 가지고 탐구합니다.

연극을 보면 다른 연극에서도 그들을 볼 수 있는 기회가 생기고, 그런 과정에서 그들을 더 깊이 이해할 수 있습니다. 또한 연극이 끝난 후, 감독이나 다른 출연자들과의 인연으로 그들과 만나고, 저녁 식사를 함께하며 현실 속에서 그들을 접하게 됩니다. 그런 방식으로 배우들과 관계를 형성하고, "이런 걸 생각 중인데 같이 해볼래요?"라고 말하며 작업을 시작합니다.

저는 해마다 이런 방식으로 사람들과 작업하고, 같은 배우들과 계속 협업하는 것을 좋아합니다. 한 번의 촬영으로 관계가 소모되지 않기 때문입니다. 저는 일종의 도박꾼 같은 마음가짐으로 항상 다음이 더 나을 것으로 생각합니다. 그리고 이 관계도 한 번으로 끝나지 않죠.

저는 오디션을 진행하지 않지만, 제 주변 친구들이 오디션에서 겪은 이야기를 들려주고, 그런 상황을 농담의 주제로 삼아 이야기하기도 합니다. 영화 속 상황도 마리아에게 실제로 있었던 일에서 영감을 얻었습니다. 정확히 동일한 경험은 아니었지만요. 한번은 마리아가 어떤 오디션을 위해 피아노곡을 배우고 연습해 훌륭하게 연주했음에도 불구하고, 오디션에 함께 참여한 다른 경쟁자를 보고 "아, 저 사람이 배역을 얻겠구나"라고 느낀 일이 있었다고 합니다.

특히 흥미로웠던 것은, 마리아는 그 경쟁자의 외모가 감독의 외모와 닮았다고 생각했다는 사실입니다. 마리아는 그 유사성이 감독을 끌어당길 것이라고 느꼈고,

실제로 그렇게 되었습니다. 이 에피소드는 영화에 포함되지 않았지만, 매우 흥미로웠습니다. 높은 기대감에서 단번에 추락하는 감정, 그런 경험이 저에게는 매우 인상적이었습니다.

페레다 | 제가 잊어버릴까 봐 미리 말하는데요, 이 영화에서는 배우들이 평소보다 조금 더 천천히 말하는 것 같아요. 방금 당신이 말하는 걸 듣는데, 굉장히 빠르게 말씀하시더라고요. 그래서 생각했어요, 아마도 마티아스의 다른 영화들, 특히 〈허미아와 헬레나〉를 보면, 저는 그 영화를 최근에 다시 봤는데, 그 영화에서는 배우들이 정말 빠르게 말하더군요.

이런 리듬에 관해 이야기해 주실 수 있을까요? 리듬감, 그리고 배우들의 대사 속도나 연출 방식에 대해 어떻게 결정하시는지요?

피녜이로 | 그건 음악성의 영역이죠. 코미디와도 관련이 있고, 캐서린 헵번과도 연결되죠. 그리고 저글링 같은 느낌도 있어요. 공이 떨어지지 않으려면 속도를 유지해야 하잖아요. 만약 속도를 늦추거나 리듬을 바꾸면 공이 떨어질 수 있거든요. 제가 저글링 전문가는 아니지만 이 비유가 마음에 들어요.

코미디라는 게 약간의 인위성과 관련이 있죠. 꿈이라는 건 자연스럽지 않고, 현실을 반영한 것도 아니에요.

그것은 하나의 구성입니다. 그리고 제가 좋아하는 대사 처리 방식은 문장을 연결하고 빠르게 반응하는 거예요. 자연주의에서처럼 상대방이 말한 것을 천천히 생각하고 대답을 고민하는 그런 방식은 관심이 없어요.

저는 고전 코미디, 특히 스크루볼 코미디[1]를 좋아합니다. 지난주에 프레스턴 스터지스의 〈설리반의 여행〉을 보러 갔는데, 거기서도 사람들이 엄청 빠르게 대화를 나누죠. 서로 말을 듣지도 않고요. 사실 피터 브룩이 이런 말을 했어요. "코미디는 사람들이 서로의 말을 듣지 않는 것과 관련이 있다. 비극은 서로 보지 못하는 것이고, 멜로드라마는 대화하지 않는 것과 관련이 있다." 그래서 코미디에서는 사람들이 서로 듣지 않기 때문에 이 어긋나는 감각이 생기는 거죠.

스크루볼 코미디에서도 사람들이 서로 대화를 듣고 있지 않아요. 배우들은 이미 대본을 알고 있기 때문에 서로의 대사를 듣지 않아도 되는 거죠. 그러니까 현실이 아니라는 겁니다. 저는 그런 리듬감과 음악성, 그리고 대사의 안무 같은 걸 좋아해요.

하지만 몇 편의 영화를 만든 뒤에는 새로운 것을 시도

---

1) 1930년대 초부터 1940년대 초까지 유행했던 로맨틱 코미디의 하위 장르. 갈등을 겪다가 결국에는 이를 풀어 다시 사랑을 한다는 결말, 사회적으로 진출한 여성이나 도덕적으로 타락한 여성 등을 그렸던 것이 특징이다. (역주)

해 보고 싶어지더라고요. 너무 반복되는 것 같다는 생각도 들었어요. 제 친구 중에 산티아고라고 파리에 몇 년 동안 살고 있는 아르헨티나 출신 감독이 있어요. 그가 저에게 "그건 이미 했으니까 다시 할 필요 없잖아?"라고 말한 적이 있어요. 그래서 이번에는 『자에는 자로』의 톤을 이용해 다른 템포를 시도해 보고 싶었어요. 침묵이나 멈춤 같은 요소를 작업에 녹여보고 싶었죠.

예를 들어, 언덕을 오르는 장면 같은 걸 선택하면 자연스럽게 침묵의 순간이 생기잖아요. 이런 선택들이 전체적으로 느린 템포를 만들 수 있게 도와줬던 것 같아요. 그래서 이번에는 조금 다른 것을 시도해 본 거죠.

관객 | 저는 조금 주제를 바꿔서 장소에 대해 여쭤보고 싶습니다. 감독님은 자연경관과 현대 도시 세계를 굉장히 생생하게 묘사하시는데요. 그런데 동시에 약간 익명성이 느껴지는 것 같습니다. 우리가 역사적으로나 지리적으로도 정확히 어느 지점에 있는지 알 수 없는 느낌이 있습니다. 그래서 일종의 밀봉된 것 같은 감각이 느껴지는데, 제가 봤던 몇몇 이전 영화들에서도 그런 분위기를 느낄 수 있었습니다.

하지만 동시에 묘사가 아주 생생하다는 점도 인상적이었습니다. 그래서 감독님이 장소에 대해 어떻게 생각하시는지, 장소에 관한 인식과 역사성에 대해 알고 싶습니다.

피녜이로 | 저는 작은 모퉁이 같은 곳을 좋아합니다. 작고, 특수하고, 독특한 공간을 선택하고 그곳에서 나올 수 있는 모든 것을 활용하는 거죠. 예를 들어, 제가 자주 걷는 길이 있어요. 자동차 정비소가 늘어서 있는 그런 남성적인 분위기의 거리인데, 아구스티나가 그런 거리를 걷게 하고 싶었죠.

그 길은 유명한 거리도 아니고, 사람들이 알아볼 만한 대로도 아닙니다. 뉴욕에서 영화를 촬영했을 때도 엽서에 나올 법한 풍경을 만들지 않으려 노력했어요. 뉴욕처럼 뚜렷한 개성을 가진 도시에서는 더 명확한 도전이 필요했죠. 제 영화를 볼 때 이 도시가 뉴욕이라는 걸 알아채지 못할 수도 있습니다. 저는 그런 점이 재미있어요. 뉴욕이라는 도시에는 정말 다양한 모습이 있으니까요. 그래서 그 도시의 단면을 보여주는 데에 집중했습니다.

사실, 저는 특정한 곳에서 촬영하면서 그 장소를 거의 건드리지 않아요. 다만, 그 작은 부분을 선택하고 거기에 집중할 뿐입니다. 뉴욕이든 부에노스아이레스든 마찬가지입니다. 부에노스아이레스에서도 저는 여러 장소에서 촬영하지 않아요. 다만 그곳을 아는 사람들에게는 그 장소가 강렬하게 다가오길 바랍니다.

저는 관객과의 친밀감이나 공모 관계를 좋아합니다. 관객이 "저 소방서 알아, 저 나무, 저 공원, 저 거리 알아"라고 느낄 수 있기를 원해요. 영화 속 장소를 관객들이 모르게 비밀로 만들려는 생각은 아닙니다. 다만, 앞서 말씀드린 것처럼 제가 엽서처럼 보이는 영화를 만들지 않으려는 것뿐이에요.

예를 들어, 저는 지금 뉴욕에 살지만 매일 엠파이어 스테이트 빌딩을 보지는 않아요. 그런데 왜 뉴욕을 배경으로 한 영화에서는 항상 엠파이어 스테이트 빌딩이 나오는 걸까요? 저는 그렇게 도시를 경험하지 않아요. 부에노스아이레스에서도 마찬가지입니다. 저는 부에노스아이레스의 전형적인 장소나 사람들을 매일 보지 않아요.

그래서 저는 그 장소의 전체적인 모습을 보여주는 영화보다는 특정한 거리, 특정한 장소를 선택해 그것에 집중하는 편이 더 좋습니다. 특히 이번 영화에서는 도시가 많이 드러나지 않아요. 사실, 제 많은 영화에서 도시가 덜 드러나고, 대사가 도시를 덮는 경우가 많아요. 하지만 제가 장소를 선택할 때는 특정한 이유로, 그 장소가 가진 특성을 좋아해서 선택합니다. 그리고 그 장소를 있는 그대로 보여주는 걸 좋아해요.

예를 들어, 카메라 움직임이 많은 쇼트에서는 그 장소의 구조가 움직임을 결정합니다. 여기 기둥이 있고, 저기 벽이 있고, 나무가 있고, 이런 요소들을 고려해야 하죠. 그래서 저는 그러한 조건들에 맞춰 장면을 구성합니다. 이런 방식으로 공간을 하나의 무대처럼 사용하는 거죠.

관객 | 하나의 연극 무대처럼요?

피녜이로 | 맞아요. 연극의 연장이죠.

관객 | 아까는 통제하지 않으려 한다고 말씀하셨는데, 굉장히 통제적인 작업 방식처럼 들리는데요.

피녜이로 | 맞아요. 저는 통제적인 성격입니다. 그래서 저 스스로를 통제할 수 없는 상황에 놓으려고 노력해요. 그렇지 않으면 통제하려는 성향이 더 강해지니까요. 영화는 우연과 통제 사이의 춤이라고 생각합니다. 완전한 우연도 아니고, 완전한 통제도 아니죠. 그 둘 사이의 움직임이에요. 물론 저는 통제 쪽으로 더 많이 기우는 편입니다. 카메라를 들고 캐릭터를 따라다니는 방식도 또 다른 통제의 방식이라고 생각합니다. 어떤 사람들은 자신이 선택하지 않았다고 말하지만, 사실 그들도 선택하고 있습니다. 저는 그런 선택이 드러나는 게 좋습니다. 영화는 본질적으로 통제된 매체니까요. 프레임이 있고, 시간과 공간을 선택해서 잘라내는 작업이잖아요. 선택하지 않는다고 말하는 사람들이 오히려 더 조작적이라고 생각합니다. 그런 점에서 저는 우연

과 통제 사이의 균형을 맞추려고 노력합니다. 저의 극
단적인 통제 성향과 싸우는 데에는 제 심리치료사와
의 상담도 큰 도움이 되고 있어요.

관객 | 감사합니다. 제 질문의 핵심을 더할 나위 없이 짚어주
셨는데요. 그래도 제 관점에서 조금 더 얘기해 보고 싶
어서요. 혹시 촬영에 대해 구체적으로 말씀해 주실 수
있을까요? 지금 말씀하신 내용과도 많이 관련이 있긴
하지만, 각 장면에 담긴 통제와 균형이 이 영화를 정말
아름답게 만듭니다. 특히 밀실처럼 숨 막히는 오디션
장면과 산이나 언덕 같은 탁 트인 풍광이 교차하는 방
식이 정말 눈에 띄었어요. 그리고 색감의 오묘한 아름
다움에 관해서도 이야기 듣고 싶습니다.

피녜이로 | 저는 모든 영화를 도시에서 찍는 경향이 있어요. 이전
영화는 부에노스아이레스와 뉴욕이라는 두 중요한 도
시에서 찍었죠. 그래서 이번 영화에서 저는 '한 가지
요소가 다른 것을 불러오고, 다음으로 이어지도록 돕
는다'는 생각을 하며 작업을 했어요. 저는 반복과 변주
라는 게임을 하는 중이에요. 그래서 제가 함께하는 사
람들, 또는 셰익스피어라는 소재는 계속 이어지고 있
죠. 한편으론 저는 통제를 위해 변화를, 다른 것들을
선택해야 한다는 생각이 들었어요. 그래서 한 번도 시
도해 본 적 없는 풍경 촬영을 해보자는 생각이 들었죠.
그것이 도전이었고, 특히 〈허미아와 헬레나〉 이후 제
가 로이스 파티뇨와 함께 영화 〈시코락스〉를 만들면

서 풍경 작업을 많이 했어요. 당시 저는 "좋아, 이 영화를 통해 아구스티나가 하는 작업을 연습하면 되겠다"라고 생각했어요. 아구스티나가 포르투갈에서 영화를 찍는 과정은 사실 제가 자연 속에서 촬영하는 법을 익히는 과정이기도 한 거죠.[2] 저는 자연에서 촬영을 한 번도 해본 적이 없었으니까요. 그래서 저는 '어떻게 하면 더 긴 쇼트로, 자연 속에서 이야기를 전달할 수 있을까?' 하는 것을 연습해 보고 싶었어요. 사용하지 않았던 근육을 사용하면서, 다르게 생각하고 계속해서 그 방향으로 나아가야 했죠.

이게 바로 제가 코르도바에서 촬영하기로 결심한 이유였어요. 그때 큰 풍경, 빨간 차, 걷는 장면, 올라가는 장면 등 다양한 아이디어들이 떠올랐죠. 그 촬영에서 남은 것들이 나중에 계속 이어졌고, 동시에 저는 오디션이라는 밀폐된 공간에 대한 아이디어도 계속 의식하고 있었어요. 그래서 편집을 할 때, 풍경과 실내 장면들이 오가는 구성을 떠올릴 수 있었죠. 타인과의 상호작용과 홀로 악몽 같은 오디션을 보는 것의 대비를 말이죠.

그런데 그 장면이 첫 번째로 촬영한 장면이라서, 제가 가장 많이 했던 방식이나 예전에 해왔던 방식을 자연스럽게 사용했어요. 리허설, 오디션의 개념, 그리고 도

---

2) 〈시코락스〉에서 아구스티나 무뇨스는 다큐멘터리 감독 역할로 등장한다. (역주)

시 내부의 개념 같은 것들이 그 안에 있었습니다. 그리고 이 영화는 제가 페르난도 로케트와 함께 작업한 영화인데, 페르난도는 제 영화들 거의 모든 촬영을 맡은 촬영 감독입니다. 우리는 2002년부터 함께 작업해 왔어요. 그래서 많은 유대감과 신뢰, 그리고 수년 동안 함께 해온 많은 것들이 있습니다. 그래서 우리가 무엇을 찾고 있는지, 또는 우리가 무엇을 도전하려 하는지에 대해 서로 잘 맞춰져 있는 부분이 있어요. 저는 카메라를 움직이면서 미디엄 쇼트를 사용하는 걸 선호합니다. 그런데 갑자기 '카메라를 많이 움직이지 말고 다른 걸 해보자'는 생각을 하게 된 거죠. 이런 도전은 수년간 함께 해온 페르난도와의 유대감, 그리고 미디엄 쇼트에서 하는 연기와 롱 쇼트에서 하는 연기의 차이를 이해하는 배우들에 대한 신뢰를 바탕으로 이뤄진 작업입니다.

그리고 색깔에 대한 아이디어는, 사실 페르난도의 인터뷰를 읽고 떠올렸습니다. 페르난도가 "보통 감독들은 색깔에 대해 생각하지 않는다"고 했어요. 그게 일종의 도전처럼 들렸습니다. 그 후 그와 함께 작업하면서 '그럼 색깔이 무엇을 의미하는 걸까? 생각하게 되었습니다. 또, 프랫에서 저의 수업을 듣는 한 학생이 저에게 다가와서 "저는 영화에서 색깔에 관심이 많습니다. 색깔에 대해 어떻게 생각하시나요?"라고 물었어요. 그 질문도 저를 사유하게 만들었죠. 색깔에 대해 뭔가 잘 모르겠더군요. 그래서 색깔에 대해 생각하기 시작했습니다. 물론 색깔은 영화에 존재하지만, 그게 기본적인 요소로 항상 의식하는 것은 아니었거든요. 그래서 이걸 아이디어로 작업해 보기로 결심했죠. 아마 좀 과장처럼 들릴 수도 있지만, 촬영 감독과 미술 감독과 함께 어떻게 색깔을 다룰 수 있을지 고민하는 좋은 기회가 되었습니다. 저는 미술 감독인 아나 캄브레Ana Cambre와 많이 작업을 했었고, 그녀는 종종 다른 작은 독립 영화에서 색다른 작업을 하는 걸 좋아했습니다. 그런 영화에서는 미술 감독이 그렇게 큰 역할을 하지 않기도 하죠. 아나는 목수로도 활동하고 있었고, 나무로 가구 만드는 일을 했습니다. 아무튼, '이 영화는 배우에 관한 영화니까, 그들이 연극 말고 다른 일을 하는 장면이 흥미로울 것이다'라고 생각했어요. 그럼 그걸 어떻게 표현하면 좋을까요? 그래서 이 장면에서 장식과 빛의 트릭을 만들기 위한 아이디어가 떠오른 거죠. 색깔을 빛으로, 색깔을 안료로 다르게 이해하는 방식으로요. 이 두 가지 변수의 차이를 이용해서 뭔가 할 수 있을 것 같았습니다.

저는 색깔에 관심이 많았던 몇몇 예술가들을 연구했어요. 예를 들면 요제프 알베르스(Josef Albers) 같은 예술가들이 색깔과 교육학에 대해 많은 글을 썼고, 저는 교육학에 관심이 많아서 그가 색깔에 대해 어떻게 생각하고 가르쳤는지 읽는 것이 흥미로웠습니다. 또한 제 일도 가르치는 일이라서 그런 부분에 끌렸죠. 또 제임스 터렐(James Turrell) 같은 예술가들도 있었습니다.

이런 과정을 통해 색깔에 대한 작업을 진행했습니다.

페레다 | 마지막 질문이 될 거 같은데요. 지금 이 자리에는 다수의 교수님들과 대학원생들이 계십니다. 이 영화는 영화 학교에서 제작한 프로젝트로 알고 있어요. 당신은 산세바스티안에 있는 영화 학교의 프로그램 책임자이기도 하죠. 이처럼 학문적 환경 속에서 끊임없는 활동을 이어가고 있는데, 이런 경험이 당신의 영화에 어떻게 반영된다고 생각하시나요?

피녜이로 | 제가 조금 전에 프랫에서 어떤 학생과 색깔에 관한 이야기를 나눈 적이 있다고 이야기했었죠. 이런 식으로 학생과의 상호작용에서 흥미로운 생각들이 떠오르곤 합니다. 학생이 색깔에 대해 질문했을 때 "키에슬로프스키 영화를 보세요."라고, 말하는 건 너무 얄팍하죠. 색을 다른 방식으로 생각해야 했어요. 프랫은 예술 학교라서 뉴욕대와는 또 달라요.

제가 만든 영화들은 순전히 저 혼자만의 것이 아니에요. 학생들이 수업 시간에 쓴 리포트, 그림, 그리고 상호작용이 뒤섞여 플라스틱처럼 굳어진 것이죠. 학생들은 저에게 와서 자신이 한 작업에 관해 이야기해 줍니다. 그들도 마찬가지로 각자의 작품에 이런 상호작용들을 통합시키죠. 그리고 학교에는 저의 개인 사무실이 있는데, 그 사무실에 있는 프린터를 정말 애용합니다. 포스트 프로덕션 단계에서 저를 정말 많이 도와주

죠. (웃음)

학교는 저에게 있어 공동 제작자와 같아요. 제가 어느 시점까지 작업을 마칠 수 있도록 돈을 주니까요. 저는 항상 포스트 프로덕션을 진행할 비용을 어디서 마련해야 할지 고민했어요. 학교에서 수업을 맡은 건 정말 운이 좋았죠. 저희 학교는 더 실험적이고, 다큐멘터리 위주의 영화를 다룹니다. 저는 극영화를 만들긴 하지만, 학교가 제공하는 대안적인 창작의 가능성이 마음에 듭니다. 저의 창작과 학교를 분리해서 생각하는 건 어려운 일이에요. 결국 이 모든 건 우연한 기회이기도 하지만 동시에 저의 활동에 따른 결과이기도 하죠. 제가 뭔가를 계속하고 있으니까 초빙을 받고, 그 과정에서 여러 요소를 결합하여 작품을 완성할 수 있었습니다. 학교에서 받은 월급 덕분에 생계를 유지하며 이런 색깔 실험 같은, 아무도 신경 쓰지 않는 것에 시간을 쓸 수 있었어요.

또 제가 원하는 배우들과 작업할 수 있었고, 영화 작업이 작은 규모에서도 자유롭게 이루어질 수 있었어요. 제가 항상 작은 규모의 영화 작업을 즐기는 이유는 모든 사람이 이 작업에 자신을 쏟고 협력하면서 진정으로 재미를 느낄 수 있기 때문이에요. 물론 쉽지 않은 작업이지만, 그만큼 가치 있는 시간이죠. 예를 들어, 마리아가 임신 사실을 알렸을 때가 생각나네요. 당시 8월에 실내 촬영을 하고, 12월에 야외 촬영을 계획했는데 마리아가 조용히 저를 보며 말하더군요. "마티아스, 사실 아직 아무에게도 말하지 않았는데, 나 임신했어." 그녀와 아기 아빠만 알고 있는 사실이었죠. 이런 예상치 못한 상황도 영화 작업의 일부였어요.

말씀드린 것처럼 저는 사무실이 있는데요. 거기엔 정말 많은 에세이들, 모델들, 장식들이 있습니다. 거기서 저는 작업하고, 그림 그리고, 별걸 다 하죠. 색깔에 대한 연구도 하고요. 저는 돌에 색을 칠하고 빨간빛, 파란빛을 비춰보면서 이런저런 테스트도 해봤어요. 사무실에서 이런 시간을 보내며 저는 많은 걸 배우기도 하고, 그 자체로 저에게 유희였어요. 또한 일종의 명상과도 같아서 제 감정을 다스리는 데 도움이 되었죠.

영화 제작과 수업 일정이 모두 뒤섞여 있지만, 저는 이런 제한을 더 나은 작업을 위해 사용하려고 노력합니다. 이런 조건은 문제가 아니라 오히려 새로운 가능성을 열어주는 계기가 되죠. 저는 마치 하이스트 영화[3] 주인공처럼 급박하게 영화를 찍곤 했습니다. 제가 예전에 한 번 부에노스아이레스에서 13일 동안 영화를 찍고, 그 촬영분을 가방에 담아 아르헨티나를 떠났던 적이 있어요. 〈이사벨라〉는 다른 방식으로 작업해 보고 싶었어요. 충분한 시간을 갖고, 다급하지 않게 만들

---

3) 범죄 영화의 하위장르 중 하나로, 무언가를 강탈 또는 절도 행위를 하는 모습과 과정을 상세히 보여주는 영화를 뜻한다. 케이퍼 영화(Caper film)라고도 부른다. (역주)

어도 좋을 거 같았거든요. 친구들과 만나 창작하고, 거듭 생각하고, 도전하는 과정 자체가 큰 즐거움이었습니다.

관객 | 이 영화가 완성된 후 어떤 경로를 걸어왔는지, 말하자면 영화의 생애주기에 대해 알고 싶습니다.

피녜이로 | 이 영화는 2020년 2월에 첫 상영이 이뤄졌습니다. 그때가 어떤 상황이었는지 기억나세요? (웃음) 베를린 국제영화제에서 프리미어를 마치고, 저는 이전과는 다른 행복을 느꼈어요. 데뷔작 이후 영화를 발표할 때면 보통 상영하는 경로가 어느 정도 정해져 있어요. 처음에는 영화제들을 돌며 1년 정도 그 여정이 이어지죠. 하지만 팬데믹 때문에 그 과정이 좀 이상해졌어요. 어떤 곳은 온라인으로 진행되기도 하고, 어떤 곳은 그렇지 않았거든요.

영화제 다음 단계는 각 지역 배급사를 만나는 일입니다. 몇 년 동안 저는 아르헨티나에 배급사를 두고 있고, 멕시코에도 배급사가 있습니다. 그리고 미국에서도 배급을 맡아주는 곳이 있고요. 덕분에 제가 여기 있는 거예요. 뉴욕에 있는 시네마 길드(Cinema Guild)라는 미국 배급사 덕분이죠. 스페인에서도 제 영화를 배급해 주는 사람이 있고, 이제 프랑스에서도 배급사가 생길 예정이에요.

이 모든 과정이 마치 개미가 길을 만들어 가는 것처럼 아주 작고 느리지만, 해마다 조금씩 영역을 넓혀가고 있어요. 제작비가 5만 달러도 안 되는 영화 제 영화가 일본에서도 상영되리라고 누가 생각이나 했을까요? 물론 〈어벤져스The Avengers (2011)〉 같은 규모는 아니죠. 제 영화들은 영화관과 박물관에서 상영이 이뤄집니다. 일주일만 틀기도 하고, 2주, 한 달, 지역마다 달라요. 하지만 제가 언급한 지역들에서 상영이 점점 늘어날 겁니다.

하지만 팬데믹의 영향을 무시할 수 없었어요. 예를 들어, 〈이사벨라〉는 링컨 센터에서도 프리미어를 진행했어요. 하지만 큰 성공을 거두진 못했죠. 아직 사람들이 팬데믹 전만큼 극장에 가지 않았거든요. 제 기억에 프리미어 상영 첫날 밤이면 보통 영화관이 매진되곤 하는데, 이번에는 그렇지 않았어요. 사람들이 오긴 했지만 매진은 아니었어요. 제 영화가 항상 매진되는 것은 아니지만 이번에는 특히 어려웠죠. 2021년 8월은 영화관들이 막 다시 문을 열던 때였으니까요. 시간이 좀 필요했죠.

제가 금요일 밤 유니언 스퀘어에 클린트 이스트우드의 〈크라이 마초Cry Macho (2021)〉 첫 상영을 보러 간 적이 있는데, 그때 영화관이 텅 비어 있었어요. 클린트 이스트우드 영화잖아요. 피녜이로 영화도 아니고! (웃음) 그 둘은 차이가 있죠. 금요일 밤 프리미어 상영인

145

데도 유니언 스퀘어가 비어 있다니, 그 경험이 정말 무서웠어요.

클린트 이스트우드도 힘을 못 쓰는 상황이라면, 하물며 다른 감독들은요? 이건 또 다른 문제지만요. 아주 느리고 얇게나마, 조금씩 조금씩 상황은 나아지고 있습니다. 〈이사벨라〉는 그렇게 많이 관객과 만나지 못했어요. 팬데믹 때문에 결국 상영되기까지 시간이 걸렸고, 미국 배급에도 영향을 끼쳐서 많은 상영 기회를 얻지 못했죠. 그런데 갑자기 무비(MUBI) 같은 독립영화에 특화된 스트리밍 서비스가 등장했어요. 미국 배급사의 도움으로 제 영화 몇 편을 무비에서 감상할 수 있습니다. 다른 배급망 덕분에 아마존(Amazon)에서도 볼 수 있고요.

그래서 아주 작지만, 이런 방식이 어떻게 보면 긍정적이라고 생각해요. 물론 완벽하지는 않죠. 하지만 이런 작은 상영들이 결국 다음 영화를 만드는 데 도움을 줍니다. 배급 계약을 맺었다는 건 그에 대한 적은 금액을 받는다는 의미고, 그 돈은 다음 영화 제작에 쓰입니다. 조금씩 돈을 모아서 다음 촬영을 진행할 수 있죠. 〈이사벨라〉도 그런 식으로 만들어졌습니다. 그래서 추가 자금을 마련하기 위해 시간이 필요했어요. 예를 들어, 파리에서 저의 전작품 회고전이 열렸고, 거기서 번 돈 중 절반은 첫 번째 촬영 일부 제작비로 사용되었습니다.

그래서 이 방식은 제한적이긴 하지만, 저는 이런 방식을 좋아합니다. 그리고 끝으로, 제 영화들의 프로듀서 멜라니 샤피로Melanie Schapiro와 저는 어떻게든 통제권을 유지하고 있어요. 예를 들어, 중간 대리인이 없기 때문에 우리가 벌어들인 작은 수익 중 최소 절반은 저희 몫이죠. 이런 중간 과정이 없다는 점은 수익이 직접 저희에게 오도록 만들고, 그 수익을 다시 작은 통에 모아 다음 작품을 위해 재투자할 수 있도록 해줍니다. 그래서 규모는 작지만, 이런 형태의 제작에는 지금으로선 충분하다고 생각합니다.

페레다 | 이상으로 자리 마치도록 하겠습니다.

피녜이로 | 끝까지 남아주셔서 감사합니다. 여기 와 주시고 자리를 지켜주셔서 고맙습니다.

CLACSBerkeley (2023)

Dirección y guión
Matías Piñeiro
Producción
Melanie Schapiro
Fotografía y Cámara
Fernando Lockett
Victoria Pereda
Asistente de Dirección
Lionel Braverman
Montaje
Sebastián Schjaer
Arte
Agustina Costa
Eduardo Sierra
música
Santi Grandone
Gabriela SaidonSonido
Sonido
Juan Ignacio Giobio
Florencia González Rogani
Francisco Rizzi
Martín Scaglia
Mercedes Tennina

María Villar .... Mariel
Agustina Muñoz .... Luciana
Pablo Sigal .... Miguel
Gabriela Saidon.......... Sol

마티아스 피녜이로와 열린 영화

시네마토그래프 김재범

영화가 열린다

영화평론가 질베르토 페레즈는 그의 저서 『영화, 물질적 유령The Material Ghost』에서 장 르누아르의 〈익사에서 구조된 부뒤Boudu Sauve Des Eaux, Boudu Saved From Drowning (1932)〉를 설명하며 영화의 두 가지 형식에 대해 논한다. 바로 '열린 형식'과 '닫힌 형식'이다. 〈익사에서 구조된 부뒤〉의 오프닝, 부랑자 부뒤는 공원에서 잃어버린 개를 찾는 모습으로 등장한다. 하지만 부뒤의 모습은 크게 부각되지 않으며, 그는 스크린 안팎을 자유롭게 넘나든다. 카메라는 프레임에서 사라지는 부뒤를 따라가지 않고, 오히려 별로 중요하지 않아 보이는 경찰을 화면 안에 가득 담는다. 그리고 얼마 뒤, 부랑자 부뒤가 자기 개를 잃고 센 강변에 재등장했을 때, 카메라는 거리 건너편에서 그를 찍는다. 하지만 중간에 지나가는 인파와 차들이 카메라를 가려 카메라는 부뒤의 속도를 따라가지 못하고, 이번에도 부뒤는 화면 밖으로 사라진다.

질베르토 페레스는 해당 장면을 언급하며 "한 편의 르누아르 영화는, 카메라에 포착된 어떤 것보다 더욱 거대한 것"[1]을 환기한다고 말한다. 르누아르의 스크린은 연극의 무대처럼 그 자체로 완결된 총체가 아니며 더욱 거대한 세계를 암시한다. 연극의 경우, 무대라는 공간은 그 자체로 완전하다. 연극에서 무대 밖의 세계는 존재하지 않으며 모든 사건과 등장인물은 오직 무대 안에서만 발생하고 존립한다. 하지만 영화는 다르다. 르누아르 영화는 세계를 구획하는 스크린을 돌연 무너트리고, 연극처럼 닫힌 공간을 바깥으로 확장한다. 부뒤가 세계를 포획하려는 프레임의 경계를 가볍게 넘나들거나 카메라보다 더 빠르게 스크린 밖으로 움직이는 것처럼 말이다. 관객은 르누아르 영화를 보며, 스크린 밖에 우리가 더 봐야 할 것들이 남아 있다고 느낀다.

루이스 자네티의 〈영화의 이해Understanding Movies〉와 같은 고전적인 영화 교과서 또한 열린 형식과 닫힌 형식을 개념화한 바 있다. 열린 형식은 앞서 언급한 르누아르의 영화처럼 스크린이 안과 밖을 매개하여, 관객이 화면 외부를 인지하는 개방된 구조다. 반면 '닫힌 형식'은 매 순간 조율된 연극무대처럼 세계를 스크린이라는 틀로 포획하려 한다. 영화사의 거장 중 대표적으로 알프레드 히치콕, 세르게이 에이젠슈타인이 닫힌 형식에 해당하는 감독이다. 이를테면 히치콕의 〈오명Notorious (1946)〉 속 그 유명한 열쇠 크레인 쇼트를 떠올려 보자. 파티장을 부감으로 담아내고 있던 카메라가 서서히 지면으로 미끄러지며, 어느 순간 잉그리드 버그먼 손에 붙들려 있는 열쇠를 포착한다. 열린 영화가 스크린 외부와의 긴장감으로 진동한다면, 닫힌 영화는 스크린이라는 틀 속으로 쪼그라

---

1)　질베르토 페레즈, 물질적 유령, 컬처룩, 2024, 138p

든다. 르누아르의 스크린이 부뒤를 통해 외부 세계를 환기한다면, 히치콕의 스크린은 거대한 파티장에서 관객이 보아야 할 열쇠로 수렴한다.

열린 영화가 척력의 영화라면, 닫힌 영화는 인력의 영화다. 힘의 차이 또한 두 영화 형식을 구분하는 요소로서 작동하기 때문이다. 이는 카메라의 권력과도 연관된 문제다. 닫힌 영화의 카메라가 전능하다면, 열린 영화의 카메라는 그 권능이 거세되어 있다. 열린 영화의 카메라는 불안정하고 머뭇거린다. 이를테면, 〈익사에서 구조된 부뒤〉의 카메라는 강변을 걷고 있는 부뒤를 온전하게 담아내는 데 실패한다. 카메라는 인파를 파고드는 부뒤의 거친 움직임에 한 발짝 늦게 반응하며, 부뒤를 스크린 안에 포획하지 못한다. 혹은 르누아르의 걸작 〈시골에서의 하루Une partie de campagne (1946)〉에서 그네를 타는 앙리에트를 앙각으로 찍은 유명한 장면에서, 그녀는 금방이라도 프레임 밖으로 튀어 나갈 것만 같다. 그에 반해 닫힌 영화의 카메라는 보다 권능을 갖는다. 〈이창Rear Window (1954)〉의 아무 장면이나 떠올려도 좋다. 히치콕의 카메라는 인물들을 스크린 속에 정확히 포획하고, 그것을 관객들에게 온전하게 보여준다. 〈이창〉의 인물들은 카메라의 프레임을 벗어나지 못한다. 인물들은 어디로 이동하든 항상 카메라의 감시를 받는다. 주인공 제임스 스튜어트도 예외는 아니다.

물론 이와 같은 도식화는 오해의 소지가 있다. 일단 세상의 모든 영화를 '닫힌 영화', '열린 영화', 두 가지의 형식으로 완전하게 분류할 수는 없다. 언제나 그 이항을 탈구축하는 회색지대의 영화들이 존재한다는 것을 유념해야 한다. 그리고 무엇보다도 열린 영화 속 카메라가 닫힌 영화의 카메라에 비해 불안정하다는 이유로 그것이 열등한 것은 아니다. 영화사 고전기를 대표하는 할리우드 영화들은 주로 닫힌 영화에 속한다.

할리우드의 카메라는 프레임 안의 요소들을 완전하게 통제하는 분업화를 통해 할리우드 시스템을 구축했다. 하지만 열린 영화 속 카메라의 불안정함은 영화의 또 다른 가능성을 암시한다. 그것은 바로 영화의 '잔여물'이다. 질베르토 페레즈의 말을 빌리자면, 그것은 "언제나 내러티브가 다 말하지 못하고 남긴 것이고, 관객이 더 봐야 할 것들이 남아 있다고 느끼는 것이고, 카메라가 행위의 일부밖에 따라가지 못하며 나머지를 시야 바깥에 남겨둘 수밖에 없는"[2] 그 무언가이다.

열린 영화는 카메라의 불완전함으로 인해 온전히 포획하지 못한 잔여물을 스크린 밖에 남긴다. 이를테면 부랑자 부뒤, 그네 위의 앙리에트, 미켈란젤로 안토니오니 〈정사 L'Avventura (1960)〉의 안나 혹은 이창동 〈버닝 (2018)〉의 해미. 그들은 모두 스크린-틀 안에 온전히 포획되지 않는 존재이며, 카메라-틀의 권력에 의문을 던진다. 잔여물은 등장인물이라는 형상으로 국한되지 않는다. 그것은 내러티브일 수도 있고, 기묘한 상황 혹은 모종의 감정일 수도 있다. 로베르 브레송의 경우, 그는 사운드를 통해 보이지 않는 스크린 밖의 잔여공간을 환기하기도 했다. 혹은 버스터 키튼은 항상 카메라가 포착하는 것보다 더 큰 사건들을 잔여물로 제시했다. 열린 영화의 잔여물은 정태적이지 않다. 그것은 어떤 형태로도 변할 수 있는 잠재태이자 무정형의 잉여이다. 그것은 스크린이라는 틀에 온전히 포획되지 않고, 이 세계가 카메라에 포착되는 것보다 더 큰 것임을 상기하며, 관객의 사유 또한 확장한다. 열린 영화의 가능성은 바로 이 잔여물로부터 시작한다.

소리의 부상

---

2)   질베르토 페레즈, 물질적 유령, 컬처룩, 2024, 139p

마티아스 피녜이로의 영화는 당황스럽다. 물론 가장 먼저 눈에 띄는 특징은 너무 많은 말일 것이다. 피녜이로 영화 속 인물들은 쉴 새 없이 말한다. 그 말의 민첩성이 영화에 일종의 리듬감을 부여해 주기도 하지만, 가끔 영화의 내러티브를 따라가기 벅차게 한다는 점에서 양가적이다. 피녜이로 자신도 이를 의식했는지, 그는 영화의 영어 자막을 직접 제작하는 흔치 않은 감독이다. 대표적으로 〈비올라〉에서 세실리아가 남자 친구와 헤어진 사브리나를 유혹하기 위해 정열적으로 내뱉는 청산유수의 대사는 피녜이로의 언어성을 상징하는 장면이다. 세실리아의 말은 단순한 대화의 기능을 넘어 인물들의 존재의의와 같은 위상을 차지하는 것처럼 보인다. 피녜이로의 인물들은 말함으로써 자신이 살아있다는 것을 증명한다. 비유하자면, 피녜이로에게 음성 언어란 어떤 리비도적인 에너지와 다름없다. 〈비올라〉에서 세실리아가 사브리나를 유혹하는 장면처럼 발화는 그것을 통해 자신의 기저에 있는 욕망을 표출하는 일종의 생리작용이다.

〈비올라〉는 피녜이로의 영화 중에서도 대표적인 말의 영화이다. 인물은 누군가를 유혹하기 위해 어떤 제스처나 눈빛이 아닌 말을 발화하고, 상대방은 무엇보다 그 말에 유혹된다. 말은 제스처나 눈빛이 도달하지 못하는 지점까지 나아가기도 한다. 예컨대, 〈비올라〉에서 영화 비디오를 배달하는 비올라는, 배달을 받는 사람과 대면하지 않은 채, 문을 사이에 두고 오직 말로만 소통하여 물건을 주고받기도 한다. 피녜이로의 영화에서 음성은 이미지를 항상 필요로 하지 않는다. 음성은 이미지에 복무하는 것이 아닌, 이미지가 포착하지 못하는 지점까지 도달하는 자족적인 위상을 가진다. 이를 이미지에 대한 소리의 우위라고 가정해도 되겠다. 이후에 더 자세히 살펴보겠지만, 이를테면 〈로잘린〉(2011)은 대표적으로 소리에 대한 이미지의 무력함을 부각한 작품이다. 셰익스피어의 희곡 『십이야』를 번안한 〈로잘린〉에서 올란도를 연기하는 가보는 남장을 한 루이사를 한눈에 알아보지 못하여 그녀를 여성이 아닌 남성이라고 착각한다. 그러나 이후 장면에서 상황이 역전된다. 이번에는 주인공 루이사가 한 오두막에서 자신을 욕하는 음성의 발화자를 눈으로는 찾아내지 못한다.

피녜이로의 영화에서 이미지는 단순한 변장에 의해서 교란되거나 소멸하는 무력한 정보지만, 소리는 이미지의 구획 사이를 요리조리 빠져나가는 자유로움을 지닌다. 〈로잘린〉의 인물들은 모두 맹인과 다름없다. 그들은 이미지를 파악하고 분별하지 못하는 눈을 가졌기 때문이다. 이를테면, 〈로잘린〉의 후반부의 기묘한 마피아 게임을 떠올려보자. 게임에 참여한 인물들은 누가 마피아인지, 혹은 내가 의심하는 그 사람이 마피아가 맞는지 눈으로는 판별하지 못한다. 봉준호의 〈살인의 추억(2003)〉에서 송강호가 누가 강간범이고 누가 피해자의 오빠인지 오직 눈으로만 판단해야 하는 무력한 기로에 놓였던 것처럼, 피녜이로의 영화에서 이미지는 정보가 될 수 없으며, 눈은 틀릴 수밖에 없는 문제를 부여받는다.

피녜이로의 영화가 유독 노래나, 음악을 많이 향유하는 것도 어쩌면 이 이미지의 무력함과 연관 지을 수 있지 않을까? 이를테면, 〈도둑맞은 남자〉에서는 영화가 끝나고 크레딧이 올라가는데도 유려한 피아노 선율은 끝나지 않는다. 혹은 〈비올라〉에서는 두 명의 남녀가 크레딧이 올라가는 동안 미숙하지만 힘찬 노래 앙상블을 선보인다. 피녜이로의 소리-음악은 이미지의 상실에 구애받지 않는 자유로움을 지녔다. 눈으로 볼 것이 더 이상 남아있지 않는 상황에서도, 필름이 더 이상 돌아가지 않는 상황에서도 소리는 여전히 지속된다. 피녜이로에게 소리-음악은 시각-이미지의 무력함을 강조하는 동시에 소리의 자유로움을 표상한다. 그것은 말하자면 카메라가 행위의 일부밖에 따라가지 못하며 나머지를 시야 바깥에 남겨둘 수밖에 없는 열린 영화의 잔여물을 환기한다. 피녜이로 영화 속의 소리-음악은 마치 부랑자 부뒤처럼 카메라의 시야를 요리조리 빠져나간다. 소리는 이미지의 종속물이 아닌, 이미지를 능가하는 독자적인 위상을 지닌 또 다른 세계이다. 물론 이것이 마냥 새롭기만 한 일은 아니다. 유성영화의 등장으로 돌연 무성영화의 종말이 도래했던 것처럼, 영화사에서 음성은 애초에 이미지의 위상을 종종 압도해 오던 위력적인 카메라-잔여물이었다.

피녜이로답다는 것은

피녜이로의 카메라는 불안정하다. 그의 영화 속 어떤 인물도 관객의 시야에 온전히 포획되지 않는다. 인물의 육체는 스크린 안팎을 자유롭게 오가며, 돌연 정체를 알 수 없는 목소리들이 화면 밖에서 들려오기도 한다. 하지만 카메라는 인물들의 움직임에 한 발짝 늦게 반응하거나, 혹은 목소리의 발화자를 스크린 안으로 끌고 오지 못한다. 피녜이로의 카메라는 스스로 불안정성을 시인하는 대신, 마치 르누아르의 카메라처럼, 카메라가 보지 못하는 더 큰 세계를 환기한다.

마티아스 피녜이로는 데뷔작 〈도둑맞은 남자〉부터 본인의 불안정한 카메라를 전경화했다. 〈도둑맞은 남자〉는 한 여인의 클로즈업으로 시작한다. 스크린 밖의 인물이 박물관에서 전시품이 사라졌을 때의 상황에 관해 묻고, 화면 속 여인은 대처 매뉴얼을 대답한다. 특별해 보이지 않는 〈도둑맞은 남자〉의 오프닝은 '불안정한 카메라'라는 주제를 상기한다면 달리 보인다. 여인에게 박물관에 대한 질문을 하는 목소리는 화면 바깥에서 들려오기만 할 뿐, 그 장면이 끝날 때까지 정체를 드러내지 않는다. 관객은 이 면접장의 공간이 어떻게 생겼는지, 혹은 누가 있는지 알지 못한다. 카메라 또한 부동으로 면접자의 얼굴만 담아낼 뿐, 그것에 호응하는 역쇼트는 부재한다. 관객은 피녜이로의 화면을 보며 세계의 전부를 보았다고 생각하지 않는다. 여인의 클로즈업 쇼트처럼, 피녜이로의 카메라는 세계의 일부분만을 인용한다. 피녜이로의 카메라는 닫힌 영화의 권능을 거부한다. 그는 전지적 관찰자가 아닌, 모든 것을 볼 수 없고 어떤 중요한 것을 놓칠 수밖에 없는 탐험가로서 카메라를 다룬다. 피녜이로의 카메라는 화면 너머에 우리가 알지 못하는, 또 쉽게 도달하지 못할 무언가가 있음을 암시한다.

목소리만 들려오고 그 발화자는 모습을 드러내지 않는, 그럼으로써 스크린의 경계에 돌연 긴장감을 불러일으키는 상황은 〈도둑맞은 남자〉 이후 많은 작품에서 등장한다. 〈로잘린〉은 주인공 루이사가 애인에게 전화로 이별을 통보받으며 시작한다. 하지만 루이사에게 이별을 통보한 애인은 영화가 끝날 때까지 스크린에 모습을 드러나지 않으며, 오직 그의 목소리만이 루이사에게 감정적으로 영향을 끼친다. 〈도둑맞은 남자〉의 오프닝과 마찬가지로 스크린 밖의 잔여물을 환기하며 스크린의 경계에 긴장감을 유발한다. 〈로잘린〉에서 남자 배우가 의자에 앉아 건반을 치는 장면을 떠올려 보자. 화면은 건반을 치는 남자에서 루이사의 클로즈업으로 컷하고, 건반 멜로디가 계속 들려온다. 그때 갑자기 화면 밖에서 루이사를 험담하는 불명의 목소리가 들려온다. 루이사는 불명의 목소리에 당황한 듯 고개를 돌려 목소리의 발화자를 찾으려 하지만 그녀는 목소리가 어디서 들려오는지 파악하지 못한다. 카메라 또한 마찬가지다. 카메라는 험담을 듣는 루이사만을 클로즈업으로 담아낼 뿐, 발화자의 모습을 화면 안으로 포획하지 못한다. 루이사에 대해 험담한 사람은 누구일까? 물음이 무색하게 발화자의 정체는 영화가 끝날 때까지 미스터리로 남는다. 어쩌면 험담은 루이사의 환청이었는지도 모른다. 어디에 있었는지도, 누구였는지도 혹은 존재했는지도 모를 목소리의 발화자. 그는 유유히 화면 밖을 떠도는 유령이자, 카메라의 틀에 포획되지 않는 피녜이로 영화의 섬뜩한 잔여물이다.

피녜이로의 카메라는 계속 어떤 것을 놓칠 수밖에 없는 불안정한 탐험가다. 물론 이는 피녜이로의 서투른 촬영 실력의 결과물이 아닌, 의도적인 설정이다. 피녜이로의 카메라는 통상적인 촬영을 택하지 않는다. 인물이 화면에 담기지 않아도 그는 개의치 않는다. 오히려 그가 관심을 가지는 것은, 마치 탐험가처럼, 바로 그 인물이 스크린 밖으로 유실되어 발생하는 영화적 효과이다. 탐험가는 미지의 영역을 조사하는 사람이다. 피녜이로는 미지의 영역인 프레임 바깥을 다룬다는 점에서 탐험가와 다름없다. 〈도둑맞은 남자〉의 초반부 주인공 메르세데스가 친구 클라라와 대화하는 장면을 떠올려 보자. 오랜만에 만난 메르세데스와 클라라는 벤치에서 서로의 안부를 묻는다. 통상적인 영화라면, 두 인물의 대화를 마스터 쇼트로 동시에 촬영한 후, 클라라의 클로즈업 쇼트, 메르세데스의 역 쇼트를 각각 커버리지 쇼트로 촬영했겠지만, 피녜이로의 카메라는 오직 벤치에서 말하는 클라라의 얼굴만 담아낼 뿐, 메르세데스의 역 쇼트를 보여주지 않는다. 오히려 메르세데스는 프레임 경계를 불쑥 넘어갔다 들어오며 경계 너머를 탐험한다. 피녜이로의 영화에서 프레임의 경계는 인물을 포획하는 틀이 아닌, 인물이 자유롭게 오가는 통행로이다.

더 나아가, 피녜이로는 아예 인물을 카메라에 담아내는 것에 무관심을 표명하는, 화면을 여백으로 채우는 급진적인 촬영 방식을 택하기도 한다. 피녜이로의 두 번째 작품 〈그들은 모두 거짓말하고 있다〉의 초반부, 헬레나가 집안에서 책을 읽는 장면에서 카메라는 아예 인물의 움직임과 반대 방향으로 움직이기까지 한다. 헬레나가 오른쪽으로 움직이면 카메라는 왼쪽으로 패닝하고, 헬레네가 왼쪽으로 움직이면, 아예 텅 빈 벽을 가만히 담아낸다. 헬레나는 스크린 안으로 잠깐씩 모습을 드러낼 뿐, 관객들은 스크린 밖에 존재하는 헬레나가 무엇을 하고 있는지, 어디에 있는지 알지 못한다. 그리고 갑자기 아무도 없다고 생각한 창문 밖에서 불빛이 나타난다. 아무도 없다고 여겼던 암흑 시야에서 여러 개의 불빛과 함께 사람들의 윤곽이 서서히 드러난다. 하나의 존재가 스크린 밖으로 사라지면, 또 다른 존재가 스크린 밖에서 안으로 틈입하는 스크린의 기묘한 교환 운동. 피녜이로 영화에서 프레임의 경계는 존재들이 서로 교통, 또는 교환하는 가장 활발한 영화적 장(場)이다. 의미심장하게도 피녜이로 본인 역시 인터뷰에서 '경계'에 대한 관심을 드러낸 바 있다.

> "나는 모호한 움직임에 관심이 있다. 나의 영화는 관객들이 참여하는 일종의 게임이다. 나는 등장인물들이 리얼리즘의 '틀(confines)'에 따라 행동하지 않을 때 생기는 낯섦을 즐긴다."[3]

피녜이로는 본인의 영화를 게임이라고 칭하며 등장인물이 '틀'에 벗어날 때 생기는 낯섦을 즐긴다고 말했다. 물론 '리얼리즘의 틀'이라는 표현은 어떻게 해석하느냐에 따라 그 의미가 유동적이고, 주로 '영화적인 관습'이라는 의미로 통용되는 표현이지만, 그의 발언에서 짐작할 수 있듯이 적어도 피녜이로는 '틀'이라는 물성(物性)에 주목하는 감독이다. 그는 틀에 안주하지 않는 감독이다. 그리고 '틀'에 대한 피녜이로의 관심은

---

3)   Matías Piñeiro, summer 2013 issue, BOMB Magazine, 2013

다분히 피녜이로의 영화에서 부각되는 스크린의 경계를 환기한다. 앞서 말했듯 프레임의 경계는 피녜이로의 영화에서 인물들이 활발하게 오가는 경로이지 장이다. 그런 의미에서 피녜이로가 언급한 '틀'이라는 개념은, 어쩌면 스크린의 경계를 의미하는 것인지도 모른다. 피녜이로의 불안정한 카메라는, 인물들이 스크린-틀을 벗어나며 발현되는 낯섦을 즐기는 피녜이로식 게임의 일부분이다.

피녜이로는 "〈도둑맞은 남자〉, 〈그들은 모두 거짓말을 하고 있다〉와 같은 초기작은 구조가 다소 복잡하여 선호하지 않는다"고 말한 바 있지만, 오히려 바로 그 복잡함과 혼란스러움이 이 영화를 흥미로운 게임으로 만든다. 화면의 인물들은 정체 없이 관객의 시야를 요리조리 빠져나간다. 인물들은 마치 술래잡기 게임처럼 스크린의 경계를 무대로 서로를 잡거나 혹은 피해 다닌다. 유운성 평론가는 피녜이로의 영화를 두고 "그의 영화를 보는 즐거움은 인물이나 카메라가 만드는 미세한 운동"[4]이라고 언급한 바 있는데, 이는 적절한 분석이다. 〈도둑맞은 남자〉는 주로 주인공 메르세데스의 운동이 부각된다. 그녀는 장소를 가리지 않고 거리, 계단, 박물관 이곳저곳을 뛰어다닌다. 메르세데스는 스크린의 경계와 대결하듯 불쑥 화면 밖으로 사라지거나, 돌연 다시 화면 안으로 들어온다. 그녀야말로 인물이 스크린-틀을 벗어남으로써 낯섦을 발현하는, 전형적인 피녜이로다운 인물이다. 이를테면, 메르세데스가 레티시아의 배웅을 받으며 박물관 문밖으로 나갔다가, 다시 들어와 편지를 대필하는 롱테이크 장면을 상기해 보자. 메르세데스는 화면 후경의 문을 열고 스크린 밖으로 나가지만, 얼마 후 몰래 스크린 왼쪽의 문을 열고 다시 박물관 안으로 들어온다. 이 롱테이크는 피녜이로 영화 세계에 대한 거대한

---

4)   유운성, [비평좌담] 21세기 작가열전, 서울아트시네마

환유처럼 느껴지는 주요한 장면이다. 말하자면, 그에게 문은 1개만 존재하지 않는다. 그의 영화에는 여러 개의 문이 곳곳에 포진해 있다. 영화 속 인물들이 어떤 문을 열고 나갈지, 어떤 문을 통해 다시 들어올지 관객은 알 수 없다. 〈그들은 모두 거짓말하고 있다〉의 오프닝에서 불빛을 통해 불현듯 윤곽이 떠오르던 사람들처럼, 언제나 존재는 스크린 외부에서 불시에 스크린 내부로 침입할 수 있다. 그 출입의 긴장감이야말로 유운성 평론가의 말을 빌리자면, 영화 속 미세한 운동의 즐거움이다.

 피녜이로의 영화를 인물이 스크린 안팎을 오가는 낯섦의 영화라고 이해한다면, 〈도둑맞은 남자〉의 모호한 결말 또한 새로운 시선으로 바라볼 수 있다. 메르세데스는 남몰래 흠모하는 안드레아스를 영화 내내 쫓아다닌다. 그리고 영화의 말미에 메르세데스는 실내 정원에 있는 안드레아스를 발견하고 정원 안으로 들어간다. 하지만 안드레아스는 갑자기 실내 정원 안에서 보이지 않는다. 메르세데스는 당황스러운지 주위를 둘러보며 안드레아스를 찾지만, 의문의 고양이만이 스크린 안에서 돌아다닐 뿐이다. 이는 존재하던 인물이 불시에 소멸한, 부조리하면서도 초현실적인 장면이다. 하지만 스크린 안과 밖 존재의 교통이라는 지극히 피녜이로다운 법칙을 따르고 있다는 점에서 〈도둑맞은 남자〉 속 이 장면은 오히려 개연성이 있다. 인물의 초현실적인 소멸과 갑작스러운 존재의 틈입은 적어도 피녜이로의 영화에서는 황당무계한 것이 아니며, 오히려 그의 영화를 피녜이로답다고 부를 수 있게 만드는 그의 독자적인 스타일이기 때문이다. (갑자기 〈이사벨라〉에서 마리엘이 돌연 유령처럼 화면에서 페이드 아웃되는 장면이 떠오르는 것은 왜일까?)

 재현되는 경계

혹자는 피녜이로를 연극적인 영화를 찍는 감독이라고 부른다. 아마 그의 영화에서 '연극'은 언제나 영화 속의 주요 요소로 활용되어 왔기 때문일 것이다. 그의 영화 속의 인물들은 연극을 리허설하거나(〈로잘린〉), 연극배우이거나(〈비올라〉), 연극을 준비하는 연출자(〈프린세스 오브 프랑스〉)이거나 연극 오디션을 준비하는 배우 지망생(〈이사벨라〉)이다. 영화 속의 연극적 요소를 두고 피녜이로는 "연극 속 캐릭터와 영화 속 캐릭터 사이의 에너지가 어떻게 혼동될 수 있는지를 탐구했다"[5]고 말하기도 했다. 하나의 육체에서 발현되는 연극 속 캐릭터와 영화 속 캐릭터 간의 혼동. 그것이 바로 피녜이로의 관심사다. 배우의 육체는 피녜이로의 영화에서 여러 정체성이 서로 교환 운동을 하는 또 다른 경계일지도 모른다.

피녜이로의 영화를 단순히 연극적이라고 단정 짓는 것은 오해의 소지가 있다. 피녜이로의 영화는 연극을 소재하지만, 그의 스크린은 연극의 무대와 달리 개방적이다. 알다시피 피녜이로의 스크린은 언제나 모든 것을 포획하지 못하며, 언제나 경계 부근에서 존재 간의 교통이 발생한다. 연극의 무대는 관객에게 모든 것을 보여주는 완전한 공간이라면, 피녜이로의 스크린은 관객에게 모든 것을 보여주지 못하는 불완전한 공간이다. 피녜이로의 무대에서 인물은 화면 밖으로 사라지고(〈도둑맞은 남자〉), 스크린 밖에서 의문의 음성이 들려오며 (〈로잘린〉), 예상치 못한 인물이 스크린 안으로 틈입해 온다(〈그들은 모두 거짓말하고 있다〉). 관객은 피녜이로의 스크린을 보며, 그 이면의 세계를 인지한다. 그런 의미에서 피녜이로의 영화를 보고, 연극적이라고 단언하는 것은 피녜이로의 영화를 왜곡하는 위험이 있다. 그는 연극을 작품의 소재로 삼지만, 표현 방식은

---

5)   Matías Piñeiro, summer 2013 issue, BOMB Magazine, 2013

연극과 상반되는, 말하자면 연극을 통해 반(反)연극적인 영화를 만드는 감독이다.

　스크린 경계와 그 너머에 대한 피녜이로의 관심은 최근 들어 더 증가한 것처럼 보인다. 피녜이로는 이제 노골적으로 스크린의 경계를 영화의 제재로 삼는 것을 숨기지 않은 채, 관객이 예상하지 못했던 지점까지 저 멀리 나아간다. 이를테면 〈이사벨라〉를 처음 보는 관객은 전부터 피녜이로를 좋아했을지라도 갑자기 실험영화를 연상케 하는 이미지와 구조에 당황스러울 것이다. 하지만 〈이사벨라〉는 스크린의 경계를 환기하는 장방형의 이미지가 여기저기 산재한 전형적인 피녜이로다운 영화다. 영화 속 모호한 내러티브와 별개로, 이상하게도 〈이사벨라〉의 인물들은 장방형의 이미지에 집착한다. 인물들은 장방형의 종이들을 펼쳐두거나, 장방형의 구멍이 뚫려있는 구조물에 색을 칠하거나, 그 장방형의 구조물들을 겹쳐 세워 놓기도 한다. 그리고 영화 중간중간 불현듯 틈입하는, 실험영화와도 같은 장방형의 이미지들. 그것들 하나하나가 어떤 의미인지 적확하게 말로 풀어쓸 능력이 내게는 없다. 그럼에도 불구하고, 그전부터 스크린의 경계와 그 경계 사이의 교통을 영화의 주제로 삼아오고, 틀에 대한 관심을 표명해 왔던 기존 피녜이로의 영화를 상기한다면, 〈이사벨라〉에서 과하게 출몰하는 기묘한 장방형의 이미지들은 너무나도 피녜이로의 영화에 어울리는 이미지들로 보인다. 모호하고 가늠이 되지 않는 피녜이로의 영화들을 우리는 장방형의 이미지를 통해 하나로 구획할 수 있을지도 모른다.

　〈이사벨라〉에는 잊기 힘든 의미심장한 장면이 나온다. 그것은 바로 영화의 후반부, 어둠의 공간에서 원색의 장방형 구조물들이 서로 겹치는 장면이다. 장방형의 중심부에는 바로 〈이사벨라〉의 오프닝이 다시 재생

되고 있다. 〈이사벨라〉 안에서 〈이사벨라〉가 상영되는 이 모순적인 상황. 상영되는 영화 이미지 밖에서는 또 다른 경계들이 존재하고 또 다른 세계가 영화를 둘러싸고 있다. 그리고 그 경계 사이를 임신한 마리엘이 돌아다닌다. 그리고 그런 마리엘을 연기하는 배우는 다름 아닌 피녜이로의 페르소나 마리아 비샤르다. 그녀는 장방형의 경계 사이사이를 한 발 한 발 돌아다니며, 마치 자신이 그동안 연기해 왔던 캐릭터들을 하나둘씩 재현하는 것만 같은 움직임을 보여준다. 우린 그동안 마리아 비샤르의 움직임에서 무엇을 보아왔는가? 더 나아가, 우린 그동안 피녜이로의 스크린에서 무엇을 보아왔는가? 돌연 불명의 인물이 서서히 카메라 앞으로 걸어오며, 경계 하나를 넘어온다. 그리고 곧 검은 경계를 넘어 스크린 밖으로 사라진다. 그는 영화 밖으로 나아가고, 더 큰 세계로 뻗어나간다. 그렇게 피녜이로의 영화는 다시 한번 열린다.

VIII. 너는 나를 불태워 (2024)

Inspired by

- 『레우코와의 대화Dialogues with Leucò』(체사레 파베세, 1947)

Synopsis

〈너는 나를 불태워〉는 1950년 8월 27일 파베세가 자살한 토리노의 호텔 방 이미지를 열며 시작된다. 탁자 위에는 파베세가 1945년과 1947년 사이에 쓴 『레우코와의 대화』 한 권이 놓여 있다. 화면을 가로지르는 이미지는 스페인, 그리스, 뉴욕에서의 삶의 조각들을 모은다. 한편 주인공들은 파베세와 시인 사포에 대한 신화를 넘어 사랑, 우정, 고통, 기억, 후회, 죽음, 운명에 대해 읽기와 번역을 통해 이야기한다.

토리노는 8월의 더위 속에서 반쯤 텅 비어 있고, 파도는 반복적으로 바위에 부딪히며, 수도꼭지는 물이 떨어지고, 건물들이 움직이며, 초인종이 울린다. 〈너는 나를 불태워〉에서 피녜이로는 사포와 브리토마르티스의 대화를 각색하여 비유적이고 수수께끼 같은 이미지들을 통해 시의 미학과 고대의 신비 속에서 발견하고자 한다.

Winner & Nominated

- **제 74회 베를린국제영화제**
  인카운터스 부문 후보
- **제 25회 전주국제영화제**
  영화보다 낯선 부문
- **2024년 시네마 뒤 레엘**
  국제 경쟁 부문 후보
- **제 62회 히혼국제영화제**
  작품상 후보
- **2024년 과달라하라국제영화제**
  이베로-아메리카 경쟁 부문 후보

프레미오 매귀 작품상 후보

- **2024년 인디리스보아국제독립영화제**
실베스트레상 후보
- **제 27회 인디멤피스국제영화제**
작품상 후보

2024 베를린국제영화제 리뷰:

〈너는 나를 불태워 Tú me abrasas〉

매튜 조셉 제너

"매 장면 전통에 도전하려는 감독의 열정이 뚜렷이 드러나는,

도전적이고 사고를 자극하는 로맨스의 한 단면."

　인류가 지적 생명체로 존재해 온 이래로 우리는 이야기에 의존해 왔다. 이야기는 우리의 역사를 운반하고, 비밀을 감추며, 문화적, 언어적으로 우리가 누구인지 정의한다. 고대 그리스 시인 사포는 역사상 위대한 시인 중 한 명으로, 그녀의 작품은 거의 1500년 전에 쓰였음에도 불구하고 시간을 견뎌내고 있다. 그녀는 마티아스 피녜이로에게 영감을 준 인물 중 하나로, 피녜이로는 실험적 드라마 〈너는 나를 불태워〉에서 사포의 이야기를 (혹은 그것에 가까운 해석을) 활용한다. 이 영화는 체사레 파베세의 책 『레우코와의 대화』의 특정 챕터를 중심으로 만들어졌다. 이 이탈리아 소설가는 고대 신화의 다양한 인물들 간의 관계를 탐구하며, 피녜이로는 그 중에서 사포와 사이렌 브리토마르티스(Britomartis)의 관계를 다룬 챕터를 자신의 영화에 차용했다. 원작을 현대에 맞게 각색하고, 비선형적 서사와 특이한 요소들을 풍부하게 담은 〈너는 나를 불태워〉는 로맨스라는 주제를 바라보는 도전적인 관점으로 관객의 사고를 자극한다. 관습에 도전하려는 열정으로 가득 찬 감독이 설계한 일련의 순간들이 영화의 매 순간 명백하게 펼쳐진다.

168

〈너는 나를 불태워〉는 아마도 '시각적 시(詩)'라는 묘사가 가장 적절한 작품일 것이다. 사포의 글처럼, 이 영화는 말을 짧게 하고, 언뜻 장면들이 들쭉날쭉한 파편처럼 보인다. 그러나 이 조각들이 서로 교차하는 순간, 영화는 특정한 분위기를 형성하고 곧 매혹적인 이야기를 끌어낸다. 사포의 시는 노래로 부를 때 그 아름다움을 가장 잘 전달할 수 있다고 여겨진다. 그녀의 리리시즘(lyricism)은 고대의 음악성을 불러일으키며, 많은 이들이 그녀를 전통적인 시인보다는 고대의 음유시인으로 추앙한다. 영화는 그녀의 글을 연상시키는 특정한 분위기를 발전시킨다. 부드러운 어쿠스틱 기타, 그리고 가브리엘라 사이돈과 마리아 비샤르가 부르는 보컬이 어우러진 독특한 음악은 관객이 이야기를 따라가는 동안 황홀한 최면 상태에 빠트린다. 음악과 내레이션이 탁월한 이미지를 만나 조화를 이룰 때, 많은 장면은 인간이 등장하지 않더라도 고유의 이야기를 들려준다. 매우 단순한 시각적, 청각적 요소들을 사용하여 이 야심 찬 아이디어들을 광범위하고 복잡하게 혼합한다는 점에서, 〈너는 나를 불태워〉의 순수 창의력은 한눈에 봐도 남다르다.

그렇다면, 이 모든 것이 의미하는 바는 무엇일까? 피녜이로는 의도적으로 단번에 이해하기 어려운 영화를 만드는 드문 유형의 감독이다. 그는 자기 능력을 활용해 혼란을 일으키길 좋아한다. 왜냐하면 바로 그 혼란으로부터 영화에 관한 가장 심오한 독해가 이뤄지기 때문이다. 그렇다고 〈너는 나를 불태워〉를 감상하는 동안 우리가 좌절하거나 불만을 느끼는 순간은 없다. 이는 주로 감독이 사랑과 죽음이라는 삶의 두 가지 중요한 부분과 관련된 보편적인 개념들을 다루는 데 성공했기 때문이다. 파베세의 책 한 챕터에 등장하는 사포의 시, 그리고 감독의 현대적 해석 사이의 관계는 처음부터 명확하진 않다. 원작과 작품 사이 연결을 의도적으로 모호하게 남겨놨다는 생각이 들 수도 있다. 그러나 이 이야기와 연루된 이들에게 설명은 우선순위가 아니다. 대신, 감독은 우리가 처음에는 놓치기 쉬운 작은, 겉보기에는 중요하지 않은 세부 사항들에 우리의 주의를 끄는 일에 집중한다. 그리고 어떻게 이 세부 사항들이 더 넓은 이야기에서 모호하지만 매혹적인 방식으로 기여하는지 보여주는 것에 주력한다.

영화 초반 여러 차례 등장하는 '반복'은 언뜻 무분별해 보일 수도 있다. 그러나 관객은 이야기에 일정한 패턴이 있음을 깨닫기 시작하면서 점차 그 반복의 의미를 깨닫는다. 영화 전반에 걸쳐 리듬이 형성되기 시작하면, 이 리듬은 내러티브로 이어진다. 처음에는 줄거리가 무엇을 나타내는지 완전히 명확하지 않을 수 있지만, 이 영화와 그 비전통적인 이야기 방식에 우리가 더 깊이 빠져들수록 이해도 점점 더 깊어진다. 단언컨대, 우리는 이 영화가 가진 독특한 매력에 기꺼이 투항할 필요가 있다. 인내심은 필수적이며(영화가 한 시간 남짓의 짧은 상영 시간에도 불구하고), 명확한 결말에 대한 기대를 버리는 것도 필요하다. 영화의 추진력은 바로 현대적 관점을 통해 고전의 부활을 시도하는 피녜이로의 의지가 담긴 일련의 순간들의 반복이다. 그는 고전으로부터 현대 생활과 가장 관련이 있는 개념들을 추출한다. 감독은 원작 텍스트와 관객 모두에게 도전하며 역사를 정체성과 섹슈얼리티에 대해 논의하는 장으로 활용한다. 〈너는 나를 불태워〉는 이러한 주제들에 대한 다양한 인식들 사이의 매혹적인 상관관계를 그려내며, 대담하고 비전통적이지만 정신적으로 자극적이고 시각적으로 인상적인 작품이다. 또한 수천 년 동안 우리가 스스로에게 던져온, 그러나 여전히 해답을 찾지 못한 철학적, 존재론적 질문들에 대한 답을 찾고자 하는 놀라운 실험 영화다.

인터뷰:

마티아스 피녜이로 〈너는 나를 불태워〉

나탈리아 세레브리아코바

"16mm로 만들어진 아름다운 영화들이 많습니다."

마티아스 피녜이로의 한 시간 남짓한 실험적인 영화 〈너는 나를 불태워〉는 체사레 파베세와 사포의 텍스트를 바탕으로 두 여성 간의 관계를 다룬 흥미로운 작품으로, 올해 베를린 영화제의 인카운터스 부문 초청작이다. 이 영화는 많은 텍스트와 함께 요나스 메카스 스타일의 조각난 편집이 특징이며, 관객에게 그 내용을 스스로 해석하길 요구한다. 나탈리아 세레브리아코바는 피녜이로와 그의 영감 원천, 볼렉스 카메라, 그리고 16mm 필름 작업에 관해 이야기를 나누었다.

나탈리아 세레브리아코바

(이하 세레브리아코바) | 저는 당신의 스타일과 이 실험적인 형식이 마음에 듭니다. 첫 번째 질문은 체사레 파베세에 관한 것입니다. 그가 당신에게 어떤 영향을 미쳤는지 설명해 주시겠어요?

마티아스 피녜이로

(이하 피녜이로) | 체사레 파베세는 20세기 초반의 작가입니다. 저는 그에 대해 미켈란젤로 안토니오니의 영화 〈여자 친구들 Le amiche (1955)〉을 통해 알게 되었습니다. 이 영화는 파베세의 소설 『오직 여자끼리Among Women Only』를 바탕으로 각색한 작품입니다. 영화학교에 다니던 시절 그 소설을 읽었고, 그래서 파베세에 대해 알게 되었지만, 그의 작품을 깊이 파고들지는 않았습니다.

그러다 장-마리 스트로브와 다니엘 위예의 영화를 통해 그의 이름을 다시 접했고, 특히 그의 소설 『레우코와의 대화』에서 나오는 대화와 미장센이 저의 호기심을 자극했습니다. 그 작품은 매우 흥미로웠습니다. 어렵기는 했지만 재미있었습니다. 그래서 그것이 저의 핑계가 되었죠. 때때로 영화는 작가에게 가까이 다가갈 수 있는 핑계를 제공합니다. 그것은 앙드레 바쟁이 말했듯이, 설령 각색이 나쁘더라도 적어도 원작자, 예를 들어 귀스타브 플로베르(Gustave Flaubert) 같은 사람에 대해 더 많이 알게 된다는 것과 비슷합니다. 제게 그것이 영화의 좋은 점이라고 생각합니다.

세레브리아코바 | 그의 산문은 당신에게 어떤 감정을 불러일으켰나요?

피녜이로 | 저는 그를 잘 알지 못했지만, 영화가 저를 그 텍스트로 이끌었습니다. 처음에 그 텍스트는 어렵게 느껴졌어요. 신화적 인물들로 가득 차 있고, 매우 관념적이며, 짧고 응축된 의미가 있었기 때문입니다. 굉장히 응축되어 있어서 쉽게 읽히는 텍스트는 아니었어요. 하지만 동시에 파베세도 그 점을 인식하고 있었다고 생각합니다. 그는 책 자체와 각 챕터에 맥락을 설명하기 위한 여러 서문을 썼습니다. 읽기에는 도전적이었지만, 그 도전 속에서, 텍스트의 저항 속에서 끌리는 무언가가 있었습니다. 그래서 글을 읽어보려 노력을 기울였고, 제가 각색한 「바다 거품」 이야기에 도달했을 때, 그 이야기가 저에게 아주 친밀하게 다가왔습니다. 두 여성에 관한 무언가를 다룬 이야기였어요. 아마 두 여성이 모두 대화하는 몇 안 되는 텍스트 중 하나라고 생각합니다.

세레브리아코바 | 파베세의 산문을 바탕으로 영화를 만들겠다는 아이디어는 어떻게 떠올리셨나요?

피녜이로 | 저는 대화라는 개념에 익숙합니다. 셰익스피어 각색 작업을 하곤 했는데, 그것도 대화였고, 이 책에도 사실상 대화 형식으로만 이루어진 소설이 있습니다. 저는

이러한 하이브리드 요소를 즐기는데, 실제로 영화 속에는 책을 직접 적는 장면이 있습니다. 처음에는 "이 책, 이 장을 가지고 단편 영화를 만들 수 있겠다"라고 생각했습니다. 영화를 어떻게 편집해야 할지는 몰랐지만요. 편집뿐만 아니라 촬영도 마찬가지였죠. 텍스트에 끌렸지만, 그것을 어떻게 촬영해야 할지 몰랐습니다. 제가 보통 사용하는 롱 쇼트나 패닝 같은 기법을 사용할 수 없을 것 같았고, 저의 평소 스타일이 적합하지 않으리라는 것을 알고 있었습니다.

저는 십 여 년 동안 영화를 만들어 왔고, 셰익스피어 영화의 사이클을 끝내는 중이었습니다. 그래서 새로운 미장센을 시도하고, 제 감독으로서 정체성을 찾아보기 위한 실험이 필요했습니다. 저의 연극 경험과 이 대화체 소설로 그것을 해낼 수 있을 것이라는 확신이 있었습니다. 뭔가 색다른 걸 해보고 싶다는 생각에 강하게 끌렸습니다. 그래서 저는 파베세가 아주 친숙하진 않았지만, 그의 텍스트가 저에게 아주 가깝게 느껴졌기 때문에, 그는 저에게 영화를 다시 생각해 볼 수 있는 흥미로운 시발점이 되었습니다.

세레브리아코바 | 또 다른 문학적 이미지인 사포는 어떻게 등장하게 되었나요?

피녜이로 | 파베세의 텍스트를 통해 사포가 또 다른 관심사로 등장했습니다. 저는 그의 텍스트에 대한 제 관심을 배우

중 한 사람과 공유했는데, 그녀가 저에게 사포의 시를 읽어본 적이 있냐고 물었습니다. 그녀는 앤 카슨의 번역본을 추천해 주었고, 그 번역본을 접한 후 저는 사포에 매우 흥미를 느끼게 되었습니다. 그리고 이 두 가지 관심사를 결합하면 영화를 촬영할 방법을 찾을 수 있다고 생각했습니다.

세레브리아코바 | 영화에서 각주를 삽입하는 연출이 아주 독창적인데요.

피녜이로 | 파베세의 텍스트가 매우 간결하고 응축되어 있기 때문에, 그의 책을 읽으면서 텍스트뿐만 아니라 그 각주를 읽는 경험도 익숙해졌습니다. 각주는 정말로 텍스트를 열어주는 역할을 하기 때문입니다. 예를 들어, 파베세가 틴다리(Tindari)에 대해 언급할 때, 각주와 서문은 그것이 트로이의 헬레네를 뜻하는 것이라고 알려줍니다. 텍스트의 이런 특징은 저에게 영화가 서로 다른 정보들과 어떻게 역동적이고 변증법적인 방식으로 관계를 맺을 수 있을지, 그리고 영화를 어떻게 열어갈지, 어떻게 지식을 신선한 과일처럼 아름답고 매혹적으로 느껴질 수 있게 만들지에 대한 도전을 선사했습니다.

그래서 이 영화에 대한 생각이 더 하이브리드적으로 변했죠. 텍스트 자체는 드라마틱하지 않고 관념적입니다. 플라톤이나 볼테르, 디드로처럼 대화가 중요하죠. 사람들의 심리에 몰입하는 것이 아니라, 더 관념적인

175

작업입니다. 그래서 이런 관념과 각주라는 아이디어가 볼렉스[1] 카메라와 아날로그 필름으로 만든 아주 짧은 쇼트에 대한 이해로 이어졌어요. 파편화라는 개념이 기술과 형식 모두에 적용되는 겁니다.

세레브리아코바 | 볼렉스 카메라로 했던 작업에 대해 더 말해줄 수 있나요? 촬영의 콘셉트는 무엇이었나요?

피녜이로 | 저는 기계적으로 영화를 만드는 사람은 아닙니다. 강제로 자신을 몰아붙이지 않았어요. 한계라는 건 카메라가 저에게 주는 조건입니다. 저는 한계를 활용하면서 재료에 대해 파편화된 경험을 하고, 그 안에서 작업을 진행합니다. 하지만 영화를 만드는 과정은 모든 것을 완벽히 통제하지 않는 것, 모든 것을 알지 못하는 것이기도 하죠.

지식이란 민감하고, 감정적이고, 아름다운 것이라는 생각을 합니다. 지식이란 내가 당신에게 이야기하고 가르치는 것이 아니라, 함께 나누고 섞는 것이고, 처음에는 함께 잘 맞지 않을 것 같던 것들을 결합하는 것이죠. 예를 들어, 텍스트 속 바다가 죽음의 장소를 떠올리게 한다는 아이디어가 제 흥미를 끌었습니다. 왜냐하면 예술에서 바다는 종종 풍요를 상징하기 때문입니다. 그래서 그 안에 역설이 있는 거죠. 브리토마르티

---

1) 영화용 카메라를 제작하는 스위스 회사로, 16mm와 슈퍼 16mm 카메라로 잘 알려져 있다.

스와 사포는 어떤 식으로든 이 지식의 교환 속에 있습니다. 그들은 서로의 반대처럼 보이고, 서로 대화하고, 서로를 더 잘 이해하려고 노력하고 있죠. 저는 그 모호성에 끌렸습니다. 그 대화 속에서 두 캐릭터는 모호하지 않습니다. 그들은 대화 중이고, 서로를 설득하기 위해 싸우는 것이 아니라 질문을 던집니다. 항상 질문을 하죠. 저도 스스로에게 물었습니다. "이걸 어떻게 촬영할까?" 전통적인 방식의 쇼트/역 쇼트로 갔다면 30분짜리 영화가 되었겠지만, 그건 파베세의 텍스트가 얼마나 어려운지를 진실되게 표현하지 못했을 것입니다. 어떻게 그의 텍스트를 꽃피울 수 있을까요? 새로운 정보를 추가하면 될까요? 분석하거나 설명하지 않고, 그냥 더 많은 층을 더해가며 그것을 열 수 있을까요? 이 두 여성, 사랑/욕망과 죽음, 자살이라는 개념을 어떻게 해석할 수 있을까요? 그것은 단순히 분절화와 상실의 아이디어가 아니라, 여전히 그 상실이 승리로 바뀌는 것에 관한 이야기입니다.

이처럼 두 개념 사이에 틈이 존재합니다. 그래서 이 영화가 매우 분절적이어야 한다고 느꼈고, 저는 이 영화를 완전히 통제할 수 없다고 생각했습니다. 계속해서 생각하고 편집하고 다시 생각해 본 후, 어떻게 하면 더 잘 작동할 수 있을지 여러 번 반복하는 과정이 필요했습니다. 힌트와 아이디어가 있었고, 그 안으로 들어갈 길이 있었지만, 많은 길을 포기했고, 결국 그것을 압축하는 작업이 반복되었습니다. 그런 점에서 이 영화는 많은 정보를 압축된 형태로 제공하고 있습니다.

세레브리아코바 | 전에 16mm로 촬영한 경험이 있나요?

피녜이로 | 제 첫 두 작품, 〈도둑맞은 남자〉와 〈그들은 모두 거짓말하고 있다〉는 16mm와 슈퍼 16mm로 촬영했습니다. 하지만 그때는 제가 촬영감독이 아니었고, 촬영감독은 여러 해 동안 함께 작업해 온 페르난도 로케트였습니다. 하지만 이번에는 볼렉스 카메라를 선택했어요. 이 카메라는 전기를 사용하지 않아서 더 긴밀한 촬영이 가능했습니다. 페르난도와 함께 촬영할 때도 친밀했지만, 여기서는 다른 사람의 입장이 되어야 하는 도전이 있었습니다. 뭔가를 바꿔야 한다는 필요성이 있었고, 촬영의 물리적인 일원이 되어야 했습니다. 저는 카메라 옆에 있는 것이 아니라, 카메라 뒤에 있어야 했죠. 직접 카메라를 운용하지 않을 때는 카메라 옆에 있잖아요. 하지만 여기서는 다른 위치에 스스로를 놓고, 카메라를 실제로 사용하는 방법을 배워야 했습니다. 그것은 마치 제가 카메라를 사용하는 법을 배우는 다큐멘터리를 만드는 것 같았어요. 실수도 하고, 발견도 하면서, 더 많이 즉흥적으로 할 수 있었습니다. 영화는 그렇게 매우 실무적으로 다가갔기 때문에 지금의 모습으로 만들어졌습니다. 그래서 저는 전통적인 방식의 글쓰기에도 도전하는 과정을 거쳤어요. 저는 이 영화의 작가이지만, 다른 방식의 작가입니다. 그 방식에는 촬영도 포함입니다.

세레브리아코바 | 아날로그 촬영이 요즘 유행이 된 것 같나요?

피녜이로 | 많은 해 동안 저는 아날로그 촬영을 선호하지 않았어요. 왜냐하면 비용이 더 많이 들고, 디지털에 반하는 움직임처럼 아날로그가 약간 유행처럼 된 것 같았거든요. 그래서 별로 관심이 없었어요. 16mm로 멋진 영화들이 많이 만들어지고 있지만 말이죠. 하지만 이번에는 저 자신에게 도전이 필요했고, 다른 입장에서 촬영해야 했어요. 카메라를 배우는 과정에서 저는 더 천천히 해야 했어요. 저는 모든 걸 직접 점검하고, 측정하고, 다시 한번 측정하고, 초점을 확인하는 등의 일을 해야 했어요. 그렇게 모든 것을 제가 해야 했기 때문에 속도가 늦어졌지만, 동시에 더 많은 시간을 생각하는 데 쓸 수 있었고, 더 의식적으로, 현재에 더 집중할 수 있었습니다.

세레브리아코바 | 당신의 영화와 스타일은 프랑크 보바의 영화와 비슷한 점이 있어요. 그런 점을 느끼시나요?

피녜이로 | 그와 비교되는 것은 영광이에요. 그가 만든 영화를 좋아하고, 그는 굉장한 시네필이니까요. 저는 시네필들끼리는 좋아하는 것들을 재편성하고, 그 안에 몰입하며, 그것을 공유하는 특징이 있다고 생각해요. 그의 영화에는 뭔가를 공유하고, 결합하고 새로운 의미를 창출하며, 장난스럽게 놀이하는 것에 대한 사랑이 담겨

179

있는 것 같아요. 좀 급진적인 측면도 있지만, 완전히
급진적이지는 않죠. 네, 매우 실험적이지만, 조금 재미
있는 요소도 있는 것 같아요.

세레브리아코바 | 편집 리듬은 요나스 메카스의 영화가 떠오르는데요.

피녜이로 | 편집을 맡은 헤라르드 보라스Gerard Borràs는 영화에
서 중요한 역할 맡았습니다. 그는 젊은 편집자로, 제
가 다른 사람들의 영화에서 그의 작업을 본 적이 있어
요. 예를 들어, 최근 로테르담에서 상영된 〈목자 이야
기Historia de pastores (2024)〉라는 영화에서 그의 편집
을 보고 매우 흥미로웠다고 생각했어요. 그 영화는 스
페인에서 온 또 다른 친구인 하이메 푸에르타스 카스
티요가 만든 영화인데, 그 영화를 보고 헤라르드와 작
업하면 잘될 거라고 생각했어요. 이 접근법은 이미지
들을 그 안에서 일어나는 행동과 결합하는 것과 관련
이 있어요. 우리는 모든 것이 회상이 아닌 현재 진행
중인 영화를 만들고 싶었어요. 저는 누군가가 길을 건
너는 장면을 보고 싶어요. 누군가가 오렌지를 보는 장
면을 보고 싶어요. 기본적인 것들, 아주 간단한 것들이
죠. 동작들, 제스처들. 저는 몇 가지 제스처를 원했어
요.

저는 요나스 메카스의 영화도 좋아하지만, 그것이 제
머릿속에 특별히 있었던 건 아니에요. 저는 훨씬 더 내
러티브적인 방향을 따릅니다. 저는 항상 제 영화를 대

안적인 내러티브라고 부르는데, 그게 그렇게 전통적인 방식은 아니니까요. 하지만 그렇다고 전통적인 내러티브에 관심이 없는 건 아니에요. 메카스 같은 급진적인 감독을 따라가진 않지만, 그들의 급진성에는 매우 관심이 있어요. 그들은 매우 영감을 주지만, 저는 항상 이야기를 연결하는 데 관심이 있죠. 드라마에 대한 더 극적이고 교묘한 유혹을 느껴요. 요나스 메카스의 모든 쇼트와 일기 아이디어는 정말 생명력이 있어요. 제 영화도 약간 일기 같은 성격이 있어요. 〈너는 나를 불태워〉는 카메라 다루는 법을 배우는 과정을 찍은 일기 같아요. 마음으로 찍은, 허구적인 요소는 없는, 더 일기 같은 형식이죠. 요나스 메카스는 현실의 조각들을 아주 서정적으로 다루는 감독이에요. 그는 언제나 파편을 가장 잘 다루는 감독이죠. 그래서 저는 그와 저 사이에 어떤 연결고리가 있음을 이해하지만, 한편으론 우리 둘 사이엔 큰 차이도 존재합니다.

Berlinale 2024 review: You Burn Me
by Matthew Joseph Jenner
Interview: Matías Piñeiro (You Burn Me)
by Nataliia Serebriakova / International Cinephile Society
(2024)

Dirección y guión
Matías Piñeiro
Producción
Garbiñe Ortega
Matías Piñeiro
Melanie Schapiro
Fotografía y Cámara
Tomás Paula Marques
Matías Piñeiro
Montaje
Gerard Borràs
Arte
Agustina Costa
Ada Frontini
Juan Martín Hsu
Victoria Marotta
Sonido
Marcos Canosa
Mercedes Gaviria
Luiza Gonçalves
Lucas Larriera
Marlene Vinocur

María Villar
Agustina Muñoz
Gabriela Saidon
Maria Inês Gonçalves
Ana Cristina Barragán

홍상수와 정물화
Still Life With Hong Sangsoo

마티아스 피녜이로

홍상수의 최근 일곱 작품을 감상할 수 있는 기회와 함께, 하버드 필름 아카이브는 여러분께 세 가지 단계에 걸친 경험을 제공하고자 한다

첫 번째는 바로 이 영화들을 난생처음 발견하는 경험이다. 새롭고 인상적인 감각, 문이 열리고 당신을 그 안으로 초대하는 듯한 느낌. 나는 홍상수의 작품 세계가 하나의 집이며 각 영화는 서로 다른 방이라고 생각한다. 우리는 이 방 안에서 낯선 집에 들어갈 때 느끼는 즐거운 불확실성으로 가득 찬 이야기를 기꺼이 보고 듣는다.

두 번째 경험은 하나 이상의 영화들을 다시 찾아보는 것이다. 여러 영화들을 보고 다시 돌아온다면, 이전에는 숨어서 미처 보지 못했던 모서리나 서랍이 우리의 첫 감상을 더욱 확장하고 이 '홍상수의 방들'은 다르게 보일 것이다. 우리가 영화를 재감상 할 때, 이전 것은 새로워지고 새로움에 대한 갈망은 질문으로 바뀐다.

마지막으로, 세 번째 경험은 영화들을 결합하는 것이다. 홍상수의 최근 영화들은 단기간에 제작되었다. 따라서 제작의 시간적 순서를 해체하고 이 영화들을 감상한다면 각 영화는 예상치 못한 공명을 일으키고, 여러 통로로 연결되어 빛줄기가 통하는 듯한 느낌을 제공할 것이다. 관객은 임의로 두, 세 편의 작품을 엮어볼 때, 이 작업들이 단순히 연결 선상에 놓여 있다거나 진화한 것이 아닌, 훨씬 더 복잡하고 끊임없이 변화하는 네트워크라는 것을 알 수 있다. 이런 결합은 우리가 각 영화를 받아들이는 방법을 바꿀 수 있는 새로운 상호작용을 제시한다. 이는 영화들의 자기완결성을 부수고, 걸작이라는 서열 의식을 없애고, 이 예술가의 작업이 전 생애에 걸쳐 끊임없이 변이하는 프로젝트라는 생각을 떠올리게 한다.

이 세 단계 경험은 세 명의 모더니즘 화가들의 속성이기도 한 특정 개념들과 공명한다. 처음 영화를 보는 첫 단계 경험은 폴 세잔과 그의 작품 속 개념과 관련이 있다. 그의 그림은 개인적 경험의 불확실성에 대한 실현 또는 감각이다. 영화를 다시 보는 두 번째 단계의 경험은 조르조 모란디와 관련이 있다. 그의 작품은 차이와 반복을 통해 일상적 모티프들을 기쁘게 재인식한다. 그리고 마지막으로, 결합이라는 개념은 요제프 알베르스의 색채 실험과 관련이 있다. 그의 실험은 인간 지각의 내재적인 가

변성을 인식하고 상호작용의 무한한 가능성을 다룬다.

그러나 미술관으로 가기 전에, 나는 여러분께 흔치 않은 '시네필적' 울림을 들려주고 싶다. 홍상수 영화들을 감상하고, 재감상하고, 재결합하던 중, 나는 홍상수를 얘기할 때 거의 언급되지 않는 어느 영화감독의 맥박을 그 안에서 들을 수 있었다. 바로 오슨 웰스다. 오슨 웰스와 피터 보그다노비치의 대담 중, 젊은 시네필이었던 보그다노비치는 거장에게 왜 〈시민 케인Citizen Kane (1941)〉을 18.5mm 렌즈로 찍었냐고 물었다. 그는 대답했다. "왜냐하면 아무도 그걸 쓰지 않았기 때문이죠." 홍상수 감독도 대부분의 사람들이 등한시하거나 그만두는 방식을 계속 시도한다. 그의 단일한 작업 방법론에 대해서도 그는 웰스와 비슷하게 대답할 것이다. 다른 사람들이 하지 않는 것을 선택함으로써, 그는 자기 통제를 벗어난, 무정형의, 새로운, 자유분방한, 의미가 모호한 무언가를 발견해 낸다.

이런 태도의 가장 중요한 예시는 바로 순전하고 광학적인 움직임을 만들어내는 줌(Zoom)의 활용이다. 연기의 흐름을 방해하지 않고 동작 전개를 보조하기 위해, 그는 줌 인이나 줌 아웃을 선택한다. 이는 지나치게 거슬리고 인위적이라는 이유로 모두가 거부했을 결정이다. 최소 10번째 영화 만에, 마침내 그것은 받아들여졌고, 자연스러워졌고, 심지어 작가주의적 인장으로서, 하나의 스타일로서 찬사를 받았다. 그러나 지금, 그의 최근 두 작품에서 그는 줌을 더 이상 사용하지 않는다.

홍상수의 로케이션 선정은 또 다른 그의 도발적인 면모다. 그는 너무 평범하거나, 평평하거나, 좁거나, 특징이 없거나, 심지어 추해서 그냥 지나칠 만한 장소들을 선택한다. 하지만 그렇다면 무엇이 아름다운가? 홍

상수는 공간에 대한 편견을 피하고 비뚤어진 일상 속 알 수 없는 따뜻함
과 근접함을 선호하는 듯하다. 그의 가용 가능한 카메라 촬영과 (보통
저해상도다) 삽입곡 녹음 방식 (아마도… 핸드폰?)은 영화 속 이미지와
사운드의 표준화에 대한 저항을 더욱 강조한다. 대부분 영화감독은 이
런 모든 조건을 피하고 싶어 한다. 왜냐하면 이런 요소들은 영화를 국제
적으로 제작하거나 상영하는데 방해가 될 수 있기 때문이다. 그러나 홍
상수는 전통에 반하고, '잘난' 현대 작가주의 시네마와 전혀 다른 방식을
채택하는 결정을 내린다. 바로 이 결정이 그가 그의 프로젝트를 진행하
는 걸 가능하게 만들어준다. 홍상수는 반대 방향을 따라서, 안온하고 고
정된 발걸음을 피하는 방식으로 전진한다. 그렇게 그는 실험한다. 이미
지를 뿌옇게 처리하고, 색상을 포화시키고, 흑백 촬영에서 디지털 픽셀
을 드러내고, 인과관계에 반하는 편집을 하고, 어떤 것들을 말해주지 않
음으로써 꿈과 현실, 삶과 영화의 경계를 지우고.

투자 설명회, 피드백 세션, 고화질 이미지, 돌비 서라운드 사운드, 하
이 콘셉트[1], 알고리즘에 기반한 각본, 무드 보드[2], 수백만 달러, 냉소와
영리함의 세계를 홍상수는 외면한다. 대신 더 소규모 제작으로 스트로
브-위예가 '검소함의 사치(The Luxury of Austerity)'라고 부르던 바로 그
방식을 실천한다. 아주 적은 예산으로, 그는 아주 소수의 동료와 중복되
는 역할 (그는 현재 그의 영화에서 각본, 연출, 편집, 촬영, 그리고 음악

---

1)   창작 콘텐츠를 설명할 때 사용되는 용어로, 간단하면서도 강렬
한 아이디어나 설정을 의미한다. (역주)

2)   창작과 디자인 작업에서 사용하는 시각적 도구로, 특정 프로젝
트나 아이디어에 대한 분위기, 스타일, 감각을 전달하기 위해 다양한 이
미지를 모아 구성한 보드. (역주)

을 맡고 있다)을 수행하며 작업한다. 그는 열흘 정도의 촉박한 일정 속에 촬영하고, 촬영 당일 아침에 각본을 쓰고, 거의 터무니없는 수준으로 생애적 요소들을 기발하게 사용하며, 이야기 구조는 불확실하고 모호해 따라가기 쉽지 않으며, 전통적인 내러티브나 서스펜스, 반전 등을 유쾌하게 뒤집는다.

뉴욕 영화제 디렉터 데니스 림(Dennis Lim)은 최근 홍상수의 〈극장전 (2005)〉을 탁월하게 다룬 책을 발표했다. 그는 자신의 저서에서 홍상수가 시카고 예술학교 학생이던 시절, 세잔의 사과 그림을 봤던 경험에 대하여 기술한다. 홍상수는 그 그림 앞에 한참을 서 있다가 뭔가 더 이상 필요하지 않다는 것, 그것으로 충분하다는 것을 깨닫는다. 지난달, 나는 런던에서 열린 세잔 전시회에서 똑같은 그림을 볼 기회가 있었다. 그림 앞에 서서, 나는 홍상수가 봤던 게 무엇인지, 어떤 현상과 감각이 그에게 충분하다고 느끼게 했는지 알아내려고 애썼다. 나는 그림 왼쪽 면에 가득한 두꺼운 노란색 물감층과 그 불균일한 정도에 주의를 빼앗겼다. 그리고 그 그림은 다른 방에 있는 보통 사과 정물화보다 훨씬 추상적이었다. 나는 홍상수의 영화 세트가 일반 영화 세트보다는 예술가의 작업실에 더 가깝다고 생각했다. 나는 또한 영화에서 어떻게 시공간을 추상화할 수 있을지도 생각했다. 나는 모티프들의 반복 – 사과, 소주병, 탁자같은 요소들을 여러 차례 반복해 그리거나 촬영하는 행위, 과일과 천의 밀접함, 좁은 거리와 사람들의 친밀함에 대해서도 생각했다.

그리고 이번엔 하이메 푸에르타스 카스티요 감독과 나눴던 대화를 다시 꺼내보려 한다. 그의 다음 영화를 어떻게 만들지 의논하던 중, 그는 우리 주변에 있는 것들, 우리 가까이에 있고 우리에게 주어진 것들로부터 영화를 만들고자 하는 근접성 대한 중요함과 그 열망을 드러내며 나를 놀라게 했다. 충분한, 영화를 만들기에 충분한, 충분히 납득 가능하지만, 예측 불가능한 힘이 바로 그곳에 있었다. 영화에는 얼마나 많은 의미를 부여하는 것이 적당할까? 영화는 어떤 질문을 해야만 하는가? 영화는 문제를 해결해야하는가? 아니면 열린 채로 둬야 하는가? 이 강력한 근접성이 내포한 풍부한 모호함을 어떻게 이미지와 사운드로 복원할 수 있을까? 미스터리의 감각, 뭔가를 말하지 않는 것은 영화를 열린 상태로 놓고, 우리를 그 안으로 초대하고, 앞으로 나아가기 위해 필수적이다. 홍상수 감독의 영화들은 이 미스터리들을 큰 노력 없이 붙들고 있는 비범하면서도 평범한 능력을 갖추고 있다. 우리는 여전히 납득 직전에 머무른다. 우리는 의심한다. 우리는 아마 모든 것을 볼 수 없을 것이다. 어떤 것들은 분명해지기 바로 직전 상태에 놓인 채로 남는다. 그러나 그걸로 충분하다. 영화는 끝나고, 우리는 극장 문을 나선다.

나는 이 7편의 영화를 보는 동안 떠올랐던 질문 또는 미스터리들을 여러분께 공유하고자 한다.

1. 김민희가 〈풀잎들 (2018)〉에서 카페에 앉아 집필하는 영화는 어떤 영화인가? 공민정은 왜 계단을 오르락내리락하는가? 그리고 안재홍은 영화의 제목이기도 한 풀잎들을 바라보며 무엇을 떠올리는가?

2. 〈강변호텔 (2019)〉에서 왜 현실은 그림처럼 변하는가? 울음은 얼마나 위안이 되는가? 왜 홍상수 감독은 다음 장면으로 넘어가기 전에 고양이가 프레임 바깥으로 나가기를 기다렸을까?

3. 〈도망친 여자 (2020)〉에 정말 도망친 여자가 있는가? 왜 김민

희는 영화관으로 돌아왔을까? 영화를 보러 극장에 가는 것은 집이 없는 사람들에게 임시 지붕을 단기 임대하는 것과 같은가?

4.   왜 신석호는 〈인트로덕션 (2021)〉 속 그들이 찍는 장면 속에서 박미소를 껴안지 못하는가? 한 편의 영화 속에 얼마나 많은 영화들이 있는가? 바다는 얼마나 차가울까? 그는 자기 친구와 사랑에 빠졌나?

5.   〈소설가의 영화 (2022)〉 속 소설가가 찍은 영화 쇼트는 누구의 영화인가? 왜 홍상수 감독의 몇몇 영화들은 흑백인가? 끊임없이 구불거리고 우회하는 영화를 어떻게 이렇게 아름답고 고전적인 방식으로 마무리 지을 수 있었을까?

6.   〈당신 얼굴 앞에서 (2021)〉 속 여자는 죽는다. 왜 그녀는 웃는가? 이혜영은 영화 속 스타의 초대를 받아들이고 싶어 하는가?

7.   〈탑 (2022)〉 속 영화감독(권해효)은 얼마나 많은 두려움을 다루고 있나? 이 건물은 편안한 공간인가? 아니면 함정의 공간인가? 차 안에서는 무슨 일이 벌어지고 있나?

이 질문들은 나와 영화 사이에 더 밀접한 감각을 만들어냈다. 나는 내가 그 영화들 안에 거주하도록 초대받았다고 느낀다. 그들은 불확실성을 포용하며 나를 따뜻하게 지켜준다. 나는 그 영화들과 연결되어 있다. 나는 집에 온 것 같다.

만약 내가 이 상영 기간에 케임브리지에 있었다면, 나는 이 영화들을 다시 봤을 것이다. 오즈 야스지로의 영화 세계와 마찬가지로, 홍상수의 영화는 한 편 이상 감상하는 것이 중요하다고 생각한다. 왜냐하면 홍상수의 프로젝트는 단일한 영화를 넘어서기 때문이다. 홍상수의 영화 세계는 당신이 그 안에서 시간을 보내도록 초대하는 방이 여러개로 이루어진 집이다.

그리고 상영 후, 나는 아마 이 아름다운 기획전을 진행하는 '카펜터 센터' 바로 옆에 있는 박물관에 방문해 세잔의 그림, [정물과 옷장]을 찾아 오랫동안 바라볼 것이다. 그 앞에 서서 사과를 한참 바라보고, 그 후 집에 갔을 것이다.

Havard Film Archive (2023)

시네마의 죽음 /
감독: 자크 리베트 (1928-2016)

Deaths of Cinema I

Metteur en scène: Jacques Rivette, 1928–2016

마티아스 피녜이로

> 사랑은 모든 것에 닿을 수 없으니,
> 죽음의 자상을 흔들거나 부술 수 없다.
> 그러나 죽음은 거의 아무것도 취할 수 없다.
> 만약 사랑하는 마음속에 죽음의 두려움 가라앉는다면
> 죽음은 많은 걸 가져갈 수도 없으니,
> 사랑이 머무는 마음속으로 죽음의 공포 들어갈 수 없다.
> 죽음이 삶 위에 군림한대도, 사랑은 죽음 위에 있다.
>
> 마케도니오 페르난데스Macedonio Fernández,
> '"나는 믿었다I Believed"

　60여 년 넘도록 자크 리베트는 영화 '미장센'의 권위자로 인정 받아왔다. '연출(realisation)', '감독(direction)'이라는 용어에 대한 그의 부정은 작가적 정치학의 불꽃이 타오르도록 지키려는 역사적 필요에서 기인했을 수도 있지만, 그것은 아마도 누벨바그의 가장 수줍은 구성원이라는 본질적인 성향을 가리키는 것일 수도 있다. 미장센이라는 개념은 창작보다는 배열을 강조한다. 그것은 단일한 작가라는 개념과 단일한 세계관을

192

축소한다. 또한 미장센은 전통적인 작가주의 정신에 내재하는 개인숭배, 소유와 통제의 암시를 가리는 약간의 불확실성을 내포하며, 관찰의 태도와 특정한 시간과 장소의 통일성을 인식도록 관점을 바꾼다.

미장센이라는 용어의 단일하고, 미묘하고, 의미론적인 전환과 함께, 자크 리베트는 그의 영화 속에서 조우와 상호작용을 강조해왔다. 클레르 드니의 다큐멘터리 〈자크 리베트, 파수꾼Jacques Rivette, le Veilleur (1990)〉에서 자크 리베트에게 작가 감독으로서 그의 특별한 지위에 따르는 외로움에 관해 물었을 때, 그는 명확하고 확실하게 결코 스스로 혼자라고 느끼지 않는다고 답했다. 이 감독에게 영화 만들기는 '홀로'의 정반대다. 영화 제작은 사람들과 함께일 수 있는 정확한 명분이며, 세계와 연결하는 초대다. 특정 요소들을 공간과 시간 속에 함께 놓을 때, 영화는 일련의 결합과 재결합을 통해 방출된 에너지의 자료가 된다.

자크 리베트의 영화들은 촬영 중 만들어지는 현재 시제의 진동으로부터, 배우-제작진-장소-시간-프레임-소리로 이뤄진 일종의 합금으로부터 그 생명력을 얻는다. 이 요소들의 결합이 그의 영화들을 다른 작품들과 차별화한다. 그의 작품세계는 각 작품들의 고유한 우회의 총합이다. '형식을 미리 정하지 마라'는 로베르토 로셀리니의 격언을 따라, 자크 리베트는 그의 작품 속에 독특한 '볼거리'를 두기 위해 애쓰지 않는다. 오히려 그는 끊임없이 '볼거리'로부터 벗어난다. 마치 '이상한 나라의 앨리스'처럼, 그는 언제나 그다음 놀라운 이미지로 이동한다.

그러나 자크 리베트에게도 촉매제로서 반복해서 돌아오는 극적이고 구조적인 모델이 있다. 바로 대결이다. 자크 리베트의 작품세계에서 모험은 양자 간 충돌로부터 시작하지만, 그 결과는 대부분 미지수다. 조셉 콘래드의 『듀얼The Duel』 속 주인공처럼, 리베트의 인물들은 정면 승부의 의례 속에서 반복해 만난다. 이런 구조적 모델은 쥴리에 베르토가 연기한 '달의 여왕'과 뷜 오지에가 연기한 '태양의 여왕'이 마법의 다이아몬드를 두고 겨루는 영화 〈결투Duelle (1976)〉에서 가장 도드라지게 나타난다. 더 현실적인 맥락에서, 이런 구조의 변주는 〈알게 될 거야 Va Savoir (2001)〉 속 인물들이 취한 채 대립하는 장면, 〈누드모델La Belle Noiseuse (1991)〉에서 미셸 피콜리와 에마뉘엘 베아르를 모델로 작업하는 장면들, (자해한 상처로 완성되는) 〈미치광이 같은 사랑L'amour Fou (1969)〉 속 부부 갈등, 또는 심지어 〈우리들의 후원자 장 르누아르Jean Renoir, le Patron (1966) 에서 바보 같고 유쾌한 대결 속 미셸 시몽과 장 르누아르 사이 오가는 농담들의 형태로 반복해 나타난다.

모든 결투가 그렇듯, 결투에는 경기장이 있어야만 한다. 그래서 자크 리베트는 그의 승부사들을 위해 충분한 공간을 확보한다. 카이에 뒤 시네마와 함께 한 보낸 수년 동안 자크 리베트가 미조구치 겐지, 오토 프레밍거, 칼 테오도르 드레이어에게 보였던 관심은 그의 공간적 선점에 관한 통일성과 영속성으로 나타났다. 광각 렌즈, 최소한의 편집, 그리고 멀리 떨어진 카메라 위치가 그의 영화 대부분을 구성한다. 클로즈업은 너무 강력하기 때문에 절제해서 사용한다. 클로즈업의 발생은 곧 세상의 요동이다: 〈마리와 줄리앙 이야기Histoire de Marie et Julien (2003)〉 또는 〈셀린느와 줄리 배 타러가다Céline et Julie Vont en Bateau (1974)〉에서 클로즈업은 내러티브가 분열하는 순간을 상징한다. (손은 자크 리베트 영화에서 또 다른 신호다. 손으로 얼굴을 가리거나, 마법의 반지를 손가락에 끼는 등의 행위는 대안적이거나 평행하는 세계로 들어갈 수 있게 해준다.) 계단과 난간, 벽에 유령처럼 드리운 그림자가 이것들의 존재를 더욱 확장한다. (윌리엄 뤼브샨스키의 촬영은 프리츠 랑의 누아르와 하워드 혹스의 코미디를 융합한 불가사의한 느낌을 불러일으킨다.) 그리고 이런 요소들 화면 안에 있는 수직축을 상기시킨다. 영화는 수평 이동에 익숙하기 때문에 수직축의 존재는 덜 드러난다. 계단은 프레임을 카메라 움직임을 위아래로 열어주고, 무엇보다도 프레임 바깥 공간을 암시한다. 바깥 공간이란 세계의 일부로서 숨겨진 채 남아있는, 계속해서 확장될 수 있는 미스터리다.

'리베트식 결투'는 서사시 같기도 하고 우스꽝스럽기도 하지만, 쇼트와 역 쇼트의 관습적인 방법론을 언제나 피해 간다. 대신, 결투는 시간과 공간을 유지한 채로 단일한 쇼트에 담긴다. 이를 통해 자크 리베트는 두 육체 사이 빈 곳을 강조하고, 거리의 변화를 도식화하고, 두 인물 사이에 흐르는 보이지 않는 에너지를 촉발한다. 〈아웃 원Out 1 (1970)〉에서, 줄리에 베르토는 단검 두 자루의 칼끝을 한 점에 모으려 한다. 하지만 자력의 서로를 밀어내는 힘은 은 두 단검이 만나는 걸 방해하는 것처럼 보인다. 단검이 베르토의 손에서 빠져나와 바닥에 떨어질 때까지, 이 쇼트는 두 칼끝 사이 작은 틈에 집중한다.

서로 대치하는 두 개의 몸 사이 보이지 않는 힘을 포착하는 것에 대한 관심은 오로지 하나의 요소만 담고 있는 장면들에서도 눈에 띈다. 쇼트 안에 에너지의 양극 중 한쪽만 있을 때, 프레임은 그 자체로 자성을 띠며, 카메라 움직임이 바로 이 에너지 싸움에 반응한다. 〈폭풍의 언덕Hurlevent (1985)〉의 경우, 오프닝 꿈 시퀀스 이후 올리비에 크루베일러가 의식을 회복하는 동안 갑자기 트래킹 인-아웃 쇼트가 등장한다. 〈북서풍Noroît (1976)〉에서 베르나데테 라퐁이 성을 가로질러 누군갈 뒤쫓을 때 카메라는 겁에 질린 듯 그녀로부터 멀어지고, 모든 공간은 그녀의 계략을 위한 잠재적인 무대로 바뀐다. 또는 〈북쪽에 있는 다리Le Pont du

Nord (1982)〉에서 파스칼 오지에의 가라데 동작을 따라 단순한 패닝이 등장하는데, 이는 뷜 오지에의 일광욕이 갖는 고요함과 수동성에 대한 역동적인 반응이다.

그러나, 자크 리베트의 프레임 속 움직임은 그 캐릭터들의 물리적 움직임보다는 그들의 몸이 생성하는 에너지와 더 연관이 있다. 제라르 드 네르발의 자기(Magnetism)에 관한 신비로운 연구들처럼, 자크 리베트의 카메라는 세계의 비밀스러운 구성을 밝혀내려 한다. 또한 신체의 인력과 척력으로 보이지 않는 다양한 에너지를 생성하고, 이는 자크 리베트의 미장센으로 탈바꿈한다. 〈은밀한 방어Secret défense (1998)〉에서 상드린 보네르가 숨을 거둘 때, 쇼트는 손쉽게 페이소스를 유발하는 관습적인 영화들처럼 트랙 아웃 하지 않는다. 오히려 트랙 인으로 에너지 덩어리들이 감소해서 완전히 사라질 때까지 쫓아가도록 만든다. 에너지가 희미해질 때, 쇼트도 함께 스스로 희미해진다. 〈수녀La religieuse (1967)〉에서는 이와 정반대 쇼트가 등장한다. 안나 카리나가 미셸린 프레슬과 손을 잡고 걸으며 그녀를 향한 사랑 속에 편안함을 얻을 때, 카메라는 그 순간을 강조하려 트랙 인 하지 않는다. 대신 뒤로 물러나 커져가는 마음을 위한 공간을 만들어준다. 에너지는 확장하고, 더 많은 공간을 차지하고, 카메라는 트랙 아웃 한다.

이 보이지 않는 힘은 사람들의 욕망을 뒤흔들고, 영화는 보이는 것 – 보이지 않는 것의 역설을 경유해 다룰 뿐만 아니라, 공간과의 관계를 통해 인물들의 감정을 노출한다. 〈잔 다르크Jeanne la Pucelle (1994)〉에서 상드린 보네르는 광대한 법정을 가로지르며 도팽을 찾아내려 노력한다. 그녀가 군중 속에서 도팽을 알아보는 장면은 신성한 영감이라기보단 방사된 에너지를 조율한 결과처럼 보인다. 〈4인조La bande des quatre

(1988)〉에서 무아지경에 빠진 이녜스 드 메데이루스는 그녀의 집 한쪽 어두운 구석에 감춰진 비밀 열쇠를 찾아낸다. 자크 리베트가 세심하게 설정한 지리적 경계 안에서 인력과 척력의 연속은 감각적인 긴장을 만들어내며, 인물들을 자신의 위치에서는 상상할 수 없는 미지의 영역으로 이끈다. 자크 리베트에게 있어 프레임은 경계선이라기보다는 통과할 수 있는 하나의 막(membrane)이다. 파리 거리 속 편집증적이고 다급한 걸음 (〈파리는 우리의 것Paris nous appartient (1961)〉)부터 조 달레산드로와 마리아 슈나이더의 히스테릭한 무단침입 (〈메리 고 라운드Merry-Go-Round (1983)〉), 뷜 오지에에 맞서는 장 바빌리에의 붕 뜬 슬로 모션 (〈결투〉), 나탈리 리차드의 모든 춤 (〈파리의 숨바꼭질Haut bas fragile (1995)〉)까지 – 특히 마리안 데니코트와 계단 주변에서 팔을 뻗고 벽에 기댄 채 함께 내려오는 장면 – 대부분 자크 리베트의 인물들은 프레임의 한계로부터 또 다른, 미지의 공간으로 뻗어나가려고 시도한다.

때때로 인물들은 심지어 물리적 가능성을 뛰어넘는 시도를 한다. 영화는 시공간의 전복을 통해 평행 세계를 제시한다. 〈셀린과 줄리 배 타러 가다〉 속 두 주인공이 신비한 집에 머무는 시퀀스는 이런 아이디어를 가장 뚜렷하게 시도한다. 자크 리베트의 비교적 현실적인 영화들 속에도 평행 세계의 순간들이 등장한다. 〈4인조〉의 도입부는 바로 가장 불가능해 보이는 연속성을 보여주는 예시다. 바로 한 인물이 카페에서 책을 읽고 계산을 한 뒤, 거리로 나가 건물에 들어가 복도에서 기다리고, 마리보(Marivaux) 희곡의 리허설이 진행 중인 무대에 올라가 대사를 시작하는 장면이다. 〈지상의 사랑L'amour par Terre (1984)〉에서 앙드레 뒤솔리에가 자신의 예상을 투사하는 장면과 라슬로 자보의 조용한 발걸음, 〈작은 산 주변에서36 vues du Pic Saint-Loup (2009)〉의 결말에서 암흑 배경 위로 점차 사라지는 빛들 속에 들려오는 등장인물들의 운명을 다룬 내레이션

등에서도 이러한 순간들이 더 발견된다.

〈제로 지대Kapò (1960)〉에 대한 리뷰에서 '거짓 예술은 현실을 배반한다'고 강하게 비판했던 자크 리베트는 예술을 새로운 현실로 향하는 자연스러운 매개체(또는 관문)로 여겼다. 영화가 가진 근본적인 불순성에 대한 앙드레 바쟁의 생각을 아주 구체적인 수준으로 받아들인 자크 리베트는 자신의 영화 시나리오를 음악, 춤, 회화, 연극 등 다른 예술적 규법으로 '오염'시키며 이런 퍼포먼스들이 만들어낼 새로운 가능성을 향유했다. 장 위네는 〈전투〉의 각 장면 속 음악을 촬영 현장에서 라이브로 연주했다. 로베르토 플라테의 그림들은 〈지상의 사랑〉 속 메인 장식 안으로 틈입해 카메라 움직임을 자극하고 영화에 색채를 더한다. 〈파리의 숨바꼭질〉에서 춤은 인물들의 마음 상태를 표현하는 수단이다. 〈누드모델〉 속 베르나르 뒤퍼의 그림은 다양한 시간 경험 (그리고 다양한 예술적 경험)을 예술가와 모델의 조우를 다룬 영화적 각색 속에 통합한다. 〈작은 산 주변에서〉 속 서커스 곡예는 영화의 육체성과 제인 버킨의 갈등을 기른다. 〈미치광이 같은 사랑〉, 〈아웃 원〉, 〈4인조〉, 〈파리는 우리의 것〉, 그리고 〈알게 될 거야〉 속 연극은 극 영화와 실험 영화의 정의를 모호하게 하며 이 영화들을 몰입의 경험으로 탈바꿈한다. 문화적 서열과 속물성(snobbery)은 시네마와 그 이웃한 예술 사이 선의의 경쟁이 만들어내는 힘과 맞닥뜨리며 사라진다. 자크 리베트는 하나의 예술 양식을 다른 것으로 변환할 필요가 없다고 생각한다. 그의 영화들은 다른 예술 앞에 자신의 예술을 거침없이, 과감하게, 벌거벗은 채로 전시한다. 시간 속에 포착된 조우의 순간과 이 연대의 에너지를 스크린에 그저 투사할 뿐이다.

이런 관용과 열린 태도는 '리베트 유니버스'의 동력이 되는 신경증과 대위를 이룬다. 플롯의 중심이 공허해질 수 있지만, 자크 리베트의 인물들은 그 텅 빈 곳에서 시발점을 발견한다. 움직임은 그 중심을 점유한 게 무엇인지, 어쩌면 음모가 있는 건 아닌지 의심하는 데서 시작한다. 이런 점에서 〈아웃 원〉과 〈파리는 우리의 것〉은 〈북북서로 진로를 돌려라 North by Northwest (1959)〉와 크게 다르지 않다. 이 세 작품 모두 모호한 존재의 형상 ― 조지 캐플런, 르 트레즈, 후안 ― 을 향해 냉정하게 전진한다. 그리고 그들은 이 존재들이 부재하기 때문에 정확하게 움직임을 지속할 수 있다. 만약 사뮈엘 베케트의 인물들의 존재하기 위한 필요조건이 끊임없이 말하기라면, 자크 리베트의 인물들은 같은 이유로 끊임없이 움직인다. 그들은 도시의 한쪽에서 와서 다른 쪽으로 간다. 그 과정에서 대저택들 주변을 배회하거나 비좁은 침실을 뒤엎으며 특정한 플롯의 중심을 찾아다닌다. 마치 〈북쪽에 있는 다리〉에서 뷜 오지에와 파스칼 오지에가 엮어나가는 이야기처럼, 또는 〈아웃 원〉에서 '트레제'의 존재를 주장하는 장-피에르 레오처럼, 몇몇 인물들은 자신만의 중심을 만들어내길 열망한다. 〈셀린과 줄리 배 타러 가다〉 속 줄리에 베르토와 도미니크 라부리에, 또는 〈지상의 사랑〉에서 제랄딘 채플린은 자신들이 이야기 속 캐릭터라는 사실을 명확히 인지한 것처럼 보인다.

장 르누아르의 〈황금마차La carrose d'or (1953)〉 마지막 장면에서 안나 마그나니가 뼈아프게 성취하는 바로 이 자각은 자크 리베트 영화를 보는 이들과 상반된 연관성을 갖는다. 카메라 앞에서 일어나는 일과 그 뒤에서 일어나는 일 사이에 일종의 연속성이 있는 것처럼 보인다. 목격한 영화가 인생의 경험 중 일부가 될 때 이런 연속성은 관객에게 도달한다. 이것이 바로 자크 리베트 영화가 가진 마법 같은 힘이다. 그 영화들을 보는 과정에서, 당신은 아마 당신이 스크린 위에 있다는 사실을 인지할 것이다. 그 순간, 어떤 힘이 당신을 강타한다. 당신은 이미 리베트 세계 속 음모의 구성원이 되었다. 그의 영화 속 인물들이 자신의 존재가 허구라는 사실을 인지하듯이, 이제 당신도 유령 도시, 신경증, 자기장, 그리고 영원한 사랑으로 이뤄진 평행 세계를 열 수 있는 열쇠를 쥐고 있다.

Maria Villar by Matías Piñeiro

시칠리아퀴어영화제
움직임과 반복 | 마티아스 피녜이로와의 대화
MOVEMENT AND REPETITION.
CONVERSATION WITH MATÍAS PIÑEIRO

안드레아 인체릴로, 모레나 파베린, 알레산드로 델 레

안드레아 인체릴로 (이하 인체릴로) | 저는 지금 이 자리가 우리 우정의 징표라는 말씀으로 인터뷰를 시작하고 싶습니다. 라고영화제와 시칠리아퀴어영화제가 서로 협력하고 당신의 작품에 대한 회고전을 헌정하기로 한 결정이 바로 그 징표입니다. 그리고 우리는 호기심과 우정을 바탕으로 당신의 모든 영화에 대해 더 알아가고 있습니다. 우리 둘 다 다른 현대 아르헨티나 영화들을 탐구하는 여정 중에 있고, 한편으론, 당신의 영화도 직접 탐구해야 했죠. 이 또한 아르헨티나 아티스트들과 영화감독들을 향한 우정의 징표입니다. 그리고 현재 아르헨티나 정부에 대한 저항이기도 하죠. 나는 이렇게 아르헨티나 영화계가 무척 어려운 해에 당신에게 회고전을 헌정할 수 있어 매우 기쁩니다. 나는 당신의 몇몇 작품들 이미 알고 있었고 나에게는 마치 우리가 서로를 전부터 알았던 것처럼, 자연스럽게 알고 지낸 사이처럼 느껴집니다.

마티아스 피녜이로 (이하 피녜이로) | 제 생각엔 시칠리아퀴어영화제가 라우라 시타렐라Laura Citarella 같은 제 친구들의 영화를 소개해 왔기 때문인 것 같아요. 그래서 우리 사이에 연결이, 교량이 있는 거죠. 물론 그녀와 나는 서로 다른 사람이며 다른 영화감독입니다. 그러나 라우라와 제가 서로 알고 지내며 영화 제작에 관해 공유하고 의논한 게 수년에서 수십 년이 되었습니다. 우리는 각자의 영화를 보고 있습니다. 그래서 다른 대륙에서 온 프로그래머와 관객들도 이 대화 안으로 들어올 수 있죠. 어떤 식으로든 영화를 보고 그 작품을 프로그램에 편성한다면, 당신은 자신의 일부를 나와 제작자들이 제안하는 세계 속으로 삽입한 겁니다. 그래서 비록 우리가 사적으로 만난 적은 없어도, 영화를 통해 이미 만들어진 결속이 존재하는 거죠.

저는 전에 한 번 알레호 모기잔스키와 우리가 만드는 영화를 두고 날마다 하는 생각들에 관해 대화를 나눈 적이 있었습니다. 그건 촬영에 관한 것뿐만 아니라 편집이나 전문적인 세팅에 관한 거였어요. 하지만 일상에서 그 모든 것들은 뒤죽박죽이 되죠. 우리는 우리의 친구들, 연인들, 우리가 살고 거니는 도시들, 우리가 사는 집들에서 영화를 찍어요. 우리가 가진 아주 변덕스럽고 사적인 관심사를 우리는 스크린 위에 올려 공유하죠. 느닷없지만, 당신이 우리가 제공하는 것들에 연결된다면, 우리는 그렇게 서로 연결 중인 거예요.

모레나 파베린 (이하 파베린) | 우리는 라고영화제에서 당신과 몇 번 만난 적 있어요. 하지만 우리는 더 많은 관객이 당신에 대해 더 잘 알 수 있는 기회를 얻었으면 하고 바랐죠. 당신이 누구인지, 어떤 배경에서 자랐고 어떤 교육을 받았는지, 그리고 그런 점들이 어떻게 당신을 전문적인 영화 제작으로 이끌었는지 스스로 소개해 줄 수 있을까요?

피녜이로 | 저는 부에노스아이레스에서 자랐고 우니베르시다드 델 시네에서 영화를 공부했어요. 고등학교에서 저는 수학을 공부할지, 영화를 공부할지 고민 중이었죠. 저는 가족들, 친구들과 영화관을 정말 많이 갔어요. 그리고 저는 부에노스아이레스 내 극장에서 개봉하는 모든 영화를 보는 데 흥미를 느꼈죠. 이것이 제가 비평가가 되고 싶었던 계기예요. 사실 처음에 저는 영화에 관한 글을 쓰고 싶었어요. 영화를 보고 글을 쓰고 싶었죠. 그러나, 부에노스아이레스에 있는 대학 중에 이런 선택지는 없었어요. 그래서 저는 영화 제작을 선택했어요. 하지만 실제로 더 강력한 분기점은 고등학생 때 들었던 역사 수업 숙제였어요. 리포트를 쓰는 대신 영상을 찍어서 제출할 수 있었죠. 보통 공부에 관심이 덜한 아이들이 이런 방법을 선택했어요. 제가 그런 공부에 무관심한 학생이었죠. 대신 저는 오후에 학교에서 제공하는 워크숍에 많이 참여했어요. 아무래도 저는 고등학교의 비주류적인 면에 더 연결되어 있었던 거 같아요. 제가 어쩌다 역사 수업 숙제 촬영 현장에 가서 카메라 앞에 서고 말았는지는 기억이 안 나요. 하지만 저는 출연하고 싶지 않았기 때문에 카메라 뒤 다른 자리를 차지했죠. 제가 카메라를 잡고 찍기 시작했어요. 다른 친구들은 편집했고, 다른 친구들은 또 다른 일들을 했죠. 이건 제가 15살 때, 고등학교 3학년 때 일이에요. 저는 제가 카메라 뒤에 있는 걸 좋아한다는 사실을 깨달았어요. 10대 시절 저의 짧은 사진 촬영 연습을 확장했던 순간이죠. 그 비디오는 A 학점을 받았고 우리는 어떤 리포트도 쓸 필요가 없었어요! 정말 좋았죠… 무언가에 대한 대안적인 사고가 좋았어요. 그래서 다음 해에도 우리는 이 비디오 만들기를 고집했어요. 4, 5학년 때 했던 제작은 훨씬 거창해졌죠. 저는 더 많은 책임을 부여받았어요. 고등학교 마지막 해에도 우리는 뭔가 굉장히 아마추어다운 걸 하고 있었는데 그때 제가 촬영을 담당했죠. 저는 수학 경진대회에 참가했지만, 이 일

이 저를 수학보다 영화에 더 많이 연결했어요. 저는 부에노스아이레스에서 영화를 공부하려 했고 마침내 마누엘 안틴Manuel Antin이 설립한 아주 중요한 영화 학교에서 공부했죠. 마누엘 안틴이란 분은 60년대에 주요한 영화감독인데 사실 95세에 나이에도 여전히 대학에서 활동 중이세요.[1]

그리고 저는 그곳에서 마리아노 지나스를 저의 교수님으로 만났어요. 라우라 시타렐라는 한 학년 선배였고, 같은 수업을 몇 개 들었죠. 알레호 프란제티Alejo Franzetti 같은 후배들도 많았어요. 처음에 저는 조연출을 많이 했어요. 그러다가 "이제 내 차례야. 내 차례여야만 해"라고 말할 만한 순간이 찾아왔죠. 영화 학교에서는 감독에게 가서 말을 걸고 며칠 간 촬영을 하도록 부탁할 수 있었어요. 그게 일종의 패턴을 만들기 시작했고, 그때 만들어진 방법으로 지금까지 작업하고 있어요. 독립적인 방법이죠. 내 영화들이 유효하게 만들 수 있는 뭔가 추가적인 걸 고안해 낼 필요가 있었어요. 우니베르시다드 델 시네에는 라파엘 필리펠리Rafael Filippelli라는 아주 중요한 멘토가 계십니다. 그분을 중심으로 만들어진 커뮤니티를 통해 몇 년간 다른 사람들을 돕고, 또 많이 배우기도 했죠. 아마 엘 팜페로 시네(El Pampero Cine)[2] 출신들은 다 그분 이야기를 할 거예요. 하지만 저는 막상 연출의 기회를 얻을 수 없었어요. 수동적인 태도를 깨고 "좋아, 이제 내 차례야"라고 결정을 내릴 필요가 있었죠.

---

1) 마누엘 안틴은 인터뷰 이후 약 4개월 뒤 2024년 9월 5일 세상을 떠났다. (역주)

2) 라우라 시타렐라, 알레호 모기잔스키, 마리아노 지나스 등으로 이루어진 아르헨티나의 영화 창작 집단. (역주)

저는 제 영화를 만들기 위해 다른 방법을 찾아야 했어요. 이런 상황에도 굴하지 않고 저만의 작업 방식을 개발하기 시작했죠. 저는 아주 소규모로 작업합니다. 운 좋게도 저는 아주 작은 영화를 만드는 걸 좋아해요. 그래서 그 작업에 아주 쉽게 착수할 수 있었습니다.

저는 일주일간 촬영할 수 있게 해달라고 요청했어요. 단편 영화를 염두에 둔 촬영이었죠. 그 단편 영화 제목은 〈도둑맞은 남자〉였어요. 그리고 마침내 기회를 부여받아서 일주일 동안 촬영했죠. 저는 알레호 모기잔스키와 함께 편집하며 친해졌습니다. 편집하며 저희는 이 영화가 어색하다는 걸 깨달았어요. 시작과 끝은 흥미로운데, 시작과 끝 사이를 너무 크게 건너뛴 거죠. 그래서 우리는 그 중간에 들어가 어떻게든 이야기를 전개할 장면들을 만들어야 했어요. 어떻게 이 지점에서 저 지점으로 움직였는지를 설명할 장면 말이죠. 우리는 이게 장편 영화여야 한다고 생각했어요. 그리고 우리는 2006년 9월부터 2007년 2월 사이에 3주씩 나눠서 촬영했어요. 1년 중 서로 다른 순간들을 포착하기 위해서였어요.

알레산드로 델 레 (델 레) | 당신은 원래 영화 평론가가 되고 싶었다고 말했습니다. 저는 그 사실을 몰랐는데, 제 생각엔 정말 흥미로운 부분인 거 같아요. 저는 그게 당신의 영화 제작에서 중요했을 거로 생각하는데요. 왜냐하면 당신은 굉장한 시네필이고 당신의 영화 속에 많은 레퍼런스를 사용한다는 사실 때문이에요. 열정과 수많은 헌신, 그리고 지식 전달을 통해 당신도 영화의 역사를 잘 알고 있죠. 저는 당신이 영화를 만들지 않을 때는 무엇을 하는지 묻고 싶습니다. 영화를 가르치는 일도 하고 있는데, 이 일은 영화감독으로서 당신의 삶에 어떤 역할을 하는지도 알고 싶군요.

피녜이로ㅣ 제가 영화에 빠진 건 영어 시험을 위해 대프니 듀 모리에가 쓴 『레베카Rebecca』를 읽었기 때문이에요. 책 맨 뒤에는 알프레드 히치콕이 이 소설을 영화화했다고 적혀있었죠. 히치콕은 워낙 유명한 감독이고, TV에서 〈새The Birds (1963)〉를 본 적이 기억이 있어서 그를 알고 있었죠. 그때 저는 14살이었어요. 그때는 블록버스터 영화의 시대였고, 비디오 대여 체인점이 폭발적으로 생기던 시기였어요. 그래서 저는 부에노스아이레스에서 볼 수 있는 모든 영화를 보러 비디오 대여점을 다녔죠. 하루는 비디오 선반 하나가 통째로 히치콕 영화 비디오로 찬 코너를 발견했어요. 감독 이름으로 된 코너는 그곳 하나뿐이었고, 그 이름이 바로 알프레드 히치콕이었어요. 거기서 저는 〈레베카Rebecca (1940)〉를 감상했어요. 그냥, 소설을 더 잘 이해하려고 봤던 거뿐이었죠. 그 영화를 보면서, 왠지 일종의 소유로서, 일종의 수집가로서 그의 모든 영화를 봐야겠다는 생각에 사로잡혔어요. 게다가 그 영화가 아카데미 상을 받았다는 사실도 알게 되었죠. 저는 14살이었고, 그때 제가 엄청 비평적이거나 하진 않았어요. 그리고 저는 아카데미 시상식에 올랐던 모든 영화를 다룬 큰 책을 한 권 구입했어요. 그때 저는 그 영화들을 모두 보기로 결심했어요. 그래서 저는 개봉작들을 따라잡으면서 동시에 수상 경력이 있는 구작들도 같이 보기 시작했죠.

또 한 가지 흥미로운 건 그때 수학 시험도 준비 중이었거든요. 그 수학 시험은 5단계로 이뤄져 있었어요. 교내 시험, 구 단위 시험, 시군 단위 시험, 도내 시험, 전국 시험. 저는 어렵사리 한 해가 끝날 때쯤 마지막 단계까지 도달했죠. 1997년에 저는 전국 시험을 치르러 마르델플라타라는 도시를 방문했는데, 그 시험이 마르델플라타국제영화제 기간과 겹쳤어요. 그래서 저는 오전에 시험을 치고, 오후에는 영화를 보러 갔죠. 그 당시 저는 작가주의 감독들에 대해서는 별로 알지 못했어요. 저는 오스

카 수상작들, 히치콕 영화들, 또는 부에노스아이레스에서 개봉하는 영화들만 봤죠. 저는 그때 신문도 읽었는데, 퀸틴이 창간한 '엘 아만테'라는 잡지도 읽었어요. 그래서 마르델플라타를 갔을 때 영화를 몇 편 봤었죠. 그때는 〈셀레브레이션Festen (1998)〉과 〈백치들Idioterne (1998)〉, 그야말로 도그마 95의 해였어요. 저는 〈영원과 하루Eternity and a Day (1998)〉를 봤던 것도 기억해요. 거기서 에릭 로메르가 누군지도 모른 채로 그의 영화를 난생처음 봤어요. 그래도 그 영화가 〈가을 이야기Conte d'automne (1998)〉였던 건 기억하죠. 신문이나 잡지에서 퀸틴이 꼭 봐야 하는 영화라고 추천했기 때문에 봤던 게 분명해요. 아마 그 해에 압바스 키아로스타미가 그 영화제 심사위원이었을 거에요. 〈체리 향기The Taste of Cherry (1997)〉가 그해 아르헨티나에서, 부에노스아이레스에서 매우 큰 성공을 거둔 화제작이었거든요.

저는 로메르 영화를 보고 나오면서 신체적으로 편안해진 기분을 느꼈던 게 기억이 나요. 그건 정말 기묘한 신체적 경험이었어요. 편안하고, 상쾌하고, 또 뭔가를 더 알고 싶은 기분. 그리고 전에 본 적 없는 이상한 영화들도 봤어요. 〈사슴들의 집〉이라는 아주 기묘한 폴란드 영화였는데, 그 이후로 그 영화에 대해서 찾을 수가 없더라고요. 정말 추상적이고 아주 기괴한 영화였는데.

그때가 바로 정말 갑작스럽게 오스카 시상식 바깥에 있는 영화들과 연결되는 순간이었어요. 그리고 그 당시 〈타이타닉Titanic (1997)〉이 그해 오스카를 가져가는 걸 보고 아주 낙담했던 게 기억이 나요. 그때 저는 〈LA 컨피덴셜L.A. Confidential (1997)〉에 푹 빠져있었거든요. 무엇보다도 제가 아주 별로고, 아주 얄팍하다고 생각한 영화가 다른 영화를 제치고 상을 받은 게 믿을 수 없었어요. 그리고 그 영화가 모든 걸 쓸어가는 걸

보며 얼마나 치욕스러웠는지 몰라요.

히치콕에 대해 더 알아보기 위해 오스카에 대한 책을 읽은 후 『히치콕과의 대화Hitchcock/Truffaut』라는 책을 샀어요. 프랑수아 트뤼포가 누군지도 모른 채로요. 저는 정말 체계적이라서, 뭔가를 좋아할 땐 모든 걸다 바쳐서 좋아해요. 나는 히치콕이 한 번도 아카데미를 수상한 적이 없다는 사실을 깨닫고, "이게 말이 돼?"라고 생각했었죠.

이런 저의 학업과 경험들이 합쳐지면 저에게 고등학교는 진취적이면서 예술적인 공간이 됐어요. 어머니와 영화관에 많이 갔던 것, 엘 만테나하시엔도 시네Haciendo Cine 같은 영화 잡지들, 글쓰기에 대해 생각하는분위기를 만들어준 마르델플라타국제영화제도 마찬가지고요. 저는 책을 읽고, 영화를 보고, 영화제에 다녔어요. BAFICI가 1999년에 시작됐는데, 거기선 다른 종류의 영화들을 볼 수 있었죠.

이 시절와 저의 대학 시절 중간이 바로 파블로 트라페로Pablo Trapero, 알베르티나 카리Albertina Carri, 로드리고 모레노Rodrigo Moreno, 셀리나모르가Celina Murga, 후안 비예가스Juan Villegas, 리산드로 알론소, 마리아노 지나스가 등장했던 시기예요. 그들은 이미 그 당시 영화감독이었고저는 대학교 1, 2학년쯤이었죠. 하지만 저는 그들이 아닌 라파엘 필리펠리와 관계를 쌓았죠. 그리고 저는 학교 바깥에서 학습하고, 술도 많이 마셨어요. 저는 제 삶에서 술을 아주 늦게 시작했어요. 제가 대학생이 된이후예요. 저는 대학교 2학년 때 라파엘 필리펠리가 따라준 와인을 마신게 인생 첫 번째 술이었어요. 그분은 지적이고, 아주 독립적이고, 아주적은 비용으로 영화를 만드는 감독이었어요. 우리는 그 분께 아주 많이배웠다고 생각해요. 마리아노 지나스도 이 말에 동의할 거예요. 우리가 이렇게 독립적인 영화를 만드는 방법은 라파엘과 함께했던 경험에서 기인한 거예요. 저도 그 무리에 끼어서 점심 식사, 저녁 식사, 술자리마다 영화에 관해 이야기했어요. 주제는 존 포드부터 고다르, 안토니오니부터 카사베츠까지 다양했죠. 그리고 그 당시 아르헨티나 영화들, 알베르토 피셔만Alberto Fisherman, 라울 베세이로Raúl Beceyro, 우고 산티아고Hugo Santiago, 이야기도 했어요. 하루는 라파엘이 저에게 강의를 해보고 싶은지 물어봤어요. 그래서 시범 수업을 한 번 했어요. 『카르멘』 각색 수업을 흉내 냈었죠. 『카르멘Carmen』이 아니라『잔 다르크Jeanne d'Arc』였나? 기억이 안 나네요. 그렇게 강의를 시작했죠. 이 사이클이 시작된 순간이에요. 영화를 감상하고, 영화에 대해 대화하고, 영화를 가르치는 경험, 모두 영화 만들기와 연결되어 있어요.

이 모든 건 함께 연장선상에 놓여있어야 해요. 저는 이것들을 분리할 수 없어요. 심지어 오늘도 〈너는 나를 불태워〉를 두고 제가 일하는 학교와 협업하는 걸 끝마쳤어요. 스페인 산세바스티안에 있는 엘리아스 케레헤타 영화 학교와 뉴욕에 있는 프랫 인스티튜트요. 이 기관들은 모두 제가 활동하는 시기도 다르고 탐구하는 주제도 달라요. 하지만 여전히 저는 저의 일상을 둘러싼 사람들, 사물들, 장소들, 방법론들로 작업할 수밖에 없다고 느낍니다.

인체릴로ㅣ 당신, 라우라 시타렐라, 그리고 아구스틴 멘딜라하르주Agustín Mendilaharzu는 부에노스아이레스가 마치 1950년대 파리인 것처럼 이야기하네요. 당신들의 이야기는 저에게 누벨 바그의 역사를 떠오르게 해요. 시네마테크에서 만난 사람들이 라 가제트 뒤 시네마La Gazette du Cinéma나 '카이에 뒤 시네마'를 만들고, 그들 모두에게 영향을 끼쳤던 앙드레 바쟁이란 인물이 있던 것처럼요. 부에노스아이레스는 대도시이

긴 하지만 파리는 아니죠. 그런데 마치 그곳에 뭔가 공동체가 있었던 것처럼 보여요. 고등학생으로서, 영화관에서 빈번하게 만났던 사람들이 있었나요? 예를 들면, 대학에 들어가기 전에 마리아노 지나스가 누군지 알고 있었나요?

피녜이로 | 그럼요. 마리아노 지나스는 〈발네아리오〉 때문에 알고 있었죠. 저는 BAFICI 영화제에서 프리미어로 그 영화를 봤었어요. 그리고 제 교수님이기도 했고요. 여기는 부에노스아이레스잖아요. 그게 제가 바로 엘 만테, BAFICI, 마르델플라타국제영화제, 우니베르시타드 델 시네, 라 사라 루고네스(La Sala Lugones)[3], 말바 시네(Malba Cine)[4]를 언급한 이유예요. 그리고 이곳엔 뉴 아르헨티나 시네마나 압바스 키아로스타미, 그 외 다른 많은 이란 감독 – 자파르 파나히, 사미라 마흐말바프 등의 영화를 가져오는 프리메르 플라노 시네라(Primer Plano Cine)는 배급사가 있었어요.

그때는 아직 영화를 볼 수 있는 방법이 많지 않았어요. 하지만 뭔가 일어나고 있었죠. 영화관을 중심으로 다른 관심사를 가진 다른 사람들과 공동체를 만드는 것도 그중 하나였어요. 저는 샹탈 아케르만의 〈갇힌 여인La Captive (2000)〉을 보러 가서 알레호 모기잔스키를 만났어요. 저는 라파엘 펠리페리와 함께 있었죠. 제 기억에 그는 자기 첫 장편 〈마음의 감옥La prisionera (2005)〉 제작 중이었어요. 그가 5년 동안 35mm 필름 카

---

3) 부에노스아이레스에 위치한 극장으로 1967년에 개관했다. (역주)

4) 부에노스아이레스 라틴 아메리카 미술관(Museo de Arte Latinoamericano de Buenos Aires) 내부에 자리한 시네마테크. 말바(Malba)는 미술관 이름의 약칭이다. (역주)

메라로 찍었던 작품이죠. 그래서 당신은 이미 그 작품이 뭔가 기존의 영화 제작 방법과 다르다는 걸 느꼈을 거예요. 저는 우리가 영화 산업 속 더 전통적인 영화 제작 방식을 거부하고 있었다고 생각합니다. 초창기에 저는 언제나 더 삐딱한 방법을 찾으려고 노력했죠. 저는 시스템에 해당하는 것들을 하지 않았어요. 그래서 아마 제가 시스템 바깥에 있는 사람들을 많이 만났던 거 같아요.

저는 엘 팜페로 소속 사람들과 아주 가깝게 지내요. 실제로 저의 첫 영화, 〈도둑맞은 남자〉는 엘 팜페로에서 편집했죠. 크레딧에 엘 팜페로 로고를 넣은 건 그곳 사무실이 1년 내내 저를 받아준 것에 대한 감사 표시라고 생각해요.

2001년에 아르헨티나에 큰 위기가 있었고 모든 게 엉망이 됐었어요. 신자유주의 정부의 경제적 탄압에 저항한 많은 사람들이 죽었어요. (비탄과 무책임, 그리고 분노와 함께 그 여파가 현재 다시 돌아오고 있어요). 그리고 우리는 그 맥락 속에서 영화를 만들기로 했어요. 그래서, 우리가 아주 체계적으로 영화를 만들었나? 아니요, 우리는 무엇도 개의치 않고 무언가를 발명해 내려고 했어요. 저는 마리아노가 수많은 새로운 무대를 만든 대단한 발명가라고 생각해요. 그는 작은 자원으로 큰 영화를 만드는 법, 독립 영화가 다섯 시간짜리일 수도 있으며, 대단한 이야기를 전달하는 법, 많은 배우와 촬영 일수를 활용하여 다양한 플롯을 담는 법, 이런 걸 발명했어요. 그는 영화 제작이란 무엇인가에 대해 새로운 사고방식으로 출발했습니다.

이것은 나만의 주사위를 던지고, 나만의 기회를 가지도록 용기를 줍니다. 그리고 또 다른 요소는 독립 극단 신(Scene)이에요. 이건 2000년대 초반 부에노스아이레스에서 발생했는데, 영화 분야의 특정 인물들을 극장 제도권 바깥 연극 극단에 있는 사람들과 연결해 줬죠.

저는 영화감독으로서 우리는 제도권 바깥에서 작업하는 친구들의 방식을 보고 배운 게 산업영화, 또는 독립 영화라고 여겨지는 몇몇 영화들로부터 배운 거보다 훨씬 많아요. 우리는 우리의 영화 제작이 영화계에서 일하는 사람들보다 연극계에서 일하는 사람들과 더 많이 관련이 있다고 생각해요. 이 모든 건 서로 다 얽혀있어요. 비제도권 연극, BAFICI와 마르델플라타국제영화제, 영화 잡지들 (엘 아만테, 푼토 데 비스타, 파시엔도 시네), 우니베르시다드 델 시네, 그리고 우리 영화를 상영해 주는 말바까지. 매일은 아니지만, 몇 달 동안 일주일에 두 번씩 영화를 다르게 상영하는 아이디어는 마리아노 지나스가 그의 첫 작품 〈발네아리오〉를 통해 진행했고, 그것은 부에노스아이레스에서 전시 형태로 변모했어요.

당신의 누벨바그에 대한 질문에 직접적으로 답하자면, 그들이 만나고, 사고하고, 영화를 만드는 것을 통해 그들 스스로를 구축했다는 점은 우리와 같은 제스쳐라고 생각해요. 그리고 뭔가에 반하는 것, 소위 '질의 전통(tradition de la qualité)' 또는 그런 상태에 반하는 것도 마찬가지고요. 초기 뉴 아르헨티나 웨이브가 다루던 '질의 전통'이라 부를 만한 흐름이 존재했어요. 제가 영화를 만들기 시작했을 때는 이 새로운 물결이 그 전통을 부순 후였죠. 저는 전 세계적으로 정말 많은 다른 사례들이 존재하고 역사 전반적으로 뭔가 다르게 해보고 싶은 젊은이들의 집단이 존재한다고 확신해요. 그런 일들이 일어나기 위해선 맞서야 할 무언가도 필요하죠. 아르헨티나 영화가 아주 조용한 영화 (음소거된 캐릭터), 정적인 쇼트들, 그리고 깊은 자연주의로 스스로를 통합하고 있을 때, 저는 언어들, 문학과 인위적인 기교를 포용하는 영화를 또 다른 가능성이라고 상상했어요.

우니베르시다드 델 시네는 만남의 장소와 장비, 그리고 사람들 간의 교류를 제공했어요. 공동 창작자를 넘어 아니라 우리에게 협업의 새로운 방식을 제시했죠. 게다가, BAFICI 영화제는 이 창작자들은 국내외 흐름에 소개해 줬어요. 그리고 말바 시네는 부에노스아이레스 예술계에 새로운 월간 계획과 함께 이 작품들을 전시할 거예요. 이 모든 지점이 영화를 가능하게 만들어요.

파베린 | 당신의 영화 제작 방법 안으로 들어가 볼까요? 당신의 창작 과정이 어떻게 되나요? 저는 당신의 글쓰기, 특히 각본 집필에 관심이 많습니다. 이 과정을 얼마나 철저하게 진행하는 편인가요? 아니면, 당신의 촬영이나 팀원들과 협업이 이 과정에 얼마나 많은 영향을 끼치나요?

피녜이로 | 글쓰기는 언제나 쉽지 않은 일이고, 또 답답한 경험이기도 합니다. 제가 전에 말했듯, 각본을 쌓아두기만 해서는 촬영의 기회가 주어지지 않았어요. 그렇다면 과연, 각본이란 무엇일까요? 각본은 마치 창의적인 공간처럼 여겨지지만, 사실 실제로는 창작 활동을 통제하기 위한 경제적인 장치예요. 동시에 일을 마치기 위한 소통의 도구이기도 하죠. 저는 소통이란 측면은 즐기지만, 통제는 좋아하지 않아요.

저의 경험을 돌아보면, 저는 글쓰기 과정을 줄여왔고, 이제는 촬영 자체가 글쓰기예요. 〈도둑맞은 남자〉의 경우를 예로 들 수 있을 거 같은데, 저는 촬영 1년 전 모든 기다림과 거절 속에 각본을 완성해 둔 상태였어요. 〈그들은 모두 거짓말하고 있다〉는 6개월 전에 각본을 완성했고

214

그 중간에 리허설도 했어요. 저는 정말 리허설 과정이 필요해요. 〈로잘린〉은 3개월, 대신 아주 빠듯하게 촬영하면서 리허설도 했어요.

〈부에노스아이레스에 관하여A propósito de Buenos (2006)〉 같은 집단 제작 영화 만들기에 관해 이야기를 안 했네요. 저는 이 영화에서 배우들을 포함하는 아주 흥미로운 방법론을 찾아냈습니다. 이 영화가 저에게 중요한 이유는 제가 수년간 함께 작업할 많은 사람들을 이 영화를 통해 만났기 때문입니다. 촬영 감독 페르난도 로케트, 음향 담당 다니엘라 알레, 마리아 비샤르와 로미나 파울라라는 배우들까지 말이죠.

또한 리허설 과정을 통해, 저는 아주 자유로운 방식으로 각본을 다시 쓰기도 해요. 저를 답답하게 만드는 글쓰기의 추상적이고 통제적인 면과 동떨어진 방법이죠. 그 당시, 저는 배우들과 어떻게 일해야 하는지 몰랐어요. 그래서 저는 영화를 만들면서 모든 걸 배워야 했어요. 그래서 각본을 쓰는 것도 정말 행복하지 않았어요. 하지만 마리아와 로미나와 함께 리허설을 시작했죠. 거의 매주 저는 리허설을 기록으로 남기고 우리가 기록한 것과 흥미로운 구절에 대해 적어 내려갔어요. 그래서 배우들은 제가 처음 쓴 각본을 가지고 즉흥 연기를 하기도 했어요. 저는 그 즉흥 연기를 고려해 각본을 수정하고 다음 주에 다시 리허설 작업을 했어요. 그래서 우리는 글을 쓰고, 우리가 작업한 모든 것을 기록한 다음, 좋은 대사를 고르고 다시 각본을 만들어서 촬영을 진행했습니다.

제가 여전히 같은 창작 방법론을 적용하고 있다고 생각할 수도 있지만, 이제는 리허설 촬영과 실제 촬영이 같은 것이 되었습니다. 진행 중인 작업을 더 '날카롭게' 만들기 위해선 더 많은 촬영과 더 긴 기간이 필요합니다. 컴퓨터를 열고 장면 하나 하나 적어 완전한 각본을 하나 쓰고 촬영 일정으로 이어지는 계획, 저는 이런 방법론은 구축하지 못했어요. 제 경험상, 영화 제작을 거듭할수록 글쓰기에 전념할 시간은 점점 부족해집니다. 대신 촬영에 더 많은 힘을 싣고, 다른 시기에 쓰인 이미 존재하는 텍스트들(셰익스피어, 파베세, 사포 같은)의 출연이 더 많아지고 있습니다.

저는 현재 말 그대로 첫째로 필요한 건 재료라는 걸 깨닫습니다. 저는 문학으로부터 이런 요소들을 차용하고, 구조를 만들고, 이 텍스트들에 어떻게 활력을 불어넣을지 생각합니다. 저는 이런 것들을 셰익스피어와 파베세, 사포를 가지고 했죠. 그리고 지금 페트라르카 텍스트를 가지고 똑같이 작업하고 있습니다. 저는 저의 글쓰기 과정을 축소했고 이를 실제 이미지 메이킹과 섞어왔다고 생각합니다. 왜냐하면 이 첫 번째 영화 제작 경험을 했던 23살 때부터 저는 작은 카메라로 리허설을 기록하고 그렇게 카메라와 함께 각본을 만들었습니다. 저는 절대 각본 집필이 꼭 글 형태여야만 하거나 그 자체로 독립된 개체라고 느낀 적 없습니다. 사람들은 지출이 얼마나 될지 가늠하거나 뭔가를 잊어버리지 않기 위해 각본을 중요하게 여깁니다. 그래서 저는 저도 각본을 씁니다. 대신 과정의 마지막에요. 각본은 영화 제작 중에 만들어집니다. 현재 저는 저의 글쓰기 방식에 대해 재고가 필요하다고 생각합니다. 저는 더 많이 쓰고 싶고, 각본을 부정하는 게 아니라 글쓰기에 대한 새로운 접근을 찾고 싶습니다. 해봐야 알겠죠.

이게 제가 작업 중인 페트라르카에 관한 영화가 당면한 도전입니다. 글쓰기는 제가 사람들을 만나고 시간과 공간 속에 생각을 행동으로 옮겨야만 돌파할 수 있는 분투입니다. 작은 카메라로 스케치 촬영을 하고, 재촬영 후 편집하고, 다시 쓰고, 다시 찍고… .전통적이고 산업적인 방식과 달리 모든 게 뒤섞여 있습니다. 글쓰기를 절대 멈추지 않죠. 왜냐하면 편집실에서도 글을 쓰고 있으니까요. 예를 들면, 〈너는 나를 불태워〉에서 아구스티나 무뇨스의 목소리는 촬영 마지막 단계에서 떠올랐고 음향 편집 단계에서 더 강하게 발전시켰습니다. 각본 초고에는 등장하지 않았어요.

델 레 | 우리가 쓰기와 읽기에 대해 지속해서 논하고 있다는 게 저에게 굉장히 흥미롭습니다. 그래서 저는 독서, 그리고 문학과 당신 사이 연결고리에 대해 더 깊숙이 들어가고 싶은데요. 당신 말대로 각본이 곧 문학은 아닙니다. 하지만 당신 영화에 셰익스피어가 등장하듯 당신은 문학에서 가능성을 발견합니다.

피녜이로 | 맞아요. 문학은 말마따나 '모든 것의 근간'이죠. 빵에게 밀가루가 있고, 꽃에게 물이 있다면, 영화에는 문학이 있어요. 하지만 저는 당신이 읽기에 대한 아주 흥미로운 점을 건드렸다고 생각합니다. 제 영화의 경우, 제가 문학을 다루거나 텍스트를 읽을 때 경험하는 기쁨이나 놀라움으로부터 흥미를 찾습니다. 특히 셰익스피어 작품을 다룰 때, 저는 연극을 만들려고 하는 건 아니었습니다. 대신 읽기의 경험을 전달하려고 노력하죠. 이것이 바로 인물들이 대사를 반복하고, 이를 해석하는 이가 등장하는 이유입니다. 이건 연기에 관한 게 아닙니다. 연극에 관한 것도 아니에요. 이건 읽기 경험에 관한 것이죠. 제가 〈로잘린〉 다음으로 〈비올라〉를 만들 때, 저는 반복이라는 아이디어를 발전시켰습니다. 저는 텍스트 반복하기를 사용했어요. 왜냐하면, 〈로잘린〉의 경우에서 텍스트가 단 한 번 등장하는 것으로는 관객이 텍스트의 즐거움을 완전히 느낄 수 없다는 걸 깨달았기 때문입니다. 이 반복의 경험은 우리가 독서할 때와 비슷해요. 당신이 읽고 있는 무언가가 마음에 들 때 당신은

어떻게 하나요? 그 부분을 다시 읽거나 밑줄을 치겠죠. 〈너는 나를 불태워〉에서 저는 밑줄 치기라는 행위를 포함했어요. 〈너는 나를 불태워〉는 읽기에 관한 게 아니에요. 이건 읽어야 하는 영화죠. 당신은 읽어야 하는 진짜 책을 한 권 받은 거예요. 이건 문학 영화가 아닙니다. 읽는 영화입니다. 저는 읽는 행위에 관심이 많아요. 〈도둑맞은 남자〉에서, 사람들이 독서하는 장면이 등장합니다. 그 사람들은 "안돼, 나 책의 이 부분까지만 읽게 해줘. 그리고 얘기 계속하자."라고 말합니다. 제가 이것을 어떻게 표현하면 좋을지 저를 생각하게 만드는 부분입니다. 로잘린의 심리나 내면, 그 주관성을 표현하려는 게 아닙니다. 말하기, 대화하기, 읽기의 경험에 더 가깝죠.

영화는 읽기 행위로 무엇을 할 수 있을까요? 바로 공유하기입니다. 저는 영화에서도 제가 느낀 읽기의 즐거움을 공유하고 싶습니다. 그리고 이건 작가에 관한 거라기보단 장소에 관한 거예요. 저는 사르미엔토에 관한 텍스트에 빠져있었고 저는 그 글들이 정말 놀랍다고 생각했어요. 제가 읽었던 글들은 그의 보통 텍스트들이나 아르헨티나에서 잘 알려진 다른 글들과는 달랐어요.

비록 저는 경전과도 같은 작품들을 가지고 작업하지만, 저는 기준을 벗어난 매력적인 해석을 가진 영화들을 좋아해요. 셰익스피어이긴 하지만 『햄릿』이 아니라 『뜻대로 하세요』, 사르미엔토이긴 하지만 『파쿤도』가 아니라 『유럽, 아프리카, 아메리카 여행』인 거죠. 하지만 재밌게도 파베세와 사포는 서로 겹칩니다. 마치 〈북북서로 진로를 돌려라〉 같아요. 언제나 삐딱선을 타죠. 파베세를 읽다 보면 사포가 파베세에게 어떻게 영향을 끼쳤을지 흥미가 생깁니다. 이렇게 서로 교차해서 글을 읽기도 합니다.

인체릴로 | 저는 당신 영화가 우리에게 허락한 두 가지에 관해 이야기하고 싶은데요. 특히 〈너는 나를 불태워〉에 대해 말하자면, 이 영화를 통해 우리 머릿속에 새겨진 건 바로 당신에겐 시간의 차원보다 공간의 차원이 더 중요한 것처럼 보인다는 것입니다. 마치 우리는 카메라를 통해, 텍스트와 텍스트 읽기를 통해 공간을 탐험하는 것 같습니다. 그리고 당신의 영화 제작에는 실제 예술적인 차원이 있다는 사실과 관련이 있는 듯합니다. 〈너는 나를 불태워〉에는 꽤 명백하게 당신의 영화 제작의 가변적인 차원이 존재합니다. 하지만 그뿐만이 아니죠. 저는 당신이 2002년에 만든 첫 단편 〈침묵하는 여자Una Mujer Silenciosa〉를 봤습니다. 그 영화에서 우리는 당신이 공간, 빛과 그림자를 다루는 데 관심이 있다는 사실을 알 수 있죠. 나는 즉시 당신도 언급한 적이 있는 샹탈 아케르만을 생각했습니다. 하지만 또한 특정 공간에서 사는 또 다른 방법을 보여준 에드워드 호퍼와 피나 바우쉬도 떠올랐죠. 따라서, 당신이 아주 오래전에 만들었던 영화를 통해 뭔가 나눌 이야기가 있을까요?

피녜이로 | 정말 오래 전 이야기이고 저는 보통 그 영화를 보여주지 않아요. 하지만 누군가 그 영화에 관심을 두는 사람이 있다면, 그 당시 제 영화는 지금과 무엇이 달랐는지 비교할 수 있는 흥미로운 조각이 될 거예요. 그 때 저는 샹탈 아케르만에 아주 관심이 많았어요. 물론 지금도 그렇고요. 하지만 2001년에 샹탈 아케르만 영화를 보는 건 불가능했어요. DVD도 없고 아무것도 없었거든요. 그래서 저는 다비드 오우비냐 (David Oubiña)가 쓴 샹탈 아케르만에 관한 글들을 읽었어요. 그는 라피냐 필리펠리 서클에서 중요한 인물이에요. 그는 정말 훌륭한 선생이고, 작가이고, 영화에 관해 생각하는 아르헨티나에 몇 없는 사람이었죠. 그는 샹탈 아케르만에 관한 글을 쓴 적이 있었어요. 저는 〈잔느 딜망Jeanne

Dielman, 23 quai du Commerce, 1080 Bruxelles (1975)〉을 몇 년 후 파리 여행 중에 볼 기회가 있었죠. 2005년인가 그랬을 거예요.

따라서 그 영화는 샹탈 아케르만 영화를 보고 만들어진 게 아닌, 샹탈 아케르만에 관한 글을 읽고 만들어졌어요. 또 그 당시 저는 미하엘 하네케의 초기작들에 관심이 많았어요. 사람들은 저에게 샹탈 아케르만을 봐라, 하네케를 멀리하고 샹탈 아케르만 같은 더 흥미로운 감독을 보라고 추천했던 이유죠. 그리고 그들이 옳았어요.

그리고, 공간에 대한 생각을 말하자면, 저는 에드워드 호퍼를 참고했어요. 마리아노와 라파엘이 가르쳤던 다큐멘터리 수업을 들은 적 있는데, 그 수업에서 저는 제가 어떻게 정면성(frontality)에 관심을 두게 되었는지 말한 적이 있어요. 정면성에 대한 제 얘기를 듣고 마리아노는 아마 비웃었을지도 몰라요. 그때 저는 다른 호퍼에 관한 책을 공부 중이었거든요. 저는 제가 호퍼 얘기를 왜 꺼낸 건지 모르겠어요. 아마 샹탈 아케르만 때문에 나온 거 같은데, 호퍼와 영화 사이엔 연결하기 쉬운 점이 있거든요. 그리고 어떤 건 데이비드 린치를 떠올렸던 거 같아요. 그가 레퍼런스 삼았을 수도 있겠죠. 저는 2000년과 2001년에 미국과 유럽으로 처음 여행을 떠났고, 그곳에서 호퍼의 그림들을 봤어요.

〈너는 나를 불태워〉 속 시간에 대한 생각을 말하자면, 저는 이 작품이 시간 바깥에 존재하는 영화여야 한다고 생각했어요. 왜냐하면 파베세의 테제 때문인데요. 이야기를 하는 이 여자들은 어디에 있는가? 이야기를 하는 이 여자들은 누구인가? 그들은 유령이에요. 이건 유령 영화에요. 그들은 절벽 끝에서 죽음 이후에 대화를 나누는 거죠. 이 영화는 좀 추상적이에요. 때로는 추상적일 필요도 있죠. 이건 시간을 구성하는 또 다른 방법이에요. 공간은 환경의 변화, 바다의 변화 – 이 바다는 여러 개의 바다로 이뤄져 있어요. 마르델플라타, 산세바스티안, 그리스까지 아우릅니다. 좀 정신없죠. 마치 〈카메라를 든 사나이Man with a Movie Camera (1929)〉에 나오는 여자처럼, 같은 여자지만 동시에 여러 명의 여자기도 해요. 이 공간은 편집을 통해 더 많이 지어져요. 셰익스피어 영화들에서는 공간이 주로 패닝을 통해 구축되고, 한 앵글이나 카메라 위치를 최대한 활용하는 미장센을 유지합니다. 마치 내가 '한 자리에서 몇 가지 앵글을 찍을 수 있을까?'라고 고민하는 것처럼, 촬영된 세계가 카메라 주변에서 어떻게 조직되는지를 생각하는 방식이죠. 마치 카메라는 태양이고 기둥, 벽, 의자, 그리고 사람들은 위성인 것처럼요. 그리고 카메라가 움직이면 사람들도 움직이죠. 저는 쇼트들을 2분 정도 길이로 유지해요. 때때로 8분 길이로 만들기도 하죠. 하지만 전 참을성 있는 사람이 아니에요. 저도 처음엔 이런 식으로 시간에 대한 흥미가 있었지만, 결국 공간을 구성하는데 더 큰 노력을 들이기로 했어요. 아마도 그건 자크 리베트와 오토 프레밍거 같은 공간을 구축하는 감독들의 영향인 거 같아요. 비록 관객들이 공간을 많이 보지 않더라도, 공간이 어떤지에 따라서 움직임을 구성할 수밖에 없어요. 그리고 〈너는 나를 불태워〉에서는 편집도 중요해요. 최근 몇 년간 제 영화에서 편집이 훨씬 중요해졌다는 걸 아마 발견할 수 있을 거예요.

〈허미아와 헬레나〉부터 – 제가 뉴욕으로 이주했을 때, 부에노스아이레스, 뉴욕, 스페인을 오가며 제작 시스템이 파편화된 후 – 분절된 제 삶이 어떤 식으로든 영화에 나타나기 시작했어요. 영화가 제 삶의 박동에 맞춰 쓰였기 때문이죠. 〈너는 나를 불태워〉를 만들 때, "이걸 어떻게 편집해야 할지 모르겠다"고 생각했어요. 시나리오 맨 마지막 페이지에 이 문장을 적었죠. "이 텍스트를 어떻게 촬영하면 좋을지 모르겠다." 이걸

221

제가 셰익스피어 텍스트를 찍는 방식으로 촬영할 수 없을 거란 걸 알고 있었어요. 다른 미장센, 그리고 카메라, 분할, 편집을 통해 만드는 미장센이 필요했죠.

〈이사벨라〉도 편집이라는 요소가 살짝 있었어요. 편집에 관심을 두기 시작했죠. 그리고 요소에 대한 아이디어, 각주에 대한 아이디어, 텍스트에 벌레처럼 파고들었다가 튀어나오는, 또는 미궁처럼 중심 텍스트에서 여러 갈래로 길이 갈라지는 그런 걸 생각했어요. 편집은 분절, 중단, 다른 속성에 대한 지시를 위해 필요했어요. 여기엔 약간의 픽션도 있고, 약간의 다큐멘터리도 있고, 일관성 있게 뭔가 이뤄지지 않아요. 사건은 공간 안에서 벌어지고, 편집을 통해 시간의 지속을 만들어내지만, 대신 공간의 차이도 만들죠.

델 레 | 지속성이라는 개념은 현대 영화에서 아주 중요하죠. 영화감독들은 지속에 대해 많은 것을 반영해 왔습니다. 제 생각에 리산드로 알론소나 라브 디아즈 같은 감독들이 보여주는 현대 영화의 주요한 패턴은 바로 공간보다는 지속되는 시간 안에 모든 것을 투영하는 것입니다. 당신은 다른 방향으로 가고 있어요. 당신의 제일 첫 번째 작품 〈침묵하는 여자〉에서 그들과 마찬가지로 지속성을 다룬 작업을 했음에도 불구하고요. 제 생각에 시간의 지속성이 아닌 필름과 움직임을 통해 공간을 탐구하는 건 정말 고유한 방식입니다. 그리고 그건 당신 영화에서 결정적인 부분을 우리에게 전달합니다. 바로 리듬입니다. 리듬은 우리가 보고 느끼지만 만질 수는 없는 무언가죠. 그래서, 공간 속 움직임과 자유로움이라는 주제에 대해 더 자세히 알아갔으면 하는데요.

피녜이로 | 제 생각에 〈침묵하는 여자〉는 학생 영화에요. 이건 너무

많은 독서와 너무 많은 영화 감상으로부터 나왔어요. 그리고 저는 예를
들면 차이밍량에도 정말 관심이 많았어요. 저는 그 단편 영화에서 제가
하고 싶었던 모든 걸 했던 거 같아요. 물론 정신적인 측면에서요. 그래서
그 단편에서부터 〈도둑맞은 남자〉, 또는 〈부에노스아이레스에 관하여〉
에 이르기까지 저는 모든 걸 토해내야 했어요. 그래서 제가 정확히 원하
는 것과 정말 흥미를 느끼는 게 뭔지 찾기 위한 해독이 필요했죠. 마리아
와 로미나를 비롯한 배우들과의 만남이 저에게 바로 해독이었고, 에른스
트 루비치나 프리츠 랑 같은 훨씬 고전적인 영화로 저를 확장시켜줬습니
다. 저는 그다지 스스로 모더니스트가 되고 싶지도 않고, 모더니즘의
개념을 확장하고 싶은 사람도 아닌데, 한 가지에 굉장히 직설적인 점에
영향을 받았고, 고전 할리우드와 누벨바그 사이 연관, 뉘앙스의 가능성
을 이해할 수 있었습니다. 그것은 단순히 파괴와 불신이 아닌 사랑과 상
호작용의 또 다른 방법이라는 사실을 알 수 있었죠.

첫 단편 영화와 첫 장편 영화 사이 몇 년간 저는 고전적인 미장센과 현
대적인 미장센, 거리가 먼 미장센과 가까운 미장센, 뜨거운 미장센과 따
뜻한 미장센을 이해할 수 있었습니다. 그리고 제 생각에 이야기와 내러
티브를 평범한 방법이 아닌 대안적인 방법으로 전달하기 위해 노력하려
는 동안 배우들과 많은 상호작용을 나눌 수 있었던 거 같아요. 저는 이
영화들 속에 외재하는 세계에 대한 어떤 것들을 포함하려고 노력했어요.
마치 아주 인위적인 기계처럼 보이도록 말이죠. 심지어 셰익스피어 영화
들은 삶을 반영하지도 않죠. 그 영화들은 자연스러운 영화는 아니에요.
저도 그걸 굉장히 의식하고 있고 모든 사람이 이를 의식하길 바라요. 이
영화들은 이상하고, 약간 발명품 같고, 악곡 같고, 뭔가 약간 평행 세계
속에 있는 것 같죠. 그런 걸 만들어내기 위해선 균형이 필요해요. 그리고
그 균형은 음악성, 영화가 가져야 하는 리듬이죠. 공간이나 신체, 그리고

카메라의 공간 속 움직임과 프레임 간 상호작용이기도 하고요. 그리고 저는 이 모든 요소들이 서로 관계를 맺으면서, 다양한 삶을 이야기할 수 있고, 다른 시간 감각을 만들어낼 수 있으며, 이상한 분위기를 형성할 수 있는 어떤 가능성이 있다고 생각했습니다.

〈로잘린〉을 예로 들자면, 인물들은 평범한 리허설을 하는 게 아니에요. 그들은 텍스트와 관계 맺는 기묘한 상호작용의 중간 단계에 있습니다. 〈비올라〉는 리허설을 반복하는 동안 점점 더 현실적인 맥락을 갖추지만, 동시에 이상해지죠. 불확실성을 제시하고, 인물들의 내면 무언가를 전달하는 〈이사벨라〉도 있죠. 제가 한 쇼트를 촬영할 때, 움직임과 프레임 사이 이런 균형을 발견하는 테이크가 좋은 테이크라고 생각해요. 배우들의 움직임이 곧 뭔가를 말하는 방법인 거죠. 저는 에른스트 루비치의 대사를 소화하는 캐서린 헵번을 보고 정말 많이 배웠습니다. 또는 에릭 로메르, 그리고 제가 함께 일하는 제 사람들을 통해서도요. 영화 역사에 대한 레퍼런스를 수용하는 방법은, 마치 자크 리베트가 말하곤 했던 것처럼, 정말 많이 봐야 한다는 거예요. 딱 한 편의 영화로부터 영향을 받지 않도록 말이죠. 100명의 영화감독으로부터 영향을 받는 것도 불가능해요. 하지만 모든 정보와 자극의 총합은 아마도, 바라건대, 우리에게 찰나에 대한 의식을 가져다줄 거예요. 찰나는 촬영하는 순간을 말합니다. 찰나는 영화가, 이미지와 사운드가 포착되는 순간을, 또 움직임이 만들어지는 순간을 말합니다. 쇼트는 그 자체로 내부에서 편집이 일어나야만 해요. 그럴 때 음악성이 나타나고 지금 이 순간의 강렬함이 나타나죠. TV가 활용하는 촬영 방식은 무척 수동적이에요. 반복하고 편집하는 방식이죠. 그건 아니에요, 촬영의 순간 현재 시제로서 강렬한 감정이 필요해요. 그냥 현상을 기록하고 나중에 확인하는 방식은 나에게 있을 수 없어요.

파베린 ㅣ 여배우들에 대해 말하자면, 거의 모든 당신 영화 속 중심인물은 여성들이 맡고 있어요. 당신의 영화적 탐구를 이런 방향으로 인도한 특정한 관심사가 존재하나요? 아니면 당신이 함께 일하고 싶은 아티스트들과 관련이 있는 선택인 건가요? 이게 내러티브에 대한 당신의 관점에 영향을 미쳤을 수도 있을까요?

피녜이로 ㅣ 음, 이건 언제나 대답하기 어려운 질문이에요. 여성들에 관한 영화를 만들고, 아니면 여성들과 영화를 만들고 이런 관점에 관심이 있다는 건 사실이죠. 내가 만약 남성들과 영화를 만들었다면 그 영화들은 어땠을까요? 아마 굉장히 자유롭지 못한 결과물일 거예요. 제가 가진 생각을 여배우의 신체와 목소리를 통해 묘사하는 것은 삐딱함, 소수자성의 흐름을 제공한다고 생각해요. 저는 여성들의 지위에 더 관심이 많아요. 그들이 경험하는 세계가 어떤지 저는 알 수 없죠. 여성이 아닌 나, 이건 좀 더 흥미로워요. 이건 구성된 거예요. 이건 자연스럽게 획득할 수 있는 뭔가가 아니지요. 하지만 그러면서도 이건 기존의 표현 방식을 약간 흔드는 거 같아요. 아마도 저는 저의 성장 배경에 영향을 받은 거 같아요. 저는 어머니와 함께 영화를 보러 다녔고, 어머니에 의해 길러졌다는 사실을 돌이켜보면 흥미롭죠. 그래서 나에게 어머니는 항상 거울이었고, 그 거울을 통해 세상과 관계를 맺고 이해했던 거 같아요.

저에게는 남성보다는 여성의 목소리와 상호작용을 통해 텍스트를 이해하는 게 훨씬 흥미로워요. 만약 남성을 통한다면, 너무 기초적이고, 직설적이고, 제약이 많을 거예요. 저는 여성 인물들에게 무엇이 중요하고 무엇이 안 중요한지, 무엇이 옳고 무엇이 그른지, 무엇이 참이고 무엇이 거짓인지 알 수 있는 샛길을 제공한다고 생각합니다. 이것이 바로 제가 남성 중심의 비극을 영화로 다루지 않으며 여성이 더 능동적인 역할을 하는 희극에 관심이 많은 이유입니다. 이 희극에 생명을 불어넣는 건 저를 정말 흥분시키는 일이에요. 저는 비교적 비주류와 관계를 잘 맺는 거 같아요. 여성들의 위치는 뭐랄까, 균형을 맞추기 위한 일종의 공정성과 관련이 있어요. 저는 여성과 함께 일하는 것이 훨씬 흥미롭다고 느껴요. 여성과 함께 일하는 건 제 이야기를 자연스럽게 만드는 대신, 인위적인 것들을 포용하도록 만들기 때문이에요. 왜냐하면 전 여성이 아니니까요. 여기엔 제가 절대로 채울 수 없는 틈이 존재해요. 만약 남자에 관한 거라면, 아주 전형적인 관계가 되겠죠. 저는 여기 제 영화 속 여성들이지만 동시에 아니에요. 그리고 그 여성들은 허구의 인물이기 때문에 제가 그들이 되는 건 불가능해요. 그들은 만들어진 존재니까요. 이 점을 인식하는 건 제가 인위성을 수용하는 걸 도와줘요.

한 번 상상해 보세요. 〈도둑맞은 남자〉에 나오는 게 남자라면, 한 남자가 한 여자에서 다른 여자로 달리고 있다면. 그건 아마 굉장히 마초적인 영화가 됐을 거예요. 그 장면에서 같은 것을 할 여성들이 필요했어요. 강인하고, 그들의 세계를 창조하고, 다른 것들을 뒤집어엎고 이야기의 주인이 될 여성들이요. 그들은 이야기의 선장으로 두는 건 언제나 저에게 흥미로운 도전입니다.

인체릴로 | 두 편의 사르미엔토 영화, 〈도둑맞은 남자〉와 〈그들은 모두 거짓말하고 있다〉에 대해 말하자면, 저는 마르셀라 감베리니(Marcela Gamberini)가 언젠가 〈프린세스 오브 프랑스〉에 관해 물었던 질문으로 운을 떼고 싶은데요. "당신의 영화는 여성들의 영화인가요, 아니면 '젊은' 여성들의 영화인가요?" 미래에 그 인물들의 나이는 달라질까요?

피녜이로 | 이미 달라졌어요. 우리는 더 이상 24살이 아니에요. 그리고 저는 그들과 계속 함께 일할 거예요. 물론 저는 처음에 몇몇 평론가들이 '어떤 20대들'이라고 말했던 걸 기억해요. 그게 바로 시발점이에요. 그때 저는 생각했죠. "뭐라고? 내 영화에서 끄집어낼 수 있는 게 고작 이거라고?" 가장 먼저 말할 수 있는 게 '이 젊은 사람들'이라니. 이제 그 인물들은 다 나이가 들었어요. 당신도 알 수 있죠. 이게 바로 제가 〈너는 나를 불태워〉 속에 〈도둑맞은 남자〉를 약간 집어넣은 이유예요. 영화를 차이에 대한 자료로서 보도록, 우리가 함께 나이 먹고 있다는 사실을 보도록 말이죠. 저는 여전히 마리아, 가비, 로미나, 필라르, 감보아, 훌리안 테쇼와 함께 작업할 부분이 많다고 생각해요. 다시 함께 작업하고 싶은 남자 배우들도 많죠. 아니면 심지어 제가 아직 모르는 배우들도 있고요.

저는 저보다 나이가 많거나 어린 사람들과도 곧잘 교류하지만, 제 또래 사람들과 주로 작업을 해요. 저는 이게 꼭 거울 같다고 생각해요. 그들을 거울처럼 바라보며 스스로를 알아가죠. 한번은 이런 적이 있었어요. 사르미엔토에 대한 프로젝트가 하나 있었는데요. 사르미엔토가 아마 훨씬 나이가 많았을 때 쓴 글이었을 거예요. 그래서 저는 그 영화를 제작하지 말고 그만큼 나이가 들 때까지 기다려야겠다고 생각했어요.

저도 제가 다른 나이대와 관계된 작업을 하는 게 이상하게 불가능하다고 느끼는지 잘 모르겠어요. 적어도 이 사르미엔토 프로젝트들에 관해서요. 만약 제가 누군가를 만나 친구가 되었는데 그 사람이 75살이었다면, 저는 그 사람을 그 프로젝트에 넣었을 거예요. 저는 그런 사람들에 자석처럼 이끌리기도 하고, 제가 작업 중인 텍스트가 바로 그런 사람들을 다루기 때문이요.

인체릴로 | 〈도둑맞은 남자〉에서 우리는 당신의 커리어 전반에 걸쳐 반복되는 요소들을 발견할 수 있습니다. 예를 들면, 도서의 존재와 박물관에 대한 매료죠. 또한 이 작품에서 처음 등장하는 게 바로 시각적 시의 차원입니다. 과거 (역사 또는 문학)과의 관계성이 내재 되어 있고, 이 작품 같은 경우는 사르미엔토를 경유하죠. 아마 당신이 우리에 이에 대해 뭔가 말해줄 수 있을 거 같은데요. 저는 이 영화를 알레호 모기잔스키가 편집했다는 사실을 금세 알아차렸습니다. 그는 이 작품을 그의 작품 〈성냥팔이 소녀La vendedora de fósforos (2017)〉에서 오마주를 바치고 인용했죠.

피녜이로 | 그 경의는 당연히 마리아 비샤르와 우리의 우정을 위한 것이라고 생각합니다. 음, 제가 왜 박물관을 좋아하는지 말해야겠네요. 저는 그곳이 기묘하고 인공적인 공간이라고 생각합니다. 그리고 저는 인위적인 걸 좋아하죠. 우리는 박물관에 가면 다른 시간 속에 있는 것 같은 느낌을 받죠. 마치 순리의 바깥에 있는 것 같아요. 당신은 언제 박물관에 가나요? 어떤 사람이 박물관을 가죠? 바로 여행객이죠. 여행객이 아니라면 정말 할 일 없는 사람, 아니면 공부는 사람이겠죠. 이 공부라는 행위는 일상의 리듬, 자연스러운 리듬을 멈춥니다. 저를 굉장히 자극하는 건, 과거와의 연결이 우리의 현재를 멈추지만, 동시에 아주 강렬하게 현재를 체험하도록 만든다는 점입니다. 박물관에 가면 전 그 유리 진열장들을 부수고 싶어요. 그림 하나를 훔쳐서 달아나고 싶죠. 박물관은 평행 세계를 떠올리게 하는 흥미로운 공간이에요.

이것이 바로 제가 반복되는 일상을 사는 사람들을 영화 속에 삽입하는 걸 좋아하는 이유입니다. 그들은 여행가이드이고, 박물관에서 일하죠. 박물관에 가면 정보들을 습득하기도 하지만, 뭔가 약간 이상한 기분이 마음에 자리하기도 하죠.

인체릴로 | 영화 속 '레티시아'의 표현을 빌리자면, 이 영화에는 유동적인 사랑의 질문들이 등장합니다. 대부분은 이성애를 다루고 가장 최근 영화만 예외적으로 레즈비언 이야기에요.

피녜이로 | 〈허미아와 헬레나〉에도 아이를 원하는 레즈비언 커플이 등장해요, 이를테면 말이죠. 하지만 저는 그들의 이야기를 착취하고 싶지 않아요. 저는 그들이 동등한 조건으로 있기를 바라죠. 그리고 현실을 반영하는 걸 피하고 싶은 것도 있어요. 한 명의 동성애자 남성으로서, 그냥 동성애 이야기를 쓰고 싶지 않아요. 저에게 있어서 이성애 이야기는 인위적인 무언가에요. 그렇기 때문에 이성애로부터 이야기를 시작하고, 그 이야기를 가지고 놀고, 맘대로 변형하는 건 흥미로운 일이에요. 어떤 것도 당연하게 여기지 않기 위해서 무언가를 인공적으로 구성하는 건 끊임없이 필요한 일이라고 생각해요. 남자가 카페에 들어선다, 여자를 본다, 서로를 바라본다, 쇼트, 역 쇼트, 사랑에 빠진다. 이런 걸 해체해 보는 거예요.

그래서 영화에 이성애자 커플들이 나온다고 한들, 그들에게 무슨 일이 일어나죠? 공중에서 산산이 부서지죠. 여자는 다른 인물들을 수정될 가능성이 있는 허구 속 캐릭터처럼 대해요. 예를 들면 〈도둑맞은 남자〉에서, 이성애자 커플이라는 아이디어는 가지고 놀기 좋은 재료라고 생각해서 사용했어요. 마리아는 그들을 마치 문학처럼, 모델링하고, 구성하고, 조작할 수 있는 문학처럼 대하기 위해 다른 인물 안으로 들어가죠.

인체릴로 | 당신 영화는 환상적인 키스 장면들도 등장해요.

피녜이로 | 네, 그런 장면들을 넣곤 했죠. 저는 더 이상 그러지 않아요. 〈이사벨라〉 이후로 저는 더 이상 키스 장면은 없어요. 웃기죠. 왜냐하면 이미 다 했던 거라서 그래요. 우리는 삶의 주기를 통과하는 중인데, 제 삶에서 키스가 아주 중요한 것으로 생각하던 순간이 존재했고, 그래서 그것을 묘사했다고 생각하던 거 같아요. 키스는 이미지 속에서 서사적으로 뭔가를 전달하는 무언가이고, 마치 봉인 같아요. 서사를 제공하기도 하고, 키스는 악수랑 비슷해서 그 안에 동의가 존재하죠. 마치 도달해야 하는 구두점 같아요. 서사를 전달할 때, 키스가 등장하는 순간은 변화를 묘사하기도 하죠. 이건 모든 게 부서졌다는 걸 의미해요. 〈도둑맞은 남자〉에서 그녀는 마침내 그 남자와 키스하는 데 성공하지만, 더 이상 키스에서 흥미를 못 느끼죠. 그녀가 관심 있었던 건 이야기에서 키스가 만들어내는 무언가예요.

아니면 〈로잘린〉에서는 외로움을 표현할 때 키스를 활용해요. 영화가 다른 사람들이 어떻게 키스하는지 보여줄 때, 우리는 홀로인 있는 또 다른 사람들을 볼 수 있죠. 게다가 모든 조각을 함께 놓는 건 정말 인위적이에요. 왜냐하면 이 모든 건 동시에 일어나지 않거든요. 저는 사랑의 간헐성이라는 개념에 호기심을 느끼기도 하고 영향을 받기도 했어요. 마르셀 프루스트의 책 속 한 챕터의 이름이기도 한 「마음의 간헐Les Intermittences du coeur」은 이런 부드러운 비극을 찾는 데 영향을 많이 끼쳤어요. 우리는 사랑에 빠지기 위해서 여러 가지 노력을 하죠. 하지만 오늘은 강렬하다고 느낀 것들이 내일이면 사라져 버려요, 달라져 버리죠. 저를 매우 매료시키는 바로 이 역설, 이것들을 저는 인생을 통해 배웠을 뿐만 아니라 에릭 로메르와 장 르누아르가 직접 만든, 제가 사랑하는 영화들로부터 배웠어요. 저는 역설에 흥미를 느껴요. 그리고 그 역설이 작동하도록 영화를 만들고 싶어요. 그 역설이 잠잠해진다든지, 진실로서 우리 앞에 자리 잡는 그런 영화가 아니고요. 나는 장 르누아르의 사상과 그와 관련된 경험이 세잔과 같은 특정 화가들의 철학과 연결될 수 있다고 생각합니다. 그 모호함을 어떻게 표현할 수 있을까요? 이 불확실성을 어떻게 묘사할 수 있을까요? 변화에 대한 확신이 없는 이 모순은 거짓이 아닙니다.

이런 이유로 저는 사포의 파편화에도 관심이 있습니다. 사포란 누구일 까요? 우리가 그를 알고 있다고 생각하더라도, 사실 우리는 그를 잘 모릅니다. 여기저기 약간의 단서는 있지만, 그 당시 사랑의 경험이 실제로 어떠했는지에 대해 알 수는 없습니다. 음악 교사가 된다는 것은 무엇을 의미했을까요? 그리고 젊은 여성들로 이루어진 그룹을 이끈다는 것은 또 어떤 의미였을까요? 그것을 통해 우리는 무엇을 읽어낼 수 있을까요? 사람들은 어떻게 관계를 맺었을까요? 그 당시 사회는 어떤 모습이었을까요? 그리고 우리가 살고 있는 21세기에는 그것을 어떻게 이해하면 좋을까요?

그 당시 동성 간의 관계가 지금과 다르게 여겨졌다는 사실을 우리는 어떻게 받아들이거나 용인할 수 있을까요? 그리고 이러한 틈, 파편들, 불확실성에 저는 자석처럼 이끌립니다. 하지만 그것들을 감추고 싶어서가 아닙니다. 오히려 그것들을 증폭시키고 싶습니다. 저는 더 많은 가능성을 열어주고 싶습니다.

델 레 | 이 주제가 당신의 영화, 특히 셰익스피어를 다룬 영화에서 중요한 요소에 관해 이야기할 기회를 제공한다고 생각합니다. 바로 파편화, 그리고 틈새마다 발견할 수 있는 새로운 의미와 가능성입니다. 사포

의 경우에는 이러한 점이 명확하기 때문에 이해할 수 있을 것 같습니다. 하지만 셰익스피어에 관한 이야기는 훨씬 더 흥미롭습니다. 왜냐하면 우리는 셰익스피어에 대해 이미 모든 것을 알고 있다고 생각하기 때문입니다. 그는 역사상 가장 많은 찬사를 받은 작가 중 한 명입니다. 그러나 당신은 셰익스피어를 매우 개인적인 방식으로 다룹니다. 왜 그에게 매료되셨는지, 그리고 그 새로운 의미의 균열 속으로 뛰어들었을 때 어떤 반응을 느끼셨는지 설명을 듣고 싶은데요.

피녜이로 | 오, 사실, 나는 우리가 셰익스피어에 대해 아무것도 모른다는 점이 좋았어요. 우리는 심지어 그가 이 글을 썼는지 여부조차 알 수 없죠. 『뜻대로 하세요』를 읽은 사람은 아무도 없어요. 이건 내가 과장해서 말한 겁니다. 많은 사람들이 읽었겠죠. 이 영화들로 내가 하고 싶은 일은 우리가 얼마나 조금밖에 알지 못하는지 보여주는 것입니다. 이것은 파편화나 증폭뿐만 아니라 혼합이라는 개념도 포함합니다. 빅토르 위고는 비극과 희극을 섞는 것에 관해 이야기한 바 있습니다. 셰익스피어 중에서도 이 혼합이 나타납니다. 가장 분명한 예는 바로 어릿광대 캐릭터입니다. 비극인 『리어왕King Lear』에서도 유머를 발견할 수 있습니다. 희극인 『뜻대로 하세요』에서도 장엄한 순간들이 나타날 수 있죠. 혹은 『자에는 자로』에서 공포의 순간을 찾을 수도 있습니다.

셰익스피어 작업에서 가장 흥미로웠던 점은 우리가 알고 있다고 여겨지는 인물 속에서 틈, 열린 공간, 의문들을 발견하는 것이었습니다. 이는 토템처럼 여겨지는 작품 속에서 새로운 이야기를 위한 공간을 찾을 가능성을 열어줍니다. 모든 것은 상상 속에서, 배우들의 연기 속에서 이루어집니다. 그렇기에 공간을 만들어야 합니다. 제가 말하는 공간은 아르헨티나 아파트의 침실을 재현하는 방식 같은 것이 아닙니다. 공간은 프레임 속에서 움직임으로 나타나죠. 공간에 대한 제 생각은 단순히 장면을 만드는 것에만 국한하지 않습니다. 공간의 조화가 프레임의 크기, 카메라 앞 사물의 형태, 문과 사람들의 위치, 그리고 움직임과 패닝을 결정한다고 생각합니다. 사물들은 위치한 장소에 맞게 조정되어야 합니다. 문이 있다면 그 문을 활용하고, 없다면 다른 것을 사용하며 공간을 그려나갑니다. 그래서 저는 쇼트에 공간을 비스듬히 담습니다. 당신은 모든 것을 볼 수 없죠. 저의 연출은 모든 것을 완벽하게 보고 통제하는 것이 아닙니다. 통제할 수 없는 것들로 인해 무언가 결정되는 것이 바로 연출이죠. 제가 이 이야기를 하는 이유는, 제가 보통 아주 좁은 쇼트 안에 많은 움직임을 담기 때문입니다. 그리고 그 움직임은 공간에 따라 달라집니다. 예를 들어, 〈그들은 모두 거짓말하고 있다〉에는 정원에서 위아래로 움직이는 장면이나 고가의 자동차 장면을 들 수 있습니다. 또는 〈비올라〉의 리허설 장면에서는 가까운 거리의 쇼트을 사용하면서도 문, 바람, 소파, 그리고 여기저기서 들어오는 빛이나 프레임 밖에서 다가오는 캐릭터와 같은 요소들을 활용했습니다.

부재는 제가 언어를 통해 공간을 구성하도록 몰아붙입니다. 그리고 이와 더불어 여성 캐릭터들에 대한 사실도 중요합니다. 길거리로 나가서 셰익스피어 캐릭터 다섯 명의 이름을 물어보면, 아마도 모두 비극 속 남성 캐릭터들일 것입니다. 만약 여성 캐릭터를 언급한다면, 그것은 아마도 비극 속에서 자살하거나 광기에 휩싸인 여성들일 것입니다. 아무도 바사니오(Bassanio)[5]의 이름을 말하지 않을 것입니다. 이것이 틈입니다. 틈은 존재합니다. 사포의 시는 한때 존재했지만 지금은 사라졌습니다.

---

5) 『베니스의 상인』의 등장인물로 안토니오의 친구다. 안토니오는 바사니오의 결혼 지참금을 마련해주기 위해 자신의 살을 담보로 샤일록에게 돈을 빌린다. (역주)

현재 셰익스피어의 여성 캐릭터들은 존재하지만, 백만 년 후에는 햄릿만 남고 다른 캐릭터들은 사라질지도 모릅니다. 그래서 이 여성 캐릭터들을 다시 무대 위에 올리는 것은 중요한 작업입니다. 셰익스피어를 바라보는 전형적인 관점, 즉 비극과 『한여름 밤의 꿈』 같은 특정 작품들에 대한 고정된 평가를 분산시키는 것이죠.

현재 셰익스피어 작품에 대한 평가는 매우 이분법적으로 이루어지는 것 같습니다. 마치 우리가 가지고 있는 『한여름 밤의 꿈』 에 대한 선입 견처럼, 희극은 가볍고 사소한 것들로 여겨집니다. 그래서 저는 『뜻대로 하세요』, 『십이야』, 또는 『자에는 자로』와 같은 작품에 관심을 가지게 되었습니다. 이를 통해 셰익스피어의 세계를 확장하고자 했습니다. 우리가 셰익스피어라고 생각하는 것이 무엇일까요? 이 작은 확장은 단지 하나의 작은 시도일 뿐입니다. 저는 셰익스피어를 소진하려는 것이 아닙니다. 우리는 항상 틈을 발견할 수 있습니다. 제가 창작하고자 하는 것은 우리가 알지 못하는 것들에 대한 이해를 통해서입니다.

인체릴로 | 당신의 영화 〈로잘린〉에서는 영화 속 모든 공간이 강을 중심으로 이뤄져 있습니다. 〈비올라〉 같은 경우 영화의 첫 장면 배우들의 모습뿐만 아니라 도시의 풍경이 저를 사로잡는데요. 그리고 〈프린세스 오브 프랑스〉에서는 영화의 시작 장면이 굉장히 흥미로운데, 축구 경기를 바라보며 점점 한쪽 팀에 너무 많은 선수가 있다는 사실을 깨닫는 설정이 아주 재미있습니다. 우리는 아직 당신 영화에 내재한 코믹한 면모에 관해 이야기하지 않았습니다. 당신의 영화에서는 이러한 유머 감각이 매우 강하게 드러나기도 합니다.

피녜이로 | 네, 제 영화들은 코미디로 작동하기도 합니다. 그러나 단

순히 농담을 던지는 방식은 아닙니다. 셰익스피어의 희곡들에는 농담이 거의 없으니까요. 영화에서는 다른 무언가가 있습니다. 이전 장면과 다음 장면 사이 연결성 같은 것 말이죠. 당신이 〈비올라〉 속 도시의 모습을 언급한 점은 중요한데, 그 이전의 두 영화는 도시 외곽에서 촬영되었기 때문입니다. 〈도둑맞은 남자〉는 제 영화 중에서 가장 도회적인 작품으로, 특정한 유형의 부에노스아이레스를 더 많이 보여줍니다. 특정 동네를 중심으로 이야기를 전개하려고 했던 시도가 있었죠. 반면에 〈비올라〉에서는 도시의 모습이 많지 않습니다. 이 영화는 주로 실내 공간을 다루는 작품입니다. 하지만 외부 공간을 보여줄 때, 저는 공간을 온전히 '소모하는' 아이디어를 좋아합니다.

예를 들어, 그녀가 자전거를 타고 도착하는 장면에서 한 남자와 만나는데, 그들은 묘한 관계 속에 있죠. 그 장면은 그저 작은 코너, 거리의 일부에서 벌어질 뿐입니다. 하지만 우리는 정말 그 장면 속에 머물고 있죠. 제가 원하는 영화 속 도시의 모습은 그렇게 구체적이지 않습니다. 제가 만약 뉴욕을 촬영한다면, 엠파이어 스테이트 빌딩은 반드시 피할 거예요. 그 이유는 시청자들이 이미 시각적 문화 속에서 뉴욕을 충분히 내재화하고 있기 때문입니다. 그래서 저는 뉴욕의 이미지를 조금 더 확장하려고 합니다. 하지만 그것이 어떤 논문처럼 의도적으로 구성한 것은 아닙니다. 단지 촬영 장소를 선택할 때, 뉴욕을 대표하려는 압박감을 느끼지 않는다는 것입니다. 예를 들어 노란 택시 안에서 장면을 만들 필요는 없다고 생각합니다.

인체릴로 | 〈비올라〉에서 도시를 보여줄 때 특히 인상적인 점은 전혀 외부 공간을 사용하지 않고 오직 실내 공간만 사용한다는 점입니다. 반면에 〈허미아와 헬레나〉처럼 뉴욕을 배경으로 한 영화에서는 음악의 사

용이 매우 눈에 띕니다. 그 음악이 마치 우디 앨런이나 스콧 조플린을 떠올리게 하죠.

피녜이로 | 한 가지 재밌는 사실은 우디 앨런은 한 번도 래그타임[6]을 사용한 적이 없어요. 이건 생각해 볼만한 일이죠. 제가 연구해 본 결과, 그의 필모그래피에 단 한 번도 스콧 조플린의 음악이 등장하지 않습니다. 그렇게 재즈를 사랑하는 사람인데 말이죠. 물론 래그타임은 재즈가 아니지만, 재즈의 프로토타입쯤 되죠. 정말 이상한 일이에요.

인체릴로 | 〈허미아와 헬레나〉 속 음악의 사용은 당신의 다른 영화들과 비교해도 꽤 특이한 점이 있습니다. 그래서 저는 그 점이 흥미로웠습니다. 〈비올라〉에서 도시의 모습은 마치 숨을 쉬는 것과 같죠. 내부 공간에 갇혀 있다가 자전거로 그 공간을 벗어나려는 모습처럼요. 하지만 〈로잘린〉에서는 열린 공간에 있다고 해도 여전히 제약을 받는 느낌이 듭니다.

피녜이로 | 네, 〈로잘린〉에서는 실외 장면도 마치 스튜디오에서 찍은 것처럼 느껴지죠. 영화들에서는 쇼트가 그렇게 많지 않습니다. 설정 쇼트나 B-롤[7]이 없는 경우가 많죠. 저는 B-롤이 위계를 생각하게 만들기 때문에 B-롤을 싫어합니다. B-롤이 있으면 A-롤이 있다는 뜻인데, 그로 인해 쇼트들 사이에 계층이 생기게 됩니다. 저는 모든 쇼트가 동등하

---

6) 1880년대부터 미국의 미주리를 중심으로 유행한 피아노 음악으로, 재즈의 전신이라 일컬어진다. 영화 〈스팅sting (1973)〉의 주제곡 'The entertainer'가 대표적인 래그타임 곡이다. (역주)

7) 인터뷰, 다큐멘터리, 영화에서 이야기나 상황에 맥락을 더하는 보충 또는 대체 영상. (역주)

게 보이길 원합니다. 그래서 제 영화에서 공간을 표현할 때 납작해 보이도록 만듭니다. 저는 아르헨티나의 전형적인 장소를 보여주지 않을 것이고, 심지어 탱고를 좋아하긴 하지만 탱고를 사용하지도 않을 겁니다. "이것이 아르헨티나다"라고 말하고 싶지 않습니다. 저는 제 영화가 '수출용' 영화가 되는 것을 피하려고 합니다.

이 부분은 제가 영화를 한 편 한 편 만들어 나가며 배운 것 중 하나입니다. 정보 전달이라는 측면을 다루는 방법이요. 제가 많은 조각들을 다루면서, 실내 공간에 있을 때 언제 바깥으로 열고 나가야 할지 모듈화하는 것이 더 쉬워졌습니다. 저는 그 점을 매우 의식합니다. 초기 영화들에서는 이 부분을 덜 의식했었죠. 그래서 그 영화들이 지금의 모습이 된 거고, 저는 그것을 반대하지 않지만, 열고 닫음에 대한 의식을 더 많이 가지게 되었습니다.

〈프린세스 오브 프랑스〉의 첫 장면에 관해 이야기하셨던 것처럼, 그 장면은 제가 부에노스아이레스에서 찍었던 장면 중 가장 규모가 큰 쇼트 중 하나입니다. 하지만 또 굉장히 평평하죠. 우리가 평지에 있기 때문에 빌딩으로 가득한 이곳이 얼마나 평평한지 알 수 있죠. 저에게는 그것이 중요합니다. 겉보기에 아무것도 없어 보이지만 사실은 모든 것이 가득 차 있습니다. 이 평평함이 독특한 매력을 지닌 거죠. 제 영화에서 도시가 등장하는 방식은 매우 간접적입니다. 하지만 한 번 등장하면 정말로 강렬하게 드러납니다. 영화 속 등장하는 바로 그 골목을 아는 사람이라면 그 장면이 강하게 와닿을 겁니다. 실제로 어떤 사람들이 와서 "내 남자 친구가 거기 산다"고 말한 적이 있습니다. 그런 감각이 참 좋습니다. 저는 직접 그 공간에 가보고 로케이션을 선택하는 걸 좋아합니다. 실외가 많진 않지만 제가 그곳을 선택에서 머무를 때 그곳을 온전히 소화

237

하려고 노력하죠. 한 공간을 온전히 소모하는 감각은 제가 미장센을 설명할 때 언급한 적 있죠. 저는 모든 가능한 카메라 위치를 다 시험해 본 다음 카메라 위치를 결정해요. 롱쇼트으로 시작해서 클로즈업으로 끝나는 작업이죠. 그 다음엔 클로즈업을 유지한 채로 또 카메라가 돌아가죠. 이게 바로 진실한 쇼트입니다. 그리고 나서 일종의 춤을 추듯 도시가 다시 나타나죠. 제가 〈비올라〉에서 자전거를 선택한 건 뭘 몰라서가 아닙니다. 저는 알고 있었어요. 그렇게 하면 아주, 아주 연극적이고, 얼굴에 아주 많은 초점이 향하고, 자전거 탄 모습을 보여줄 수 있는, 더 빨리 움직이는 장비가 필요하다는 걸. 그래서 자전거가 등장한 것입니다. 이 부분은 제가 의도했던 결정이었습니. 반대로 〈이사벨라〉에서는 "산 중턱으로 가보자"고 생각했습니다. 산을 촬영해 본 적이 없었기 때문입니다. 사실, 〈이사벨라〉에서 산으로 가기로 한 결정은 루이스 파티뇨와 함께 아소르스 제도(Açores)에서 〈시코락스〉를 촬영하기 위한 준비 과정이기도 했습니다. 그래서 "아파트 세계를 벗어나기 위해 훈련이 필요하다"고 생각했고, 코르도바로 가서 〈이사벨라〉의 첫 번째 부분을 촬영했습니다. 한 영화는 다음 영화를 가능하게 만드는 데 도움을 줍니다.

파베린 | 이런 변주와 반복의 개념이 전반적으로 당신의 영화에 지속적으로 나타나나요? 반복과 순환의 어떤 점이 당신을 매료시키나요? 그리고 이것은 연극 리허설 경험에서 비롯된 것인가요?

피녜이로 | 그건 독서에서 비롯됐습니다. 저는 무언가를 좋아하게 되면 다시 읽고 싶어지죠. 그래서 제 영화에서 어떤 것이 반복되는 이유는 제가 그것을 좋아하기 때문입니다. 그리고 반복은 인위적이기도 합니다. 반복은 관객에게 "이것을 봐, 처음엔 이 행동이 자연스러운 줄 알았지?"라고 말하는 것 같죠. 예를 들어, 우리가 전등 스위치를 끌 때, 그것은 우

리가 생각조차 하지 않는 자연스러운 행동입니다. 왜냐하면 우리가 그것을 이미 수천 번 해왔기 때문입니다. 하지만 그 행동을 들여다보면, 우리가 반복적으로 하는 그 일이 인위적으로 보입니다. 저는 반복이라는 행위가 자연스러움과 인위적이라는 두 가지 측면을 동시에 가진 점이 흥미롭다고 생각합니다.

아구스티나 무뇨스가 텍스트를 반복할 때, 관객은 처음에는 무슨 일이 일어나고 있는지 이해하지 못하다가, 나중에 이해하고 새로운 의미를 발견합니다. 반복은 우리가 새로운 의미를 이해하는 데 도움을 주는 것 같아요. 한 번만으로는 너무 피상적이라 어떤 것의 표면만 알게 되는 느낌이죠. 그래서 저는 되돌아가 반복해야만 새로운 것을 창조할 수 있다고 생각해요. 이건 기타노 다케시로부터 배운 거예요. 그의 영화 〈그 남자, 흉폭하다その男, 凶暴につき (1989)〉에서 매우 왜곡된 장면이 나와요. 어떤 사람이 다른 사람을 뺨을 때리는 장면인데요, 처음에는 경찰이 누군가를 뺨 때리는 게 약간 우스꽝스럽게 느껴져요. 하지만 계속해서 뺨을 때리면서 점점 더 폭력적이고 공격적으로 변하죠. 그리고 또 계속 때리다 보면, 아주 왜곡된 방식으로 다시 웃게 느껴져요. 그래서 반복은 새로운 의미를 만들어낸다고 생각해요. 어떤 것이 반복될 때, 새로운 층위가 나타나요. 저는 이런 점이 정말 좋아요. 다시 말해, 소진의 개념이에요. 저는 한 가지 요소를 선택해서 그것의 다양한 변주를 제안하는 것을 더 선호해요. 이건 영화의 경제적 성격과도 연결돼요. 경제성이라는 것이 단순히 돈에 관한 것이 아니라, 사물의 철학에 관한 것이죠. 낭비를 하지 말자. 이 골목을 선택했으면 그것을 철저히 사용하자. 소진해서 그것과 정말 관계를 맺어보자. 제가 촬영하기로 선택한 이 골목과 관계를 맺고, 경험을 만들어내자. 내가 반복하려는 이 대사나 〈이사벨라〉에서 사용할 이 컬러 블록 패턴을 통해 경험을 표시하자. 그리고 이런 것들이

다시 등장할 때 질문해 보는 거예요. 왜 다시 나왔을까? 왜 반복될까? 그렇게 하면서 관객과 대화를 시작한다고 생각해요.

델 레 | 당신의 영화에 관해 이야기하면서 한 가지 주제를 다룰 수 있지만, 더 넓게 보면 영화가 다루는 균열, 반복, 그리고 읽기에 대한 이야기도 포함됩니다. 그러나 또 한 가지 매우 중요한 점은 영화의 자금 조달 방식입니다. 일반적인 제작에 비해 소규모로 진행되곤 하죠. 당신은 배우들과 협력적인 방식으로 영화를 만들 뿐만 아니라, 자금의 규모나 출처 면에서도 소규모로 유지하려고 노력합니다. 이런 소규모 접근 방식과 영화 제작 과정에서 자유의 중요성에 대해 여쭤보고 싶습니다.

피녜이로 | 영화를 만드는 건 어려운 일이 아니에요. 더 많은 돈이 필요하다는 생각은 오히려 영화 제작에 방해가 된다고 봐요. 그래서 다행히도 저는 작은 이야기와 작은 맥락을 만드는 걸 좋아해요. 삶에서도 돈에 지나치게 의존하지 않는 것이 중요하다고 생각해요. 저는 소액의 예산으로도 잘 작업할 수 있다고 생각하고, 항상 저의 이런 점을 강화하려고 노력하지, 축소하려 하지는 않아요. 하지만 돈은 종종 약간의 조건들과 함께 오기도 하고, 많은 의존성을 동반한다고 느껴요. 저는 연예인과 작업하고 싶지 않아요. 누구도 믿지 못할 무언가를 시도해 보고 싶어요. 예를 들어 제가 "셰익스피어와 작업하고 싶다"고 하면 사람들은 "헛소리하지 말고 꺼져"라고 하겠죠. 하지만 저는 탐구하고 실험하고 싶어요. 그렇게 하려면 적은 돈으로 작업하는 위험을 감수해야 해요. 저는 '더 많을수록 좋다'는 생각에 관심이 없어요. 70년대 미국 영화감독들은 이런 점을 잘 보여줬다고 생각해요. 영화 제작자는 많은 돈 없이도 영화를 만들 수 있다는걸요. 하지만 그 이후에 블록버스터가 등장했고, 조지 루카스와 스필버그가 승기를 잡았죠. 다른 감독들은 그렇지 못했고요. 그래

서 저는 '다다익선'이라는 개념에 정말 반감을 느껴요. 이런 생각은 점점 질이 나빠진다고 생각해요. 중요한 건 우리가 돈을 어떻게 분배하느냐에 있어요. 다시 말해, 작지만 잘 분배된 예산을 통해 모두가 행복해지는 균형이 중요하죠. 누구도 너무 많은 돈을 받지 않고, 누구도 너무 적게 받지 않는 것. 물론, 누구도 지나치게 많이 받지는 못하겠지만요. 적어도 균형을 이루는 게 중요해요. 그래서 저는 영화학교를 막 졸업했을 때처럼 계속 작업을 이어가고 있어요.

시간이 지나면서 제 영화가 조금씩 수익을 내기 시작했어요. 그래서 그 돈을 다음 영화를 만드는 데 사용했죠. 때로는 개인 후원자나 르 프레누아(Le Fresnoy) 같은 기관의 도움을 받기도 했어요. 르 프레누아 강단에서 학생들을 가르쳤을 때, 그곳에서 약간의 자금을 지원받았고 그 돈을 후반 작업에 사용했어요. 가끔은 영화제가 지원해 주기도 했습니다. 예를 들어 전주국제영화제가 〈로잘린〉을 지원해 줬어요. 또 〈프린세스 오브 프랑스〉는 멕시코의 리비에라 마야 영화제(Riviera Maya Film Festival)에서 워크 인 프로그레스에 선정되었죠. 이렇게 영화 자금을 여기저기서 끌어모아 일종의 프랑켄슈타인처럼 영화를 만든 거예요. 또한, 제 영화들은 대부분 9일에서 22일 사이에 촬영이 끝나요. 저는 4주, 5주, 6주 동안 촬영하는 방식은 익숙하지 않아요. 어떻게 다른 감독들은 그렇게 오랜 시간 영화를 찍을 만큼 많은 아이디어를 떠올리는 건지 모르겠어요. 제가 사용하는 이 시스템에는 제가 조금 더 자연스럽게 숨 쉴 수 있게 해주는 무언가가 있는 것 같아요. 덕분에 촬영을 시작하고, 편집하고, 다시 생각하고, 필요하다면 또 촬영할 수 있었어요. 만약 더 전문적인 팀이나 재정 구조를 갖췄더라도, 무언가 제대로 되지 않는다면 저는 아마 다시 촬영했을 거예요.

다행히도, 영화를 만드는 데 그렇게 많은 것이 필요하다고 생각하지 않아요. 저는 완전한 팀이 없어도 돼요. 적은 사람들과 작업하지만, 그게 더 유연성을 가져다주고, 영화가 더 나아지게 해준다고 생각해요. 방금 끝낸 영화도 소수의 사람들과 함께, 심지어 제 돈까지 투입해서 만들었는데요. 이런 방식으로 계속 가야 할지, 아니면 시스템을 어떻게 조정해야 할지 고민합니다. 큰 규모의 제작에 도전해 본 후 다시 작은 영화를 만들어야 할까요? 이런 질문이 저를 굉장히 예민하고 불안하게 만들어요. 그렇다고 통제력을 잃어버리는 시스템에 저를 노출하고 싶지 않아요. 결국 돈이 사람들에게 가는 것이 아니라, 시스템 자체로 흘러가는 경우가 많거든요. 물론 그런 시스템에서 잘 작동하는 사람들도 있어요. 그래서 다양한 국가적 자금 지원과 공공 기관의 지원이 중요한 이유죠. 각기 다른 형태의 영화 제작을 장려하는 것이 필요해요. 모든 사람이 저처럼 영화를 만들어야 한다고는 생각하지 않지만, 모든 사람이 똑같은 방식으로 영화를 만들어야 한다고도 생각하지 않아요. 역설적이게도 더 많은 자금을 지원받았을 때, 오히려 시간이 부족했어요. 저는 시간을 갖는 게 더 좋아요. 이건 영화학교에서 시작된 방식인데, 예산은 적었지만, 시간은 사치스러울 정도로 많았죠. 저는 그런 방식으로 작업하는 게 더 좋습니다.

인체릴로 | 아직 이야기하지 않은 영화 중 하나가 〈박물관에서In the Museum (2015)〉인데, 이 작품은 단편 영화입니다. 장-클로드 루소와의 만남, 그리고 비디오 에세이 형식에 관해 조금 듣고 싶습니다. 이 영화는 바로 그런 형식에서 시작하는…

피네이로 | 그 작은 영화를 만드는 과정이 정말 즐거웠어요. 매우 빨리 작업했지만, 새로운 사고방식을 시도할 수 있었죠. 그 영화는 제가 바르

셀로나에서 미국으로 돌아가기 위한 비자를 기다리던 중에 만들었어요. 당시 〈프린세스 오브 프랑스〉가 시네마 길드(Cinema Guild)를 통해 블루레이로 출시될 예정이었고, 저는 영화의 부록에 대해 고민하고 있었죠. 'This Long Century'라는 웹사이트에 제가 쓴 텍스트가 있었는데, 그 텍스트가 〈프린세스 오브 프랑스〉와 관련된 내용이었어요. 그래서 이걸 블루레이에 넣으면 어떨지 생각했죠. 하지만 블루레이에서 누가 텍스트를 읽겠어요? 그래서 텍스트에 이미지와 내레이션을 결합해 보면 어떨까 싶었어요. 게다가 당시 촬영했던 한 장소의 이미지가 있었는데, 삭제된 장면 중 일부였거든요. 그 장면을 넣을 수도 있겠다고 생각했어요. 그 삭제된 장면에는 친구가 알려준 그림이 있었는데, 그 그림이 친구가 작업한 영화 대본에 나왔던 그림이라고 하더군요. 그렇게 해서 장 클로드 루소가 연결되었어요. 이후 장 클로드에게 이메일을 받기도 했죠.

이 모든 것을 모으면서 하나의 콜라주가 형성되었고, 마치 반응의 연쇄처럼 전개되었어요. 이 방식으로 작업한 것은 처음이었는데, 정말 흥미로웠어요. 이후 마리아노 지나스와 함께 만든 비디오 레터[8] 가 다음 작업이었고, 그다음에 〈너는 나를 불태워〉로 이어졌죠. 이 세 가지 순간에는 어떤 연결점이 있어요. 저는 영화의 재료를 굉장히 중요하게 생각하는 사람이에요. 셰익스피어, 픽션, 독립적이고 대안적인 내러티브 같은 것들이요. 하지만 그 당시 이와는 다른 새로운 관심이 제게 떠올랐어요. 이 새로운 관심은 제가 푼토 데 비스타 영화제에 참가했던 시절과 연결되어 있어요. 당시 가르비녜 오르테가(Garbiñe Ortega)가 저를 프로그래밍 팀에 초대했는데, 덕분에 저는 영화의 더 실험적이고 다큐멘터리적

8) '밤의 순간을 더 지속시키는 편지들', 서로 만난 적 없는 작가들이 영상 편지를 주고받는 프로젝트로, 2020년 7월에서 9월 사이 '라 카사 엔센디다'에서 진행되었다. (역주)

인 측면들에 노출될 수 있었어요

장 클로드 루소와의 인연 예상치 못한 일생일대의 사건이에요. 2008년에 멕시코에서 열린 한 영화제에서 우리는 피라미드로 견학을 갔어요. 당시엔 첫 번째나 두 번째 장편을 발표한 젊은 영화인들이 많았죠. 저는 〈도둑맞은 남자〉로 그 영화제에 참석했었죠. 다들 전날 밤 마신 술이 안 깨서 쉬고 있었는데, 피라미드 꼭대기에 가고 싶어 하는 어떤 나이 든 남자를 발견했죠. 그 모습이 저를 끌어당겼어요. "좋아, 이 사람을 따라가 보자." 그를 보고 저는 아마 라파엘 필리펠리를 떠올렸던 거 같아요. 그래서 우리는 하나의 피라미드를 올라갔고, 이어서 다른 피라미드까지 올라갔는데, 그 사이에 버스가 우리를 두고 떠나버린 거예요. 그래서 우리는 하루 종일 버스를 기다려야 했죠. 그날 저는 그의 사진 몇 장을 찍었어요. 그가 말하길, "이 사진들을 파리로 보내줘야 해요."라고 했는데, 결국 저는 사진을 보내지 않았어요. 몇 년 후, 제가 〈프린세스 오브 프랑스〉를 토론토에서 상영할 때, 그가 나타났어요. 그는 "당신은 나에게 사진을 빚졌습니다."라고 말했죠. 그렇게 우리의 관계가 시작됐어요.

제 인간관계에는 뭔가 독특한 점이 있는 것 같아요. 저는 극영화 작업을 하는 사람들보다 실험적인 작업을 하는 사람들과 더 가까운 것 같아요. 제 영화와는 매우 다른 작품을 만드는 사람들과 더 가까운 편이죠. 물론 예외도 있긴 하지만, 다른 극영화감독들과는 그렇게 가깝지 않아요. 제임스 베닝James Benning, 데보라 스트래트먼Deborah Stratman, 마리 로지에Marie Losier, 로이스 파티뇨, C.W. 윈터C.W. Winter 같은 분들과 친하게 지내요. 그들은 제 영화와 매우 다른 영화를 만드는 사람들이에요. 물론 마리아노와 알레호가 있지만, 그들은 가족 같은 관계라 좀 다르죠. 극 영화계에 속한 사람들을 좋아하고 알고 지내긴 하지만, 그들과의 관계는 다른 느낌이에요.

인체릴로 ㅣ 당신이 〈박물관에서〉, 비디오 레터 프로젝트, 그리고 〈너는 나를 불태워〉 사이의 연결고리들에 대해 언급했었죠. 그렇다면 이 비디오 레터는 어떻게 탄생하게 되었나요? 왜 그런 작업을 시작했는지도 궁금합니다. 당신의 영화 세계 발전에 중요한 역할을 했다고 알고 있고, 최근 영화에서도 그 영향을 볼 수 있습니다. 이 비디오 레터 프로젝트가 정확히 무엇이고, 당신에게 어떤 의미였는지 말씀해 주실 수 있나요?

피녜이로 ㅣ 비디오 레터는 마리아노의 제안으로 참여했어요. 마리아노는 2020년 5월, 팬데믹 중에 마드리드의 문화 센터인 '라 카사 엔세디다(La Casa Encendida)'에 작업 제안을 받았고, 그곳에서 비디오 레터를 제작하는 프로젝트를 진행했어요. 그 프로젝트에는 히타 아제베두 고메스 Rita Azevedo Gomes, 발렌티나 알바라도Valentina Alvarado 등 다른 아티스트들도 참여했죠. 총 6명의 영화감독이 있었고, 마리아노는 이유는 잘 모르겠지만 갑자기 저에게 연락을 해왔어요. 돈은 적었지만, 팬데믹 중에 할 수 있는 재미있는 일이었어요. 그래서 초대를 받고 굉장히 영광스러웠어요. 우리는 작업을 시작했고, 어느 순간 이 작업이 〈박물관에서〉와 연결되어 있다고 느꼈어요. 어떻게 그렇게 결정을 내렸는지 잘 모르겠지만, 결국 저는 제 휴대폰으로 작업하기로 했죠. 휴대폰이라는 기기가 볼렉스 카메라와 연결된다고 느꼈어요. 볼렉스는 아마추어적이고, 작고, 혼자서 사용할 수 있으며, 장비가 필요 없고, 차별화된 움직임과 기술들이 있죠. 이 방식에는 뭔가가 있어요. 거듭 말하자면, 영화의 예산과 경제성은 결국 형태에도 영향을 미친다는 사실이죠.

마리아노가 저를 초대해서 우리는 작업을 시작했어요. 비디오 레터는

3주마다 하나씩 제작하기로 했죠. 마리아노가 첫 번째를 시작했고, 우리는 이야기할 내용을 정하기 위해 대화를 나눴어요. 그때 저는 뉴욕에 있었고, 공항 근처 해변가에 있는 작은 집을 임대해서 잠깐의 휴식처럼 지내고 있었어요. 감정적으로도 굉장히 힘든 시간을 겪고 있었고, 사실상 결별을 앞두고 있기도 했죠. 비디오 레터 작업이 그 과정을 함께 해줬어요. 그 작업은 저를 움직이게 했죠. 저는 〈시코락스〉를 편집 중이었고, 그 작업을 진행할 수 있는 가능성을 주었으며, 도시를 배경으로 여러 가지를 연결하도록 도와줬어요.

이 영화들은 정말 도시를 제대로 보여주는 작품들이에요. 이 도시에 대한 끌림은 라파엘 필리펠리에게서 영향을 받은 것 같아요. 그는 도시와 영화의 관계에 매우 관심이 많았죠. 그 해는 팬데믹 이후 세상 밖으로 나가는 과정이었어요. 마치 제 것이 아닌 도시, 항상 벗어나려는 도시인 뉴욕을 내 것으로 만드는 듯한 느낌이었죠. 또한, 제가 엘리아스 케레헤타 영화 학교에서 가르치는 수업 중 하나에서 나온 아이디어가 있었어요. 그 아이디어는 '빈 페이지를 피하는 것'에 관한 거예요. 영화는 빈 페이지와는 관계가 없다는 거죠. 영화는 참조적 예술이니까요. 두 개의 기계, 마이크와 카메라가 있으면, 그 위치를 결정하진 않더라도 카메라를 켜면 이미 이미지가 자동으로 생성돼요. 항상 무언가에서 시작할 필요는 없어요. 그래서 저는 이 비디오 레터들을 제 수업의 실험 재료로 삼았어요. 우리는 어떻게 프로젝트를 시작해야 하는가를 다루는 실험이죠.

마리아노와 그 비디오 레터들을 통해 이야기하고 토론하는 것은 매우 흥미로웠어요. 그는 항상 저를 이상한 위치에 놓으려고 했어요. 예를 들어, 제가 뉴욕에 있을 때 그는 저에게 그 건물들을 찍으라고 요청했죠. 마치 마리아노가 체셔 고양이처럼 저를 속이고 있다고 느꼈어요. 친구로서 좋은 방식으로 저를 속였던 거죠. 하지만 항상 도전적이었죠. 농담도 섞여 있긴 했지만, 그 도전을 저는 진지하게 받아들였어요. 그 점은 비디오 레터에서 볼 수 있을 거예요. 저는 제가 읽은 바를 공유하는 방법으로 이런 촬영을 시도했어요. 그것은 세상을 조금 더 복잡하게 만들기도 하고, 동시에 이해하려는 시도였죠. 마리아노는 스스로를 사물과 생각을 정립하는 사람의 위치에 놓으려 했던 반면, 저는 그와 그의 도전을 통해 다른 대화를 역동적으로 만들어보고 싶었어요.

델 레 | 이것은 특별한 형식이었어요. 왜냐하면 그것은 비디오 레터이기 때문에, 당신의 창의력을 바탕으로 누군가를 언급하고, 창의적으로 답장을 해야 했기 때문이죠. 하지만 당신의 필모그래피에는 특이한 영화가 한 편 더 있는데요. 바로 로이스 파티뇨와 만든 〈시코락스〉입니다. 당신이 유일하게 공동 연출한 작품이죠. 어떻게 함께 영화를 만들게 되었는지 그 아이디어가 어떻게 나왔는지 궁금해요. 당신은 항상 협력적인 작업 방식을 실험하지만, 이 경우에는 로이스와 함께 작업해야 했던 절실한 이유가 무엇이었고, 촬영 전후의 관계는 어땠는지 궁금합니다.

피녜이로 | 그 만남은 코펜하겐국제다큐멘터리영화제(CPH:DOX)에서 이루어졌어요. 이 영화제는 감독들을 모아서 작업을 함께 할 기회를 제공하는데, 저는 이전에 그 영화제에서 수상한 적이 있어서 초청을 받았어요. 저는 누구와 함께 작업할지 선택할 수 있는지 물어봤고, 그렇게 로이스를 만났죠. 그의 작업이 마음에 들었고, 또 저는 다른 사람들과 함께 작업하는 것을 좋아하기도 하죠. 오랜 시간 제 영화를 만들고 자신에 대해 조금 더 잘 이해하게 된 후, 이번에는 다른 사람의 입장이 되어 보는 것이 흥미로울 거로 생각했어요. 스스로 안전지대를 벗어나도록 밀어붙이는 거죠. 사람들이 말하듯이, 제가 존경하는 사람이자 친구인 사람

과 상호작용을 하는 것이 새로운 도전이 될 것 같았어요.

　사실 저는 풍경, 침묵, 그리고 다른 리듬에 대한 아이디어 작업할 수 있겠다고 생각했어요. 로이스와의 협업이 저를 발전시키고 새로운 것을 배우는 좋은 방법이 될 것 같았죠. 영화 작업을 10년 정도 해 온 바로 이 시점에 말이죠. 배우들과 작업할 때와 비슷한 방식이었지만, 여기서는 편집을 배우고 새로운 것을 배우고자 하는 욕구로 상호작용을 한 거예요. 그래서 이 경험은 감독 역할에서의 상호작용이기 때문에 더 강하게 다가왔어요. 결과적으로 아주 잘 진행되었고, 관계에 대해 매우 만족하고 있어요. 우리는 원래 짧은 영화를 만들려고 했고, 실제로 그것이 〈시코락스〉가 되었죠. 우리는 장소를 찾기 위해 여러 차례 여행을 갔고, 테네리페, 아소르스 제도를 갔었고, 그리스에 가려고도 했지만 결국 가지 않았어요. 이 과정은 여러 여행과 논의, 문서 작성, 자금 지원을 받기 위한 신청 등을 포함한 긴 여정이었죠. 그 후, 우리는 〈아리엘Ariel〉이라는 영화 개발을 위한 자금을 조금 받았고, 이를 통해 "이 영화를 만들기 위해선 우리가 어떻게 함께 작업하는지 봐야 한다. 그래서 짧은 영화를 만들어보자"고 결론을 내렸어요. 그래서 우리는 그 자금을 이용해 짧은 영화를 만들기로 하고, 포르투갈의 아소르스 제도에서 〈시코락스〉를 촬영하게 되었습니다.

　그 당시 저는 침묵, 풍경, 그리고 느림에 관심이 있었고, 로이스는 움직임, 연기, 그리고 연극에 관심이 있었어요. 두 사람의 관심사가 서로 잘 달라서 촬영하는 동안 좋은 흐름을 만들어갈 수 있었다고 생각해요. 또 마우로 헤르체Mauro Herce라는 촬영 감독과 배우 아구스티나 무뇨스와 함께 작업을 했는데, 우리는 함께 모든 것을 했어요. 그가 카메라를 맡고 제가 연기를 하는 그런 구분이 아니라, 정말 동적이고 변증법적이

248

었죠. 오랜 시간 함께 작업하면서, 우리는 서로의 역할을 넘나들며 작업했어요. "로이스는 무엇을 좋아할까?", "나는 무엇을 좋아할까?" 하는 식으로 서로의 세계에서 무엇을 배우고 어떻게 연결할지 고민했죠. 그리고 그도 마찬가지였어요. 그는 배우들과 작업했고, 저도 카메라 감독과 함께 작업했어요. 마우로는 영화감독이기도 해서 그만의 작업을 했고요. 그래서 작업이 매우 유동적이었어요. 편집은 호르헤 제이콤Jorge Jacome 과 함께했는데, 우리는 서로 알고 있었고 그의 작업을 아주 존경했어요. 사실 그 짧은 영화에는 많은 감독들이 참여했어요. 그래서 에너지가 잘 합쳐졌고, 로이스와는 서로의 언어를 완성하는 느낌이었어요. 때로는 제가 그의 조연출 역할을 했고, 때로는 그가 저의 조연출 역할을 하기도 했죠.

로이스는 사람을 대하고 관계 맺는 방식이 훌륭한 사람이었어요. 그런 경험은 나중에 〈아리엘〉에서도 계속 이어졌어요. 그 영화는 시간적인 문제로 제가 참여할 수 없었지만, 〈시코락스〉를 제작한 것은 매우 행복한 일이었고, 새로운 아이디어를 탐구하고 이전과는 다른 환경에서 작업할 기회였어요. 그런데도 그 환경은 전혀 낯선 것은 아니었죠. 약간 더 큰 규모로 다른나라에서, 다른 사람들과 촬영했지만, 어쩐지 제 평소 작업과 그리 다르지 않았어요. 우리는 함께 하고 싶었던 영화를 만들었어요.

인체릴로 | 당신 같은 시네필에게 셰익스피어의 『템페스트』를 작업하는 건 데릭 저먼과 피터 그리너웨이의 영화에 대한 성찰을 불러일으킵니다.[9] 그들의 작품들은 당신이 작업해 온 것과는 매우 다르죠.

---

9) 데릭 저먼Derek Jarman과 피터 그리너웨이Peter Greenaway는 둘 다

피녜이로 | 물론 셰익스피어와 같은 특정한 주제로 작업하게 되면, 같은 주제로 이미 만들어진 모든 작품을 보게 되는 운명을 피할 수 없습니다. 모든 각색 작품을 보고 싶어 하는 호기심이 자연스럽게 생기죠. 저는 특히 데릭 저먼의 작품을 좋아하지만, 그건 그의 세계이고 제가 어떻게 할 수 있는 부분이 아니라고 생각합니다. 저는 데릭 저먼보다는 파솔리니에게서 더 많은 것을 배울 수 있다고 느낍니다. 특히 이번 경우에는, 셰익스피어를 소재로 한 영화들이 저에게 큰 영향을 주지는 않았습니다. 그 영화들이 모두 지나치게 개인적이었기 때문입니다. 폴 마줄스키가 해외를 배경으로 『템페스트』를 각색하긴 했지만, 제게 직접적인 참고가 되지는 않았습니다. 〈시코락스〉의 경우, 더 많은 영향을 받은 것은 다른 곳에서 온 아이디어들이었습니다. 예를 들어, 피에르 파올로 파솔리니의 〈아프리카의 오레스테스를 위한 노트Appunti per un'Orestiade africana (1970)〉는 매우 중요한 참고 자료였습니다. 사실 우리는 그 영화와의 공명을 의도했어요. 〈시코락스〉는 다양한 작은 요소들이 모인 집합체로, 여기저기에 서로 다른 작은 영화들이 존재합니다. 하지만, 이 영화를 스케치북처럼 생각하는 아이디어가 더 강했고, 그런 면에서 저는 파솔리니, 고다르, 혹은 아케르만과 더 가까웠습니다.

제 수업에서는 보통 다른 영화를 활용해 영화를 만드는 아이디어를 다룹니다. 예를 들어, 오타르 이오셀리아니가 파리에서 촬영하기 전에 단편 영화를 만드는 방식처럼요. 저는 도식적 접근이나 컴퓨터에 글을 쓰

영국 출신의 아방가르드 계열 감독으로 『템페스트The Tempest』를 각색한 작품을 만든 적 있다. 〈시코락스〉도 마찬가지로 『템페스트』를 각색한 작품. (역주)

는 방식에서 벗어나, 작은 카메라나 핸드폰이라도 들고 직접 현장에 나가 무언가를 시도해 보자는 주장을 합니다. 영화라는 매체를 이미지와 소리라는 본질적인 수단을 통해 접근하자는 겁니다. 제작기획서 작성하고, 프로듀서들과 핑거 푸드에 칵테일을 곁들인 대화를 나누는 데에 그치지 말고, 직접 움직이고 연습해야 한다고 생각해요. 저는 영화를 유산소 운동하듯 만드는 것에 관심이 많습니다. 그래서 스케치 된 아이디어를 보는 데에 더 흥미를 느꼈습니다. 파솔리니의 〈아프리카의 오레스테스를 위한 노트〉나 샹탈 아케르만의 〈80년대 갤러리Golden Eighties (1986)〉의 시나리오 같은 것들이 유사하죠.

그 영화들은 더 파편적이고 매우 아름답습니다. 다양하고, 이질적이기 때문이죠. 이런 영화들은 우리를 시네필의 여정으로 데리고 가죠.

파베린 ㅣ 문학 연구에 대해 다시 이야기하자면, 특히 당신의 놀라운 최근작 〈너는 나를 불태워〉는 영화와 문학 사이에 새로운 관계를 열어줄 무한한 가능성을 제공하는 것 같습니다. 왜 체사레 파베세와 사포를 작업의 주제로 삼기로 했는지 궁금합니다. 그리고 이 연구에서 어떻게 알폰시나 스토르니, 나탈리아 긴츠부르크 등을 연결하게 되었는지도 알고 싶습니다.

피녜이로 ㅣ 저는 그 텍스트가 가진 저항에 끌렸던 것 같습니다. 텍스트가 저에게 맞서 저항하는 것 같았어요. 처음 『레우코와의 대화』를 읽었을 때 전혀 흥미가 가지 않았거든요. 어렵더군요. 저는 스트로브-위예 때문에 이 책을 읽기로 결심했고, 파베세에 대해서는 안토니오니를 통해 알게 되었습니다. 그래서 책을 읽었죠. 저는 제가 책을 거부하고 있다는 사실을 알고 놀랐습니다. 몇 년이 지나서야 다시 그 책을 읽어보았죠. 그리고 저는 사포라는 인물에게 사로잡혔습니다. 제가 아구스티나와 텍스트를 공유할 때 그녀가 저에게 사포를 알려주었어요. 그녀는 제가 앤 카슨이 번역한 사포의 시를 꼭 읽어보라고 했죠. 그렇게 해서 조각(fragment)에 대한 개념이 떠올랐어요. 그래서 저항에서 시작해, 「바다 거품Sea Foam」이라는 챕터에 강렬하게 이끌렸고, 사포라는 인물이 연쇄반응을 일으켰죠. 알폰시나 스토르니는 바다 때문이에요. 그녀 또한 바다에서 생을 마감했죠. 그리고 그녀는 아르헨티나 출신의 시인이기도 하고요. 영화와 텍스트 모두에서 자살이라는 제스처가 강하게 다뤄집니다. 그런 점에서 나탈리아 긴츠부르그는 파베세와 스토르니처럼 자살한 인물을 낭만화하지 않고, 부드러운 손길로 친구를 대하는 일종의 해독제 같은 존재로 보입니다.

그래서 〈너는 나를 불태워〉 속 인물들은 욕망과 죽음 사이의 긴장에서 비롯된 것 같아요. 그들은 어쩌면 같은 주제의 변주들로, 영화가 이를 어떤 방식으로든 함께 엮어내고 있죠. 그런 의미에서 이 영화는 일종의 콜라주로, 이러한 연결을 가능하게 합니다. 이 영화는 편집에 관한 영화이고, 편집자인 헤라르드 보라스가 처음 당신이 말한 것과 같은 이야기를 했어요. "이 영화는 영원히 편집을 계속할 수도 있겠군." 하지만 언젠가는 멈춰야 하는 순간이 오죠. 그리고 그 멈춤의 순간을 찾는 것은 정말 멋진 일이었어요. 더 이상 새로운 아이디어가 떠오르지 않고, 영화가 스스로 하나의 완결성을 가진 것처럼 느껴지는 순간이요.

이 영화는 매우 추상적인 영화이지만, 그 안의 내부 논리가 어떻게 작동하는지 이해할 수 있습니다. 영화감독으로서 그 움직임과 작은 조각들 간의 관계가 마침내 멈춰야 할 때가 있었죠. 그리고 우리가 영화가 끝났다고 결정한 후에도 새로운 아이디어가 떠오르면서 짧은 6분짜리 단편 영화가 나왔고, 이 영화를 본 영화 시작 전 서문 역할로 사용하려고 합니다. 이 단편은 영화제에서는 상영하지 않고, 영화관에서만 보여줄 예정이에요.

이러한 확장의 형식, 즉, 결코 끝나지 않는 영화라는 형식에 대한 아이디어가 제 마음에 남았습니다. 우리는 이 영화를 2년 이상 작업했고, 편집을 1년 반 정도 하며 결국 영화를 완성했지만, 아이디어는 절대 끝나지 않았습니다. 영화가 끝나더라도 한 영화가 또 다른 영화를 불러일으킬 수 있기 때문에, 저는 이러한 확장을 좋아해요. 그래서 이번 서문을 통해 새로운 사이클이 시작된 것 같습니다. 〈너는 나를 불태워〉와 함께 제 영화들에 대한 새로운 사이클이 시작된 거죠. 〈로잘린〉이 끝났을 때, 이 대화의 아이디어에 대해 더 탐구할 여지가 있다는 느낌을 받았던 것처럼 말이에요.

이번에는 〈너는 나를 불태워〉와 『레우코와의 대화』를 통해 여성 역할에 대한 작업을 계속하는 아이디어로 넘어왔습니다. 그래서 이제 페트라르카와 그가 쓴 『행운과 불행에 대처하는 법』이라는 대화형 텍스트에 대해 흥미를 느끼고 있어요. 그래서 지금은 대화의 사이클이 펼쳐지고 열리고 있다고 생각해요.

델 레 | 방금 말씀하신 대로 하나의 사이클이 닫히고 또 다른 사이클이 열릴 가능성이 있다는 점은 정말 흥미롭습니다. 파솔리니는 산문으로서 영화와 시로서 영화를 정의한 바 있습니다. 산문으로서 영화는 캐릭터를 중심으로 하고, 시로서 영화는 형식과 스타일이 중요합니다. 이것은 당신의 영화에서 큰 변화를 의미하는데, 〈너는 나를 불태워〉와 〈비올라〉를 비교하면 공통점도 느낄 수 있지만, 동시에 엄청난 변화가 있었

253

다는 것도 느낄 수 있습니다. 그렇다면 이 경우 텍스트 작업을 어떻게 하며, 대화와 시의 경우 관객에게 시를 어떻게 전달하는지에 대한 질문이 생깁니다.

피녜이로 | 로베르 브레송의 『시네마토그래프에 대한 노트Notes sur le cinématographe』에는 '시를 쫓지 마라'는 문구가 나옵니다. 시는 스스로 나온다, 그것은 이미지를 만나면서 발생하는 교차점에서 나온다는 내용입니다. 저는 그 점을 아주 염두에 두고 있었던 것 같습니다. 저는 시인이 될 필요는 없었지만, 시를 다룰 필요는 있었습니다. 저는 제가 읽고 떠오른 생각을 촬영해야 했습니다. 처음에는 시인에 관한 영화를 만들 생각이 없었지만, 파베제의 에너지를 대비시키고 싶은 필요가 생겼습니다. 저는 드라마틱한 텍스트, 대화와 비슷한 텍스트로 작업하고 있었습니다. 물론 그렇게까지 드라마틱하진 않고 약간 관념적이긴 했죠. 그 텍스트를 새로운 방법으로 부수고, 구부리고, 열어주기 위해 그 안에서 시가 튀어나왔습니다. 우리는 사포라는 시인을 들어는 봤지만, 그녀에 대해 읽은 적이 없습니다. 그래서 저는 쓸모 있는 영화를 만들자고 말했습니다. 농담처럼 했지만, 여전히 꽤 진지하게 한 말이었습니다. 사포라는 시인, 또는 사포의 시를 보여주고, 그것을 보여주기 위해 영화의 기본적인 요구 사항인 촬영을 하자. 그리고 스크린을 마치 페이지처럼 사용해서 관객이 영화를 읽게 하자. 사람들이 영화를 읽으러 가지 않기 때문에 좀 파격적인 생각이긴 했죠. 제가 영화의 재료로 삼는 것들은 항상 리스크가 따릅니다. 셰익스피어는 박스 오피스의 독극물이라고 불리고, 사르미엔토는 아는 사람도 없을뿐더러 아르헨티나 내에서도 아주 복잡한 인물이죠. 그래서 시를 영화로 만드는 것도 조금은 도전처럼 느껴졌습니다. 처음에는 사람들에게 그것을 읽을 수 있도록 보여주는 것이 목표였고, 그다음에는 그것을 변형해 보려 했었습니다. 시를 각색한다는 건 시

가 가진 특유의 주관성과 변동성 때문에 터무니없는 아이디어였습니다. 그러나 여전히 재밌는 방식으로 하고자 했죠. 일출에 관해 이야기하는 시가 있다면, 일출을 찍자. 만약 거기서 충분한 시어를 찾을 수 없다면, 그건 나의 문제이다. 뭔가를 덧쓰거나 의미를 과하게 부여하지 말자. 대신 변주를 만들고 그걸 가지고 놀자. 문자 그대로 영화를 만들어 사람들이 시를 암기하도록 만들자. 그러면 사람들은 영화를 보고 나가면서 영화 이름을 통해 시를 알 수 있을 것이다. 이렇게 생각했어요.

〈너는 나를 불태워〉는 사포의 시를 영화 관객에게 전달하는 방식이기도 합니다. 저는 시를 우리 손에 쥘 수 있는, 우리 주변에 있고 멀리 있지 않으며, 우리가 가까이 느낄 수 있는 어떤 것으로 만드는 데 관심이 있었습니다. 우리가 과하게 행동하거나, 시적인 사람이 아니어도 읽을 수 있는, 그런 언어이길 바랐죠. 시는 그 단어들을 읽고 그 단어들에 주관적으로 연결되는 경험을 하는 것입니다. 저의 접근법은 매우 직설적이었고, 그것을 중심으로 변형을 주고, 다시 한번 아주 직접적으로 표현하는 것이었습니다. 이런 연출을 통해 평화로운 순간을 만들고, 영화로 하는 독서라는 일반적이지 않은 경험을 제공하려 했습니다. 시들은 어느 정도 각주처럼 들어옵니다. 저에게 이 영화는 체사레 파베세의 글 한 챕터를 각색한 것이기도 하지만, 그 각주의 각색이기도 합니다. 그리고 사포는 그 각주의 한 줄처럼 등장합니다. 그것이 이 영화를 더 하이브리드하게 만드는 요소입니다. 그래서 저는 텍스트와 거리를 둔 채, 그러나 동시에 더 직접적으로 다룰 필요가 있었습니다.

인체릴로 | 당신의 작업에는 예술적인 차원, 즉 영화감독이기 이전에 전반적으로 예술가라고 할 수 있는 가변적인 차원이 있습니다. 최근 작품의 제작 과정에 대해 소셜 미디어에 게시한 자료들, 특히 편집 도구로

사용한 두루마리 같은 것들에 깊은 인상을 받았습니다. 이 가변적인 차원은 〈허미아와 헬레나〉에서도 명백히 드러납니다. 이에 대해 조금 이야기해 주실 수 있나요?

피녜이로ㅣ 저는 영화감독이고, 영화와 깊이 연결되어 있으며 그 안에서 작업합니다. 하지만 저는 아파트 바닥을 청소할 때조차도 예술을 만든다고 생각합니다. 예술이라는 것이 그렇게 위계적인 것이라고는 생각하지 않아요. 예술가는 장인에서 비롯되었을 수도 있고, 손으로 무언가를 만드는 것에서 시작될 수도 있다고 봅니다. 이 영화는 손에 관한 이야기입니다. 저는 무언가를 만들고 있지만, 영화처럼 만드는 것은 아닙니다. 저는 손으로 만지고, 기계 안에 집어넣고, 작업하면서 때로는 막히기도 했습니다. 손가락을 사용해서 배워야 했고, 그걸 어떻게 다뤄야 할지도 몰랐습니다. 이런 활동들은 우리의 시간을 채우고, 사람들과의 관계를 맺는 방식, 세상과의 관계를 형성하는 방식, 그리고 여가 시간을 사용하는 방식과 연결됩니다. 우리는 우리의 활동을 어떻게 나누나요? 무엇을 공유하나요? 우리는 무엇을 창조하고 있나요? 우리의 여가 시간이나 생산적인 시간 속에서 생겨나는 그 '여분'은 무엇인가요? 저에게는 그 경계가 매우 불분명합니다. 그래서 어떤 영화에서 떠오른 아이디어가 다른 영화에서는 실용적인 실천이 되기도 하는 것이 당연합니다.

아구스티나 무뇨스가 〈허미아와 헬레나〉에서 셰익스피어의 작품을 번역할 때, 책을 잘라서 노트에 붙이는 방식은 제가 〈너는 나를 불태워〉의 편집 과정에서 영화의 쇼트을 다루는 방식과 비슷합니다. 〈허미아와 헬레나〉를 편집하던 중에 이런 장면을 보고 책의 페이지를 찢는 행위를 떠올렸습니다. 마치 마커로 밑줄을 긋는 것과도 비슷한데, 한편으로는 굉장히 폭력적이기도 합니다. 바로 여기서 저는 도발적이고, 사물들

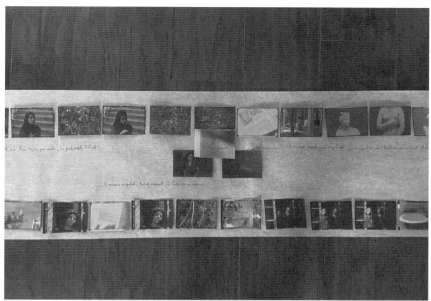

마티아스 피녜이로가 편집할 때 사용하는 두루마리

by Matías Piñeiro

을 조심스럽게 대하는 방식에서 벗어날 때보다 인간적인 무언가가 튀어
나온다는 걸 발견했습니다. 그리고 그 흔적들과 지저분함은 이야기를 들
려주고, 삶을 드러내며, 제가 사물을 더 잘 이해할 수 있도록 도와줍니
다. 그것은 제가 혼란에 빠지지 않도록, 단지 누군가가 했기 때문에 무언
가를 따라 하는 것이 아니라, 지금 이 사물과 시간이 저에게 요구하는 것
에 따라 작업할 수 있도록 이끕니다. 저는 영화가 자체적인 논리를 가지
고 있다고 생각합니다. 그리고 지금 제 앞에 있는 영화의 논리를 찾으려
고 노력하고 있습니다. 그래서 이러한 모든 실험실과도 같은 과정, 이 사
물들을 어떻게 조합할지 고민하는 과정, 저를 영화 제작으로 이끌었던
그 모든 것을 조금이라도 공유하고 싶었습니다. 그런 영화들을 만드는
데 몰두하게 만든 이 과정은 제가 전혀 몰랐던 방식으로 저를 밀어붙였
습니다. 저는 영화가 자체적인 논리를 가지고 있다고 생각합니다. 그리
고 지금 제 앞에 있는 영화의 논리를 찾으려고 노력하고 있습니다. 그래
서 이러한 모든 실험실과도 같은 과정, 이 사물들을 어떻게 조합할지 고
민하는 과정, 저를 영화 제작으로 이끌었던 그 모든 것을 조금이라도 공
유하고 싶었습니다. 제가 영화 제작에 몰두하도록 만든 이 과정은 제가
전혀 몰랐던 방식으로 저를 밀어붙였습니다.

이건 마치 암호를 푸는 것과 같습니다. 당신은 어떤 문제를 풀기 위해
문제를 읽기 시작하고, 그러다 결국 이미지와 사운드를 흙 묻은 손으로
직접 만지며 문제를 해결합니다. 저는 게임 같은 방식을 발견했고, 이 과
정은 저를 작업에 몰입하게 해줍니다. 두루마리와 작은 종잇조각들은 행
동을 찾아내는 것과 관련이 있다고 생각합니다. 그것은 이제 제가 작업
을 시작하기 전에 치르는 일종의 의식이 되었습니다. 가구를 치우고, 산
만한 이 세계 속에서 집중해야 합니다. 제가 이 작업을 선택한 이유는 바
로 이 일이 저를 집중하게 하고 현재 순간을 더 강렬하게 느끼도록 만들

어 주기 때문입니다. 두루마리는 특정 시점까지 유용한 도구였습니다. 모든 정보가 담겨 있는 한 권의 책 같은 거죠. 제가 여행 중일 때는 데스크탑 컴퓨터를 항상 사용할 수 없어서 필요했던 도구였습니다. 그래서 영화에 대해 생각해야 할 때 이 두루마리를 꺼내 "아, 이 쇼트은 제대로 작동하지 않는구나"라고 확인할 수 있었습니다. 이러한 도구들은 계속 생각을 이어가고 방해받지 않도록 도와줍니다. 한 번은 알레호 모기잔스키와 이런 재미있는 이야기를 나눈 적이 있습니다. 우리는 영화를 끝내고 나면 또 다른 영화를 만들고 싶어 합니다. 왜 그럴까요? 그는 "그게 우리가 사는 방식이니까"라고 말했는데, 그 말이 정말 간단하게 들렸지만 동시에 매우 진실되게 느껴졌습니다. 이 작업은 우리의 삶의 길이고, 우리가 살아가는 방식이며, 땅 위를 걸어가는 우리의 발걸음 그 자체입니다.

델 레 | 〈너는 나를 불태워〉에서는 삶과 영화에 대한 이런 특정한 요소가 훨씬 더 강렬하게 드러난 것 같습니다. 왜냐하면 이 영화에서 관객과의 관계가 이전과는 다른 방식으로 형성되었기 때문입니다. 셰익스피어를 다룬 이전 영화들은 매우 반자연주의적인 작품들이었지만, 이 영화에서는 어느 순간 영화가 시를 이야기하는 도구로 사용됩니다. 당신은 어떤 단어들을 반영하는 이미지를 가져와 그것들을 섞어내고, 그 과정에서 우리는 시를 만들어냅니다. 이는 당신의 영화 속 새로운 시도인 거 같은데요.

피녜이로 | 저는 체사레 파베세의 텍스트를 열어보고 싶었습니다. 그 텍스트는 매우 밀도가 높거든요. 각주에 대한 흥미로운 아이디어가 떠올랐습니다. 단순히 읽기를 일시 정지하거나 정보를 제공하는 데 그치지 않고, 텍스트를 피어나게 하고 확장하는 방식으로요. 그것은 독자와

의 일종의 친밀함을 요구합니다. 마치 각주가 독자에게 직접 말을 거는 것처럼, 마치 텍스트가 자기만의 세계를 창조하는 것처럼요. 텍스트 자체도 관객에게 말을 걸지만, 조금 더 감추어진 방식으로 말합니다. 그래서 그 목소리는 부드러워야 했습니다. 마치 영화를 따라가는 동안 당신을 아끼는 손길처럼요. 그래서 이 영화에서는 다른 접근법을 취했습니다. 여기서는 아구스티나의 목소리가 내레이션으로 등장하는데, 그녀는 이 영화가 이런저런 것들을 할 거라고 말하죠. 저는 관객이 이 텍스트에 대해 더 우위에 있다고 느끼게 할 필요가 있었습니다. 특히 텍스트가 너무 어렵기 때문이죠. 그리고 트로이 전쟁이나 우리가 꼭 알 필요는 없는 신화적인 인물들처럼 처음에는 관객에게서 멀게 느껴질 수 있는 주제들이 많았습니다. 하지만 우리가 이런 것들을 가까이 가져와 공유할 수 있다는 점이 흥미로웠습니다. 저는 영화가 공유와 관련이 있다고 생각합니다. 우리가 알고 있는 것들을 나누고 그것들을 더 친근하게 만드는 거요. 저는 위계질서를 만들고 싶지 않았습니다. 오히려 이러한 것들이 우리가 만지고 놀 수 있는 무언가가 되기를 바랐습니다. 그것들이 칼립소처럼 일상의 일부가 될 수 있기를요. 칼립소가 누구냐고요? 저도 몰랐습니다. 각주가 칼립소가 누구인지 알려줬죠. 그리고 저는 항상 칼립소[10]라는 이름을 좋아했어요.

이 텍스트들은 『오디세이아The Odyssey』의 칼립소를 아주 독특한 방식으로 적용하고 있습니다. 칼립소는 이 영화 작업 과정 동안 저에게 중요한 레퍼런스이자 동반자였습니다. 마치 로베르토 로셀리니와 그의 교육적인 영화들처럼요. 로셀리니는 지식을 하나의 즐거움, 하나의 아름다

---

10) 『오디세이아』에 등장하는 바다의 여신으로 지중해 서쪽 끝 '오귀기아' 섬에 살고 있다. (역주)

움으로 접근했죠. 시와 지식은 동일한 것이고, 그것들은 아름다움과 인간의 확장을 연결합니다. 저는 이런 친밀함을 유지하면서 동시에 영화라는 매체에 접근하는 방식에서 도전적인 요소를 제안하는 것이 중요하다고 느꼈습니다. 이 영화는 더 거리를 둔 작품이지만, 동시에 더 가까운 목소리를 가지고 있습니다. 저는 가까움과 멀리 있음, 거리감과 온기, 차가움과 따뜻함이라는 이러한 역설을 가지고 작업하는 것을 좋아합니다. 저는 이러한 접근법이 필요했습니다. 다양한 화자가 등장하는 방식, 아구스티나의 제삼자 화자와 캐릭터들의 내러티브가 결합된 방식이요. 이 요소들이 영화를 더 하이브리드하게 만드는 움직임이 되었죠.

델 레 | 현재 아르헨티나의 상황, 특히 하비에르 밀레이(Javier Milei)[11]와 관련된 상황에 관해 묻고 싶습니다. 엘 팜페로를 비롯해 당신과 친구들이 국립 영화 및 시청각 예술 연구소(INCAA)나 산업 시스템과 직접적인 관계가 없더라도, 지금 아르헨티나에서 일어나고 있는 일들에 대해 모두 매우 걱정하고 있는 것처럼 보입니다. 혹시 이에 대한 생각이나 염려를 공유해 주실 수 있나요?

피녜이로 | 우리는 현재 상황에 직접적으로 영향을 받고 있습니다. 비록 우리가 그 시스템 안에서 작업하지 않더라도, 우리가 함께 일하는 사람들 대부분은 그 시스템 안에서 일하고 있거든요. 그래서 마치 박테리아처럼 모든 것이 뒤섞여 있는 셈입니다. 시스템들은 공생적이어야 합니다. 하지만 지금의 이 정부는 매우 편협하고 파괴적이며, 생명이 공생에서 비롯된다는 사실을 이해하지 못하고 있습니다. 생명은 차이의 혼합에

---

11) 2023년에 취임한 아르헨티나 제 52대 대통령. 우파 자유 지상주의를 주창하며 도널드 트럼프를 열렬히 지지한다. 당선 직후 INCAA 예산을 삭감하고 고몽극장을 폐쇄했다. (역주)

서 나오지, 획일화나 유일한 목소리에서 나오는 것이 아닙니다. 이런 점에서 저는 국립 영화 연구소에 대해 일종의 이중적인 책임감을 느낍니다. 저는 공공 자금으로부터 직접적인 혜택을 받지는 않지만, 간접적으로는 그 영향을 받고 있습니다. 공공 기관으로부터 자금을 지원받지 않더라도, 그로부터 영양분을 얻고 있습니다. 이는 완전히 공생적인 관계입니다. 그런데 이 정부는 그 본체를 죽이고, 생명을 죽이고 있습니다. 생명을 이해하지 못하고 있어요. 저는 이것이 파시즘이라고 생각합니다. 그리고 그것은 어리석음이자 무지이며, 해를 가하는 진정한 욕망입니다. 마치 폭력이 어리석은 것과 같은 맥락에서 어리석은 것입니다. 우리는 영화 제작 방식을 다양화해야 하지만, 이 정부가 하는 일은 그것을 점점 더 좁혀가는 것입니다. 예를 들어, 우리는 엘 팜페로처럼 미세한 차이를 가진 영화 제작 방식을 받아들일 수 있는 환경이 필요합니다. 그런데 이 정부는 일종의 정신적 공격을 통해 사람들을 포기하게 만듭니다. 더 야만스럽고, 더 무식하고, 서로 싸우게 만들고 싶어 합니다. 그것이 이 정부의 의도라고 생각합니다.

동의의 개념, 경청의 개념. 요즘에는 경청이라는 감각이 거의 없는 것 같습니다. 마치 '나 대 너'의 대립 구조만 남아 있는 것 같아요. 그래서 저는 대화의 개념, 서로 다른 의견과 가능성을 어떻게 조화롭게 섞을 수 있을지에 대한 아이디어에 매우 관심이 있습니다. 그것이 단순히 서로를 짓누르거나 상대를 소멸시키는 방식이 아니라는 것이 중요하죠. 하지만 지금 이 정부는 과학, 건설 등 모든 것을 삭감하고 있습니다. 그들은 충격을 주기 위해 삭감을 해야 한다고 생각하고 있고, 실제로 그렇게 해서 큰 피해를 주고 있습니다. 이런 방식은 절대로 좋은 결과를 가져오지 않을 겁니다. 저 같은 경우에도 아르헨티나에서 영화를 제작하면서 여행

경비나 DCP[12] 제작 지원 같은 작은 도움을 받고 혜택을 본 적이 있습니다. 비록 제가 국립 영화 연구소의 제작 지원을 직접 받지는 않았지만, 이러한 지원 덕분에 영화가 해외에서 상영되거나 완성될 수 있었습니다. 그런데 지금 이 삭감이 이 시스템 안에서 일하는 다른 사람들에게 얼마나 해로울지 상상해 보세요. 수많은 노동자들, 음향 기술자들, 전기 기술자들, 그리고 경제 구조의 다양한 부분과 통합된 전체 시스템이 점점 축소되고 있습니다. 이는 매우 신자유주의적이고 파시스트적인 방식입니다. 그들은 통합하고 증식함으로써가 아니라, '도려내기'를 통해 함께 살아갈 수 있다고 믿습니다. 하지만 삶은 박테리아처럼 통합하고 증식함으로써 유지되는 것입니다. 삶을 박테리아의 관점에서 이해하는 과정이 매우 흥미롭다고 생각합니다.

인체릴로 | 당신의 영화들이 정치와 관련이 없다고 말할 수는 없지만, 분명히 그것은 사회 참여적인 영화는 아닙니다. 이제 새로 형성된 국가적 차원과 영화 제작자들 간의 협력 등이 당신의 영화가 그런 사회 참여적인 방향으로 향하도록 새로운 추진력을 줄 수 있다고 생각하시나요? 아니면 당신의 작품이 그런 문제에 맞닥뜨릴 필요가 없다고 생각하시나요?

피녜이로 | 제 영화는 사회 참여적인 영화는 아니지만, 대화, 모호함, 다양성, 역설, 경청, 변화의 수용, 차이의 수용을 요구하는 접근 방식을 가지고 있습니다. 저는 그것이 정치라고 생각합니다. 우리의 삶을 살아가는 방식에서, 각자의 작은 걸음에서 말이죠. 혼합, 번역, '셰익스피어'

---

12)   디지털 시네마 패키지(Digital Cinema Package)의 약자로, 극장 영사기 상영용 디지털 파일. (역주)

라는 이름을 가져와서 스페인어로 작업하고 그것을 확장해 나가는 것, 그리고 이를 통해 관객에게 도전하는 것. 우리가 어떤 영화를 마음에 들지 않을 때, 그것이 무엇을 의미할까요? 우리가 영화를 보고 나서 그 영화가 나를 배제한다고 느낄 때, 그것은 무엇을 의미할까요? 여러분이 영화를 보고도 아무 것도 보지 못했다고 느낀다면, 그것은 무엇을 의미할까요? 대화에 참여할 수 없었다는 의미죠. 우리는 대화에 참여할 수 있어야 합니다. 그래서 저는 이런 제 생각이 각 영화의 제스처 안에 담겨 있다고 생각합니다. 저는 무엇인가를 직접적으로 전달하는 사람이 아닙니다. 하지만 영화와 관객 사이의 친밀한 관계를 통해, 우리가 어떻게 살아가는지, 삶을 어떻게 경험하는지에 대한 고민을 촉발하려는 방식이 존재한다고 생각합니다. 그건 어쩌면 정치적인 것과 관련이 있을 수 있습니다.

안드레아 인체릴로 |
시칠리아퀴어영화제 아트 디렉터

모레나 파베린, 알레산드로 델 레 |
라고 영화제 공동 아트 디렉터

2024 Sicilia Queer Filmfest

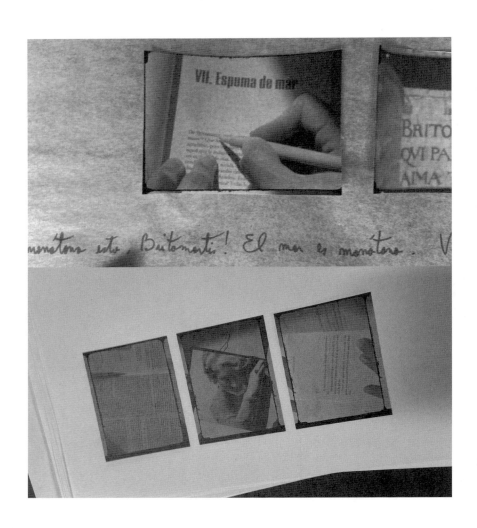

네가 말할 때는 그 말이 침묵보다 나은 것이어야 한다.

이 말을 책에 대입해 보자.

네가 책을 낼 때는 그 책이 나무보다 나은 것이어야 한다.

첫 번째 책을 만드는 동안 '책이 얼마나 많이 팔릴까' 같은 염려는 별로 하지 않았다. 나를 가장 괴롭혔던 건 바로 종이가 나무로 만들어진다는 사실이었다. 내가 무슨 대단한 환경운동가이기 때문이 아니다. 다만, 나는 나무의 필요성을 아는 사람일 뿐이고, 내가 만드는 책이 수백 그루 나무보다 더 나으리라는 보장이 없어 시름에 잠겼던 것뿐이다. 결국 쓸모의 문제, 쓸모에의 강요였다.

하지만 피녜이로의 영화를 알아 갈수록 염려는 다짐으로 바뀌었다. 우리에게 나무가 필요한 만큼 영화가 필요하다. 아마존이 지구의 허파라면 피녜이로를 비롯한 무수한 작가들의 텍스트는 생각의 허파, 감성의 허파다. 사막화를 막으려는 그들의 분투에 이렇게나마 보탠다.

초면에 대뜸 같이 책 만들자고 제안한 나를 믿어준 윤영님, 대담을 책에 싣도록 도와주신 김보년 프로그래머님, 좋은 글 보내주신 필진 여러분께 감사하다. 코프키노를 물심양면 응원해주는 에무시네마 모두를 비롯해 선민, 태웅, 정인, 청주 친구들에게도 감사를 전한다. 마지막으로, 멀쩡한 회사 관두고 책 만든다는 아들을 용납해준 가족들에게도 감사하다.

코프키노 강탄우

국내에서 영화가 한 편도 개봉하지 않은 감독을 다룬 책을 낸다는 건 아무래도 무모합니다. 심지어 마티아스는 국내에서 주된 담론이 크게 오고 가며 명성을 얻는 감독도 아닙니다. 그럼에도 이 책을 내겠다고 다짐한 이유는, 그의 영화를 기획자 이전에 관객으로서 사랑하기 때문입니다. 많은 분들이 이 책을 계기로 마티아스의 영화에 관한 이야기를 심도 있게 나누었으면 좋겠습니다.

출판 제안을 주신 코프키노의 강탄우님, 책 구성에 도움을 준 마티아스, 전주국제영화제 문성경 프로그래머, 시네마토그래프 필진 분들께 감사의 말을 전합니다. 그리고 제 활동 전반에 있어 깊은 조언을 주신 유운성 평론가님께도 감사의 말을 전합니다. 무엇보다 중요한 건 이 책을 끝까지 읽어주신 여러분입니다. 마티아스의 영화에 깊은 관심을 가져주셔서 감사합니다.

저는 2025년 중으로, 〈너는 나를 불태워〉를 국내에 정식 개봉시킬 예정입니다. 그의 영화에 많은 사람이 관심을 가졌으면 하는 마음입니다.

시네마토그래프 이윤영

강탄우

충북대학교 심리학과를 중퇴하고
한국외국어대학교 독일어과를 졸업했다.
졸업 후 에무시네마 코디네이터로 일했다.
현재 시네필 문화 활성화를 위한 다양한 활동,
그리고 우리 시대 작가 감독을 조명하는
도서 출판을 기획 중이다.

cinematograph.
(@cinematograph____)

인스타그램을 중심으로 영화에 관한
다양한 담론을 제시하는 활동을 하고 있다.
2024년 11월 [오다 카오리 감독전]을 주최하여
감독의 내한을 성사시켰다.
2025년 1월 왕빙의 〈사령혼〉을 상영했다.
2025년 2월 [마티아스 피녜이로 감독전]을 주최하여
감독의 내한 및 그의 장편 전작 상영을 진행했다.

마티아스 피녜이로: 방랑하는 영화, 모험하는 영화

초판 1쇄 2025년 2월 13일

엮은이: 강탄우, 시네마토그래프
옮긴이: 강탄우
펴낸이: 강탄우
펴낸곳: 코프키노
편집: 강탄우
표지디자인: 이하은 (lhe4604@naver.com)
등록: 2025년 1월 8일, 제 306-2025-000001
주소: 서울시 중랑구 중랑역로 13길, 8-1 1층 우 코프키노
홈페이지: instagram.com/books_by_kopfkino
전자우편: twtw9808@gmail.com
ISBN: 979-11-991189-0-4 03680